Yunnan Sheng Gonglu Shigong Anquan Shengchan Guanli Zhinan
云南省公路施工安全生产管理指南

云南省交通运输厅工程质量监督局　编著

人民交通出版社

内 容 提 要

本指南主要从安全生产管理、施工安全技术、应急预案编制三个方面，对云南省公路施工安全生产作出了具体要求与指导。其中，第一部分为安全生产管理，面向安全生产管理各方，明确了各方职责、权限，细化了安全检查的方法和程序要求，提出了检查结果评价及使用的规定；第二部分为施工安全技术，侧重于路桥隧工程静态的现场安全管理要点，兼顾施工作业的安全行为要求，便于管理各方在不同时间节点进行现场安全管理使用；第三部分为应急预案编制，从危险源辨识、预防预警程序、应急响应要求等方面明确了综合应急预案、专项应急预案及现场处置方案编制的要求。

本指南可供云南省公路建设工程项目的政府监督、建设、施工、监理单位的安全管理人员使用，亦可供其他省市相关技术、管理人员参考使用。

图书在版编目(CIP)数据

云南省公路施工安全生产管理指南/云南省交通运输厅工程质量监督局编著.—北京：人民交通出版社，2013.12

ISBN 978-7-114-11040-5

Ⅰ.①云… Ⅱ.①云… Ⅲ.①道路工程—工程施工—安全管理—云南省—指南 Ⅳ.①U415.12-62

中国版本图书馆 CIP 数据核字(2013)第 285764 号

书　名：	云南省公路施工安全生产管理指南
著 作 者：	云南省交通运输厅工程质量监督局
责任编辑：	孙　玺　尤　伟
出版发行：	人民交通出版社股份有限公司
地　址：	(100011)北京市朝阳区安定门外外馆斜街 3 号
网　址：	http://www.ccpress.com.cn
销售电话：	(010) 59757973
总 经 销：	人民交通出版社股份有限公司发行部
经　销：	各地新华书店
印　刷：	北京市密东印刷有限公司
开　本：	787×1092　1/16
印　张：	17
字　数：	420 千
版　次：	2013 年 12 月　第 1 版
印　次：	2017 年 7 月　第 5 次印刷
书　号：	ISBN 978-7-114-11040-5
定　价：	45.00 元

(有印刷、装订质量问题的图书由本社负责调换)

《云南省公路施工安全生产管理指南》编审委员会

审定委员会

主　　任：郭大进
副 主 任：和　昆　王　萍　马骏勇
委　　员：李俊锋　孙锡民　普文云　昂洪生　张智勇

编写委员会

主　　编：和　昆
副 主 编：李俊锋　孙锡民
编写人员：普文云　昂洪生　李　伟　张智勇　张　卓
　　　　　黄希頔　夏国强　李俊德
统　　稿：普文云　昂洪生　李　伟　张智勇

前 言

为进一步提高云南省公路安全生产和文明施工的管理水平,云南省交通运输厅工程质量监督局在对云南省公路工程施工安全主要问题和规律进行分析的基础上,总结平安工地建设主要做法、经验,同时借鉴兄弟省份的经验,将安全生产管理要求、施工安全技术要求、应急预案编制要求等部分进行全面梳理、归纳,形成这本《云南省公路施工安全生产管理指南》。

本指南面向安全生产管理各方,明确了各方职责、权限,细化了安全检查的方法和程序要求,提出了检查结果评价及使用的规定;在施工现场安全技术要求方面,侧重于路桥隧工程静态的现场安全管理要点,兼顾施工作业的安全行为要求,便于管理各方在不同时间节点进行现场安全管理使用;应急预案管理从危险源辨识、预防预警程序、应急响应要求等方面明确了综合应急预案、专项应急预案及现场处置方案编制的要求。因此,本指南涵盖工程事前、事中、事后管理的主要方面,是云南省公路工程平安工地建设的重要指导性文件。

本指南可供云南省公路建设工程项目的政府监督部门及建设、施工、监理单位的安全管理人员使用,亦可供其他省市相关技术、管理人员参考使用。

编者

2013 年 10 月

目 录

第一篇　安全生产管理要求

1　总则 ··· 3
  1.1　安全生产管理目标 ·· 3
  1.2　安全生产管理范围 ·· 3
  1.3　安全生产各方的管理权限划分 ·· 3
2　安全生产管理总体要求 ·· 5
  2.1　安全生产管理各方的职责要求 ·· 5
  2.2　安全管理要求 ··· 9
3　安全检查相关规定 ·· 15
  3.1　一般要求 ··· 15
  3.2　安全检查流程 ··· 15
4　"平安工地"创建相关规定 ·· 18
  4.1　一般规定 ··· 18
  4.2　各方职责 ··· 18
  4.3　检查评价标准 ··· 21
  4.4　评价结果处理 ··· 22

第二篇　施工安全技术要求

1　施工场地及环境 ··· 27
  1.1　施工场地布设 ··· 27
  1.2　特殊季节(环境)施工 ·· 29
2　路基工程 ··· 32
  2.1　清理场地 ··· 32

2.2	土方工程	32
2.3	石方工程	34
2.4	防护工程	37

3 路面工程 ... 39
- 3.1 基层、底基层施工 ... 39
- 3.2 沥青路面 ... 39
- 3.3 水泥混凝土路面 ... 40

4 桥梁工程 ... 42
- 4.1 一般规定 ... 42
- 4.2 基础工程 ... 42
- 4.3 墩台工程 ... 44
- 4.4 上部工程 ... 46
- 4.5 预制构件运输 ... 57

5 隧道工程 ... 59
- 5.1 一般规定 ... 59
- 5.2 洞口段施工 ... 59
- 5.3 开挖、钻孔 ... 60
- 5.4 爆破 ... 60
- 5.5 洞内运输 ... 61
- 5.6 支护 ... 62
- 5.7 衬砌 ... 63
- 5.8 竖井与斜井 ... 64
- 5.9 通风及防尘 ... 67
- 5.10 照明、排水 ... 68
- 5.11 特殊地层的施工安全措施 ... 68

6 既有公路工程的拆除或改（扩）建工程 ... 73
- 6.1 既有公路工程的拆除 ... 73
- 6.2 既有道路改（扩）建工程施工 ... 75

7 主要工序作业 ... 76
- 7.1 钢筋 ... 76
- 7.2 混凝土作业 ... 76
- 7.3 焊接 ... 76
- 7.4 起重吊装 ... 77
- 7.5 高处作业 ... 77

8 施工临时辅助设施工程 ... 79
- 8.1 模板 ... 79
- 8.2 支架 ... 80
- 8.3 脚手架 ... 82

9 边通车边施工 ... 84
- 9.1 一般规定 ... 84
- 9.2 高速公路 ... 84
- 9.3 其他等级公路 ... 85
- 9.4 跨线桥施工 ... 85

第三篇 应急预案编制要求

1 总则 ... 89
- 1.1 编制目的和意义 ... 89
- 1.2 编制原则 ... 89
- 1.3 编制要求 ... 90
- 1.4 应急预案的基本要素 ... 90
- 1.5 应急预案编制的基本步骤 ... 90
- 1.6 编制依据 ... 92
- 1.7 组织体系及职责 ... 94

2 应急预案分类 ... 98
- 2.1 综合应急预案 ... 98
- 2.2 专项应急预案 ... 98
- 2.3 现场处置方案 ... 98
- 2.4 应急预案的主要内容 ... 98

3 危险源辨识与分析 ... 100
- 3.1 危险源辨识 ... 100
- 3.2 危险性较大专项工程 ... 100
- 3.3 事故类型和危险程度分析 ... 103

4 预防和预警 ... 104
- 4.1 危险源监控 ... 104
- 4.2 预警行动 ... 105
- 4.3 信息报告和处置 ... 106

5 应急响应 ... 108
- 5.1 响应分级 ... 108
- 5.2 响应程序 ... 109
- 5.3 应急终止 ... 110

6 信息发布及后期处置 ... 112
- 6.1 信息发布 ... 112
- 6.2 后期处置 ... 112

7 保障措施 ·············· 114
7.1 通信与信息保障 ·············· 114
7.2 应急队伍保障 ·············· 114
7.3 应急物资装备保障 ·············· 114
7.4 经费保障 ·············· 115
7.5 其他保障 ·············· 115

8 宣传、培训、演练与奖惩 ·············· 116
8.1 宣传、培训与演练 ·············· 116
8.2 奖惩 ·············· 116

9 附则 ·············· 117
9.1 应急预案管理和更新 ·············· 117
9.2 制订与解释 ·············· 117
9.3 应急预案实施 ·············· 117
9.4 应急预案备案与发布 ·············· 117

10 其他 ·············· 118
10.1 有关应急部门、机构或人员的联系方式 ·············· 118
10.2 重要物资装备的名录或清单 ·············· 118
10.3 规范化格式文本 ·············· 118
10.4 关键的路线、标识和图纸 ·············· 118
10.5 相关应急预案名录 ·············· 118
10.6 有关协议或备忘录 ·············· 118
10.7 编制格式和要求 ·············· 118

附　录

附录1　检查方案 ·············· 123
附录2　安全检查内容细则 ·············· 126
附录3　检查报告 ·············· 146
附录4　平安工地考核评价表 ·············· 152
附录5　主要施工作业活动对应事故类型和关键措施对照表 ·············· 171
附录6　现场标志标识牌制作要求 ·············· 177
附录7　禁止、警告、指令、指示和明示标志牌制作示意图 ·············· 183
附录8　综合应急预案示例 ·············· 196
附录9　一般工程专项应急预案示例 ·············· 208
附录10　隧道施工专项应急预案示例 ·············· 218
附录11　现场处置方案示例 ·············· 227

附录12	隧道工程危险源清单示例	233
附录13	云南省公路建设项目危险性较大分部分项工程指导目录	255
附录14	各单位需建立应急预案列表	256
附录15	应急预案管理流程	258

参考文献 ··· 259

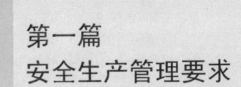

第一篇
安全生产管理要求

1 总则

为提高云南省公路安全生产和文明施工的管理水平,预防伤亡事故的发生,确保职工的人身安全和健康,同时使安全检查评价工作标准化、规范化,建立健全安全生产管理长效机制,依据《中华人民共和国安全生产法》《建设工程安全生产管理条例》《公路水运工程安全生产监督管理办法》《云南省安全生产条例》等法律、法规,以及工程安全规程,制订本管理要求。

1.1 安全生产管理目标

基于平安工地和"五化"(工作机制规范化、基础设施配套化、资料信息网络化、决策指挥智能化、交通保障高效化)建设要求,为切实加强云南省公路建设"双基"(基层、基础)工作,做到施工现场安全防护标准化、场容场貌规范化、安全管理程序化,逐步达到"习惯符合标准、标准成为习惯、结果符合规范"的总体目标。

1.2 安全生产管理范围

本管理要求适用于云南省各级交通运输主管部门安全监督机构(以下简称"安全监督机构")、建设单位、监理单位、施工单位对公路建设工程进行的安全管理和检查活动。管理的对象是列入云南省的国家和地方基本建设计划的二级以上(含二级)公路基础设施新建、改建、扩建以及拆除、加固等建设项目。其他等级公路建设项目的安全生产管理可参照本要求实施。

1.3 安全生产各方的管理权限划分

1.3.1 安全监督机构的管理权限划分

云南省公路开发投资有限责任公司或省公路局所投资新建、改扩建和参与出资的建设项目由其分别负责安全监督管理工作。凡属于地方公路建设项目和农村公路建设项目,由地方交通局负责安全监督管理工作。

凡属于 BOT、BT 等方式融资建设的项目由代表云南省交通运输厅出资的单位进行监督管理工作;既属于企业单独投资建设又由云南省交通运输厅直接管理的项目,由云南省交通运输厅公路建设安全生产专业委员会(以下简称"建专委")进行监督;隶属地方交通局管理的由属地交通局监督。详见《关于调整公路建设和公路养护安全生产专业委员会的通知》(云交人[2009]405号)。

1.3.2 建设单位、监理单位、施工单位的管理权限划分

建设单位全面负责所建项目的安全生产工作,协助安全监督机构开展安全监督管理活动;监理单位负责监督管辖合同段的安全监理工作,协助建设单位、安全监督机构开展安全监督管理活动;施工单位负责所建工程项目的安全生产工作,配合监理单位、建设单位、安全监督机构开展安全监督管理活动。

2 安全生产管理总体要求

2.1 安全生产管理各方的职责要求

2.1.1 建专委

(1)组织拟订并监督落实交通运输基本建设安全生产工作的政策、制度、标准、规范和应急预案。

(2)组织起草交通运输基本建设安全生产工作的地方性法规、规章、规范性文件的草案;监督相关法律、法规、规章和规范性文件的贯彻执行。

(3)依法组织、监督、指导、协调、实施:交通运输基本建设安全生产工作以及体系建设;开展交通运输基本建设安全生产工作的监督检查和专项整治。

(4)组织、监督、指导、实施:交通运输基本建设工程有关安全资质和条件的审查审批、安全评价;落实新建公路安全评价和"安全设施与主体工程同时设计、同时施工、同时竣工验收投入使用"的"三同时"措施。

(5)受理交通运输基本建设工程安全生产问题的投诉;参与有关事故的调查处理。

(6)指导法定职责范围内交通运输基本建设相关企业安全生产和队伍建设、从业人员安全教育培训工作,代表省厅对施工企业安全生产许可证申请进行预审,负责公路施工企业安全生产管理人员(以下简称"三类人")的考核、发证、管理工作。

(7)完成上级交办的有关安全生产任务。

2.1.2 建专委办公室

(1)在厅建专委的指导下,承担建专委办公室的工作,完成该专业委员会布置的工作。

(2)依法组织、监督、指导、协调、实施:全省公路建设工程的安全生产监督管理;受理公路建设工程安全生产违法违规行为和生产安全事故的投诉和举报。

(3)归口负责公路建设工程安全生产、事故信息的分析、汇总和报送;参与有关事故的调查处理。

(4)完成上级交办的有关安全生产任务。

2.1.3 云南省公路开发投资有限责任公司

(1)全面负责由公司投资或参与出资(或代厅出资)的新建、改扩建公路建设项目的安全生产监督工作。

(2)负责对所监督项目建设过程中的安全监督检查以及安全信用考核评价工作。

(3)制订安全监督年度计划,对监督项目开展监督检查、考核评价工作,并将监督计划、监督检查情况、安全信用考评、年度监督工作总结报送到建专委办公室。

(4)认真贯彻落实国家、交通运输部、云南省交通运输厅,云南省交通运输厅安全生产委员会(以下简称"安委会")、建专委有关安全生产的文件精神。

(5)按照交通运输部、云南省交通运输厅的规定时限,及时上报事故月报告(零事故也需定期上报)、事故快报、续报工作。

(6)及时收集、汇总报送交通运输部、云南省交通运输厅安委会所需要的资料。

(7)每季度至少召开一次由公司领导组织的监督项目安全工作会议(可集中或分片区召开)。

(8)参加云南省交通运输厅安委会、建专委组织的安全生产监督工作。

2.1.4 云南省公路局

(1)全面负责云南省公路局所投资或参与出资(或代厅出资)新建、改扩建的公路建设项目的安全监督工作。

(2)负责对所监督项目建设过程中的安全监督检查以及安全信用考核评价工作。

(3)制订安全监督年度计划,对监督项目开展监督检查、考核评价工作,并将监督计划、监督检查情况、安全信用考评、年度监督工作总结报送到建专委办公室。

(4)认真贯彻落实国家、交通运输部、云南省交通运输厅,云南省交通运输厅安委会、建专委有关安全生产的文件精神。

(5)按照交通运输部、云南省交通运输厅的规定时限,及时上报事故月报告(零事故也需定期上报)、事故快报、续报工作。

(6)及时收集、汇总报送交通运输部、云南省交通运输厅安委会、建专委所需要的资料。

(7)每季度至少召开一次由局领导组织的监督项目安全工作会议(可集中或分片区召开)。

(8)参加云南省交通运输厅安委会、建专委组织的安全生产监督工作。

2.1.5 各州、市交通局

(1)全面负责所辖区域内纳入州市交通运输主管部门负责的新建、改扩建的公路建设项目的安全监督工作。

(2)负责对所监督项目建设过程中的安全监督检查以及安全信用考核评价工作。

(3)制订安全监督年度计划,对监督项目开展监督检查、考核评价工作。并将监督计划、监督检查情况、安全信用考评、年度监督工作总结报送到建专委办公室。

(4)认真贯彻落实国家、交通运输部、云南省交通运输厅,云南省交通运输厅安委会、建专委有关安全生产的文件精神。

(5)按照交通运输部、云南省交通运输厅的规定时限,及时上报事故月报告(零事故也需定期上报)、事故快报、续报工作。

(6)及时收集、汇总报送交通运输部、云南省交通运输厅安委会、建专委所需要的资料。

(7)每季度至少召开一次由分管安全的副局长(或分管建设的副局长)组织的监督项目安全工作会议。

2.1.6 建设单位

(1)承担公路建设项目的安全生产管理主导责任。
(2)建立健全建设项目安全管理组织机构和各项安全管理制度。
(3)在工程招标文件中确定项目安全作业环境及安全施工措施所需的安全生产费用。
(4)负责项目开工前对从业单位安全生产条件的审查、建设过程中安全监督检查以及安全信用考核评价工作。
(5)负责本项目职民工驻地选址和建设规划图的审查批准,组织论证超过一定规模的危险性较大工程专项施工方案。
(6)督促监理、施工单位对从业人员进行安全教育、培训;对监理、施工单位安全生产进行检查与考核。
(7)针对工程项目特点制订综合应急预案,并组织演练。按照规定,向建专委上报事故材料、月报告,做好事故快报、续报工作。
(8)每季度至少召开一次由建设单位领导组织的安全工作会议。
(9)履行法律、法规、规章、制度规定的其他安全职责。

2.1.7 勘察与设计单位

(1)勘察单位应当向建设单位提供全面、准确的地质勘察报告和相关资料。在工程所在区域地质灾害严重或工程建设活动可能引发地质灾害时,勘察单位还应对地质灾害防治方案提出建议。
(2)设计单位应考虑施工安全操作和防护的需要,对涉及施工安全的重点部位和环节,应当在设计文件中注明。在工程所在区域地质灾害严重或工程建设活动可能引发地质灾害时,设计单位应按建设单位要求、勘察单位的建议,详细编制地质灾害防治方案。
(3)设计单位应根据工程可行性研究中安全应对方案或安全专篇的要求,细化各项安全措施要求。
(4)施工过程中,施工单位发现工程设计不能满足施工作业安全条件的,应及时向建设单位提出,建设单位应当按照程序向设计单位提出,设计单位对工程设计及时予以修改,并出具修改方案或变更设计图纸。

2.1.8 监理单位

(1)按照法律、法规和工程建设强制性标准实施监理,对项目安全生产承担监理责任。
(2)建立健全内部安全管理组织机构及各项安全管理制度。
(3)审查施工单位施工组织设计中的安全保障措施、危险性较大工程专项施工方案、应急预案、施工安全风险评估报告,按要求履行开工审批职责。
(4)对施工单位从业人员安全教育培训工作、安全生产落实情况、施工现场安全隐患进行检查,督促整改并做好记录。
(5)审核施工单位安全生产费用计量情况,并按据实支付原则报建设单位审批。
(6)每季度至少召开一次由监理单位领导组织的安全工作会议。
(7)履行法律、法规、规章、制度规定的其他安全职责。

2.1.9 施工单位

(1)对所建合同段施工安全生产承担主体责任。
(2)制订安全管理目标以及安全工作计划。
(3)建立健全安全管理组织机构及安全生产管理制度。
(4)按要求配备专职安全生产管理人员,按要求投入安全生产费用。
(5)为施工人员提供符合安全、卫生标准的生产环境、生活设施、作业条件、机械设备和安全防护用具,支付意外伤害保险费用。
(6)编制危险性较大工程专项施工方案、应急预案、风险评估报告,危险性超过一定规模时,组织专家进行论证、审查。
(7)按照有关技术标准要求和监理批准的相关文件做好施工现场安全防护、安全警示、安全监测等工作。
(8)定期和不定期进行安全检查,对施工现场安全隐患进行排查整改。
(9)根据本项目特点配备必要的应急救援器材及设备,并组织应急演练。
(10)施工现场发生安全事故时,立即向建设单位、监理单位和属地政府安全监督部门报告。并立即启动事故应急预案,组织力量抢救,保护好事故现场。
(11)对项目施工人员进行安全培训,落实安全技术交底制度。
(12)做好安全生产内业资料管理工作,确保安全管理痕迹化。
(13)定期召开安全生产例会。
(14)履行法律、法规、规章、制度规定的其他安全职责。

2.1.10 机械设备租赁单位

(1)机械设备租赁单位对机械设备质量负责。
(2)机械设备租赁单位应建立健全机械设备安全使用管理制度,制订机械设备应急措施和救援预案,并向使用单位移交。
(3)机械设备租赁单位购置的特种机械设备,必须是经国务院特种设备安全监督管理部门许可单位生产的合格产品。未实行生产许可的机械设备产品,应通过省级以上主管部门组织的技术鉴定后,方可使用。
(4)机械设备租赁单位不得出租属国家明令淘汰产品、规定不准再使用的机械设备、存在严重事故隐患的机械设备、经检验达不到安全技术标准规定的机械设备。
(5)机械设备租赁单位应当建立机械设备安全技术档案。
(6)机械设备租赁单位应同承租单位签订合同,明确各自的安全职责。

2.1.11 接受政府相关部门检查的义务

(1)接受政府安全监督管理部门对施工现场综合监督检查的义务。
(2)接受政府住房与城乡建设部门对参建单位履行《中华人民共和国建筑法》《安全生产许可证条例》的监督执法义务。
(3)接受政府质量技术监督部门对参建单位履行《中华人民共和国计量法》《特种设备安

全监管条例》的监督执法义务。

(4) 接受政府公安部门对公路工程建设中爆破物品、社会治安、消防工作和维护边通车边施工路段保通等相关规定和要求的检查义务。

(5) 接受其他法律法规规定的义务。

2.2 安全管理要求

2.2.1 组织机构设置要求

建设单位应建立由项目指挥长、副指挥长、总工程师、安全部门负责人、各职能部门负责人组成的安全管理组织机构，并按照第一篇 2.1.6 中提出的职责细化分工，形成人人有责、分工协作的安全管理格局。

监理单位应建由总监理工程师、副总监理工程师（安全总监）、各高级驻地监理工程师、安全监理工程师组成的安全管理组织机构，并按照第一篇 2.1.8 中提出的职责细化分工，建立安全责任制度，形成人人有责、分工协作的安全管理格局。

施工单位应建由项目经理、副经理（分管安全）、总工程师、安全部门负责人、各部门负责人、专职安全员组成的安全管理组织机构，并按照第一篇 2.1.9 中提出的职责细化分工，建立安全责任制度，形成人人有责、分工协作的安全管理格局。

2.2.2 安全教育培训要求

施工单位应建立安全教育培训制度，落实"一校一会"制度。

"一校"即一线工人业余学校，要求每个标段至少设置一个工人业余学校，配备黑板、桌、椅、音响器材等必要的教学设施。由项目经理任校长，对开课次数和上课内容负总责；项目总工负责课程安排和具体教务并授课；专职安全员和安全监理工程师任教员，或外聘相关专家授课。根据项目进展情况对工人安全意识和安全技能进行培训，每名工人每月培训不少于 1 次。每次"一校"教育后，应将授课教案、学员签到单等资料进行归档备查。

"一会"即安全交底班前会。要求每天上班前，班组长必须召开"班前会"，根据工人工作环境着重向班组人员介绍当天施工中的安全注意事项，并布置安全防护措施现场落实工作。每次"一会"后，应将班前会照片、主要交底内容等资料进行归档备查。

2.2.3 风险评估要求

按照交通运输部《关于开展公路桥梁和隧道工程施工安全风险评估试行工作的通知》（交质监发[2011]217号）要求，对符合条件的桥梁和隧道工程开展施工安全风险评估工作。

建设单位负责含多个合同段的桥梁或隧道工程的总体风险评估，并应对极高风险（Ⅳ级）的施工作业，组织专家进行论证，并向公路工程安全生产监督管理部门备案。必要时，可委托行业内安全评估机构承担相关风险评估和论证工作。

施工单位负责本合同段的风险评估工作，当能力不足时，可委托行业内安全评估机构承担相关风险评估工作。评估完成后应根据风险评估报告，完善施工组织设计和危险性较大工程专项施工方案,制订相应的专项应急预案,并将风险评估报告报送监理单位审核,然后向建设单位备案。

监理单位在审查工程施工组织设计文件、危险性较大工程专项施工方案、应急预案时,应同时审查施工安全风险评估报告;无风险评估报告,不得签发开工令。

各级公路建设项目安全监督机构应将施工安全风险评估实施情况纳入检查范围,对极高风险(Ⅳ级)的施工作业应重点督查。

2.2.4 安全生产费用管理要求

建设单位在招标阶段应根据项目风险等级单独编列安全生产费用,施工单位投标报价中安全生产费用总额应不低于国家规定比例,且不作为竞争性报价。

建设单位与施工单位应在合同文件中明确安全费用总额、支付方式、使用范围、调整方式等。施工单位应将安全生产费用使用报表经项目负责人签字盖章后报送监理工程师审核,建设单位对经监理工程师签字确认的安全生产费用使用报表进行审核确认后计量支付。

施工单位安全生产费用实际投入使用超出合同文件中安全生产费用总额的,一般不单独计量支付。若建设指挥部对安全防护、安全施工有特殊要求需计量支付的,超出部分可以在其他暂定金额项目中计取。安全生产费用实际投入使用少于合同文件中安全生产费用总额的,建设单位不得支付余额部分的安全生产费用。

2.2.5 开工安全生产条件审查要求

建设单位申请办理公路建设工程施工许可证,应当具备交通运输主管部门规定的开工安全生产条件,并按照交通运输主管部门出台的相关管理办法或规定执行审查、备案。

保证安全生产条件所需的有关材料和审查内容:
(1)开工安全条件审查意见书。
(2)项目审批文件清单。
(3)在招投标文件中,满足规定的安全生产费用报价以及拟使用此项费用的计划。
(4)项目业主设置安全生产管理部门(查文件);项目业主与从业单位签订的安全生产管理协议或责任书。
(5)监理单位设置专职安全监理工程师岗位,人员资格证书,安全监理计划。
(6)施工单位设置安全生产管理部门(查文件),配备人数、资格符合要求;施工单位的安全生产许可证复印件;项目经理、分管安全副经理、项目技术负责人和专职安全管理人员的《安全生产考核合格证书》,实际岗位相符。
(7)主要施工设备进场计划,进场特种设备检验合格资料或报验计划;已进场特种作业人员资格证书有效,与相应工作对应。
(8)经监理审批的施工组织设计安全措施和现场临时用电、危险性较大工程及大型临时设施专项方案清单(包括专家论证方案)。
(9)主要施工风险辨识资料和预控措施。

2.2.6 危险性较大分部分项工程专项方案安全管理要求

施工单位应当在危险性较大的分部分项工程施工前编制专项方案。根据《云南省公路建设项目危险性较大的分部分项工程专项方案安全管理办法》规定,专项方案审查论证分为两类:一类为项目总监理工程师审查签字批准实施;另一类为超过一定规模的危险性较大的分部分项工程,由施工单位组织专家对专项方案进行论证,并按论证修改意见完善后,经施工单位项目技术负责人、总监理工程师签字后实施。

不需要专家论证的专项方案应当由项目技术负责人组织本项目技术、安全、质量等相关部门的专业技术人员进行内审,内审合格后由项目技术负责人签字报送监理单位,由总监理工程师组织相关专业监理工程师进行评审合格后,由总监理工程师签字批准实施。

需要专家论证的超过一定规模的危险性较大分部分项工程专项方案,由项目技术负责人组织本项目技术、安全、质量等相关部门的专业技术人员完成专项方案的编制、复核,并由项目负责人签字后上报本单位(母体单位)。再由施工单位(法人)技术负责人组织本单位技术、安全、质量等部门的专业技术人员进行审核。经审核合格后,由施工单位技术负责人签字后报送(专业工程进行分包的,由专业分包单位及施工单位技术负责人共同签字)监理或建设指挥部。专家论证会议由施工单位组织,专家组成员由建设指挥部负责选定或在云南省交通运输厅(局)安全技术专家库中随机抽取,由专家组成员推荐其中一名担任组长并主持专家论证会。特殊情况,可由该建设项目总工程师或总监理工程师主持。

危险性较大分部分项工程专项方案管理流程如图 1.2-1 所示。

2.2.7 高速公路施工安全标准化要求

为进一步规范云南省高速公路施工管理,促进工程施工的标准化、规范化、精细化,提高工程建设质量和安全水平,云南省交通运输厅组织编制了《云南省高速公路施工标准化实施要点》(以下简称《实施要点》)。

云南省高速公路施工应按照《实施要点》的要求,从施工驻地、监理驻地、试验室建设、施工便道建设、场站规划布置、物料存放、现场安全防护、临时用电标准和文明施工等方面按照标准化要求组织施工。以实现混合料集中拌制、钢筋集中加工、构件集中预制,一线施工人员劳动防护服装和生产生活条件完备、施工现场安全防护设施、安全标识标牌及其他各类文明标识的设置规范的目的。

2.2.8 隧道施工应急设施设置要求

为减少隧道施工坍塌事故造成的人员伤亡和财产损失,在隧道施工时必须设置隧道施工坍塌事故应急设施,提高公路隧道建设的安全性,包括四个部分:公路隧道应急救援通道;公路隧道人员考勤定位系统;应急救援电话系统;应急箱。其中,公路隧道进洞人员考勤定位系统应根据云南省交通运输厅或建设

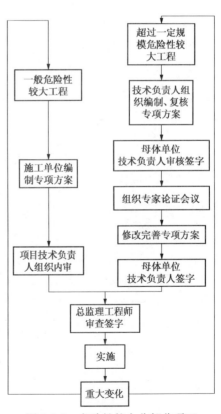

图 1.2-1 危险性较大分部分项工程专项方案管理流程图

项目指挥部的要求，隧道长度达到一定长度时进行设置。

公路隧道应急救援通道：由主管和连接部件组成（建议主管为超高分子量聚乙烯管道，连接部件包括钢丝绳、铁链和挂钩、攀爬绳）。管道连接方式应简单、方便、快捷有效。

应急救援电话系统：应急电话系统主要由无键盘声光电话、集团电话、带快捷键来显电话机和铁芯电话线等组成。对于长隧道，应每隔500m设置一个报警电话，便于洞内和洞外进行联络。在二次衬砌台车到掌子面之间的地段，将铁芯电话线布设于超高分子量聚乙烯小管中，以防止隧道施工对线缆的破坏，增加电话系统的可靠性。

公路隧道进洞人员考勤定位系统主要由三大部分组成：考勤定位系统；无卡人员报警系统；管理系统。该系统可使管理人员能够随时掌握施工现场人员、设备的分布状况和每个人员和设备的运动轨迹，便于进行更加合理的调度管理以及安全监控管理。当事故发生时，救援人员可根据该系统所提供的数据、图形，迅速了解有关人员的位置情况，及时采取相应的救援措施，提高应急救援工作的效率。

应急箱：应由项目经理负责设置并管理。应急箱放置在隧道掌子面附近，箱内物品包括：生存食品；止血用品；急救用品；烧伤用品；药品；应急用品和工具，见表1.2-1。当遭遇隧道坍塌事故时，施工人员根据受伤情况，通过公路隧道应急箱内的物品，能在第一时间实现自救，为救援人员争取更多的救援时间和机会。

应急箱内物品及要求　　　　　　　　　　　　　　　　　　　　表1.2-1

项　目	设备名称	型号/规格/产地	单位	数量	备　注
生存食品	矿泉水		kg	12	补充人体必需水分
	压缩饼干		kg	1	补充人体必需热量
止血用品	卡扣式止血带	中号	条	10	用于肢体出血的结扎止血
	三角形绷带	96cm×96cm×136cm	条	10	可用作吊带，固定骨折部位和伤口敷料
	卷式固定夹板	90cm×11cm	套	10	对骨折伤员进行临时固定
	止血垫	20cm×10cm	包	5	用于伤口压迫止血，吸血及伤口渗液
急救用品	急救毯	140cm×210cm	个	10	具有隔热防冷功能，亦可用于反光示警
	自救呼吸器	大于60min	个	4	具有防毒、防烟等功能
烧伤用品	烧伤敷料	60cm×40cm	包	5	烧伤时外用，将烧伤敷料后外贴于烧伤部位
药品	消毒药品				根据主要风险类型、咨询医疗专家、结合洞内作业人员数量合理配置。主要应包括伤口消毒、防止感染等药品
	消炎药品				
	止痛药品				
	多种维生素				
	其他药品				
应急用品和工具	多功能钳		个	2	具有剪断、破拆、撬动等多种应急使用功能
	防水火柴		盒	2	整体防水，可防二级风。瓦斯隧道严禁配置
	应急手电或矿灯		把	2	瓦斯隧道配专用矿灯，其他隧道配应急手电
	救生口哨		个	2	在紧急情况可轻易吹出高频求救信号
	急救手册		本	1	供被困人员自救、互救时查阅用
	配置单及说明书		本	1	供被困人员自救、互救时查阅用

2.2.9 安全生产档案管理要求

公路建设从业单位对各自安全生产档案真实性负责,指定专人负责、专门地点存放,分清条目,编号、装订归档,并编制档案目录,以便查找。档案存放要注意保护,注意防盗、防火、防虫。安全生产档案存档要及时,一般应一周内入档。安全生产档案管理人员要定期对资料进行整理和鉴定,保证资料的真实性、完整性和保存的价值性。如安全检查中发现虚假资料,相应内容作零分处理,情节严重者,其安全管理行为按零分处理。

各从业单位安全生产档案存档范围应包括但不限于以下内容:

(1)建设单位

①安全生产机构设置情况、机构内人员名单及变动记录。
②专职、兼职安全员名单及证件。
③安全生产管理制度,经单位盖章、相关人员签字后,汇编成册。
④上级下发的关于安全生产的文件、通知、通报等。
⑤职工健康档案及健康监护资料。
⑥各种形式的安全生产检查记录、整改通知书、整改后检查情况等。
⑦安全生产奖惩情况记录。
⑧安全生产例会及安全日、月活动记录。
⑨施工单位关于安全生产事故的上报资料。
⑩伤亡事故登记表等有关伤亡事故管理的档案资料。
⑪安全经费的提取和使用情况记录。
⑫应急救援预案、演练及实施记录。
⑬其他有关安全生产情况记录。

(2)监理单位

①安全生产机构设置情况、机构内人员名单及变动记录。
②安全监理工程师名单及证件。
③安全生产管理制度及安全监理计划、细则,经单位盖章、相关人员签字后,汇编成册。
④上级下发的关于安全生产的文件、通知与通报等。
⑤危险性较大的分部分项工程要编制专项安全施工方案审查及验收记录。
⑥单位工程交工验收时安全生产验收资料。
⑦施工安全风险评估相关资料。
⑧包括日常安全生产监督检查记录在内的各种安全生产检查记录、整改通知书、整改后检查情况等。
⑨安全生产奖惩情况记录。
⑩安全生产例会及安全日、月活动记录。
⑪安全生产事故记录和统计资料,应包含事故的详细资料,包括事故的起因、结果、调查、调查结果、事故处理结果等。
⑫伤亡事故登记表等有关伤亡事故管理的档案资料。
⑬安全经费的提取和使用情况记录。

⑭本单位应急救援预案,演练及实施记录。
⑮其他有关安全生产情况记录。
(3)施工单位
①安全生产机构设置情况、机构内人员名单及变动记录。
②专职、兼职安全员名单及证件。
③特种作业人员操作资格证件及人员名单。
④特种设备清单及有关档案资料。
⑤危险源管理清单及防控措施。
⑥安全生产管理制度、岗位技术操作规程及作业安全规程,经单位盖章、相关人员签字后,汇编成册。
⑦安全生产目标责任书。
⑧上级下发的关于安全生产的文件、通知与通报等。
⑨工程施工组织设计中的安全生产技术措施。
⑩危险性较大的分部分项工程要编制专项安全施工方案,按照规定需要评审的,需有评审的专家意见,评审会议等会议资料。
⑪分部、分项工程施工前要有针对性的安全技术交底记录。
⑫单位工程交工验收时安全生产验收资料。
⑬职工健康档案及健康监护资料。
⑭各种形式的安全生产检查记录、整改通知书、整改后检查情况等。
⑮内部安全生产奖惩情况记录。
⑯安全生产例会及安全日、月活动记录。
⑰安全生产事故记录和统计资料,安全生产事故应包含事故的详细资料,包括事故的起因、结果、调查、调查结果、事故处理结果等。
⑱职工伤亡事故登记表等有关伤亡事故管理的档案资料。
⑲安全经费的提取和使用情况记录。
⑳安全教育培训记录:安全生产教育制度,新工人入场前的三级安全教育、变换工种的安全教育、各工种工人的安全技术操作规程的培训、特种作业人员要经过培训取证、施工管理人员的定期安全技术培训、专职安全员的专业培训与考核等,都要有书面记录归档。
㉑施工现场的安全生产宣传标牌、标志布置,施工总平面布置等,除采用书面记载外,还可采用摄影摄像进行记录归档。
㉒本合同段的应急救援预案,演练及实施记录。
㉓其他有关安全生产情况记录。

3 安全检查相关规定

3.1 一般要求

本指南中安全检查是指：由安全监督机构、建设项目主管单位、建设单位、监理单位、施工单位按照安全生产的管理权限及职责，所进行的安全生产监督检查、外部检查及内部自查活动。

安全检查应依据有关法律法规、技术标准规范以及本指南相关要求进行，相关工作用表可参照本指南附录执行。

3.1.1 安全检查类型

安全检查采用综合检查、专项检查两种类型，检查可采取听取汇报、文件审核、现场审查、问询检查、随机抽查等形式。

综合检查是为了掌握建设项目整体安全生产状况，对安全生产管理行为、施工现场安全生产情况进行的全面检查。专项检查是对公路建设的关键环节、重要部位、重点时段等安全状况采取的有针对性的抽查。

3.1.2 安全检查责任

安全检查实行检查组负责制，检查组成员对检查记录及结论署名并负责，检查组负责人对检查的综合结论署名并负责。

3.1.3 安全检查频率

根据公路工程建设项目总体情况，管理各方应制订年度安全检查计划。安全监督机构应对所监管的建设项目每年安排不少于一次的综合检查；建设项目主管单位每年不少于一次综合检查；建设单位每半年不少于一次综合检查；监理单位每季度不少于一次全面检查；施工单位应经常性开展自查，每月不少于一次全面检查。专项检查应依据年度安全检查计划并结合安全生产实际情况确定具体的安全检查内容和频率。建专委根据实际情况对在建项目进行抽查。

3.2 安全检查流程

3.2.1 准备工作

（1）成立检查组

检查项目确定后，实施安全检查的部门应成立检查组，检查组人员由具有安全或工程专业职称人员组成,并指定一名负责人,负责检查工作的组织与实施。

(2)了解项目基本情况

检查组应提前与被检查单位联系,了解项目基本情况、施工进度,确定实施检查的时间。

(3)制订检查方案

检查组应在检查前编制检查方案,检查方案包括检查依据、检查内容、检查频率、检查的实施方式、检查日程、各方的配合要求等,格式见附录1。

综合检查的主要内容包括:建设单位安全生产管理行为、监理单位安全生产管理行为、施工单位安全生产管理行为、安全生产现场四方面内容,具体如下:

①建设单位安全生产管理行为包括:安全生产条件、安全生产费用、资质条件审查、安全生产管理体系、应急预案与保障措施、专项审查、安全专项活动等内容。

②监理单位安全生产管理行为包括:安全监理责任制、安全监理计划、安全措施及专项施工方案审查、督促隐患整改、资质审查、安全监理台账和日志与检查、应急救援预案与保障、安全专项活动等内容。

③施工单位安全生产管理行为包括:安全管理组织机构、安全生产责任制、安全生产培训教育制度、安全生产检查和奖惩制度、安全生产费用保障及劳动防护管理、风险管理、驻地管理、消防安全责任制度、特种作业人员管理、设备管理、意外伤害保险、事故应急救援预案、安全事故报告和责任追究制度、安全专项活动,以及施工组织设计、专项方案和临时用电方案等内容。

④安全生产现场包括:施工现场布设、安全防护、施工作业、桥梁工程、隧道工程、路基工程、路面工程等内容。

专项检查时,检查内容从上述内容中选取并根据实际情况进行调整。

(4)检查通知

实施检查前,检查单位发出正式文件,通知受检单位检查时间、方式、内容及配合要求。需要时,可通知第三方评价机构配合检查。

3.2.2 现场检查

(1)检查程序

检查一般应按下列程序进行:

①首次会议:受检单位汇报安全生产情况;检查组向各单位通报检查方案、工作要求及日程计划;确定受检方配合人员的信息。

检查组如采取抽检形式开展检查时,应根据施工难度、剩余工程量、以往安全管理薄弱环节等因素选取抽检合同,如果安全风险程度比较均衡时也可以随机抽取的方式确定。

②分组查阅资料、查看工地现场。

③检查组与受检单位反馈检查情况,签字确认检查结果。

④末次会议:检查组对检查工作进行总结,通报不符合项,宣布检查结果。

⑤检查结束后,检查组应形成正式检查报告,检查报告包括检查依据、检查内容及方法、检查情况、意见及建议等内容。检查报告格式见附录3。交通主管部门或安全监督机构检查后,还应向受检单位发出"公路工程安全监督抽查意见通知单",见附表8。

安全监督检查流程如图1.3-1所示,检查组可根据实际情况调整检查程序。

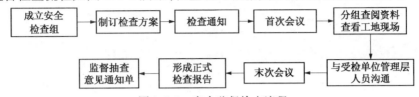

图1.3-1 安全监督检查流程

（2）各方需准备的资料

①检查组应准备的资料包括：检查方案、检查表、人员签到表、不符合项报告记录文件、以往检查的记录；适用时,检测、抽样设备和记录表。检查内容可根据附录2的要求,结合项目实际情况,制订相应检查表格。

②当建设单位为受检方时,应准备的资料包括：项目基本情况、建设单位以往安全检查资料、安全监督机构组织的安全检查中发现的主要问题及整改落实情况、检查内容规定的建设单位应提交的资料。

③当监理单位为受检方时,应准备的资料包括：实施监理过程中发现存在安全事故隐患的记录、监理单位以往安全检查资料、检查内容规定的监理单位应提交的资料。

④施工单位应准备的资料包括：项目平面图（标注主体工程施工与合同段划分里程桩号及主要结构物、驻地、拌和站、预制场位置）、施工过程中发现存在安全事故隐患的记录、施工单位以往安全检查资料、检查内容规定的施工单位应提交的资料、云南省公路建设开工安全条件达标通知书,提交施工单位母体组织对该项目安全检查的记录。

3.2.3 检查结果及评价

以交通运输主管部门出台的安全生产监督管理办法或实施细则中评价方法、标准、结果运用的相关条款执行。

3.2.4 其他

（1）工作纪律

参与安全检查的人员,应严格遵守有关法律、法规和规章,严格执法、秉公执法、不徇私情,并遵守如下工作纪律：

①严格按照检查工作有关规定承担检查工作,应当保证检查工作科学、公正、准确。

②如实上报检查结果,不得瞒报,并对检查工作负责。

③保守检查秘密,不得将检查情况泄露给其他任何个人和组织。

④不得利用检查结果参与有偿活动。

（2）资料管理

各单位应指定专人对检查资料进行整理、归档。

4 "平安工地"创建相关规定

4.1 一般规定

本指南中"平安工地"考核评价是指:由安全监督机构、建设项目主管单位、建设单位、监理单位、施工单位按照《云南省公路工程安全生产暨"平安工地"检查评价办法(试行)》的规定,对建设项目创建"平安工地"实施情况进行考核评价活动。

4.1.1 适用范围

云南省二级及以上等级公路、独立特大桥、独立特长隧道工程建设活动,应当按照本办法要求创建"平安工地"和开展安全生产检查评价。其他公路项目可参照执行。

4.1.2 分级管理

建设项目创建"平安工地"和安全生产检查评价工作实行分级管理。
(1)项目施工、监理、业主单位是创建"平安工地"的实施单位,负责项目"平安工地"具体创建和安全生产自评、独立检查评价工作。
(2)项目主管单位负责督导所属项目创建"平安工地"工作,并独立开展检查评价。
(3)省、市级交通运输主管部门负责对本级(本单位)监管项目的"平安工地"创建工作开展检查评价。具体工作可由本级安全监督机构负责。

4.2 各方职责

4.2.1 施工单位职责

(1)施工单位应以创建"平安工地"为安全管理目标,建立健全安全生产保证体系,保证安全生产条件,严格落实安全生产及创建"平安工地"的主体责任。
(2)施工单位应当设立项目专职安全生产管理部门,配置符合资格和数量要求的专职安全管理人员。指定专人负责安全档案、资料的收集、报备等管理工作。
(3)施工单位应当建立健全符合项目安全生产管理要求的安全管理体系文件,体系文件应由项目经理组织技术、安全人员编制,经母体公司安全分管领导(或技术负责人)组织审核签批后报项目监理单位审查,监理单位审查签批后报备项目业主。
(4)施工单位应当在项目开工前向监理单位上报开工安全生产条件审查资料,经监理单位审查合格后报项目业主审批。项目实施过程中,不得降低安全生产条件。

（5）施工单位应按照《云南省公路工程安全生产检查评价程序和标准》的规定，每月至少组织一次全面自查评价。评价结果应报监理和项目业主备案。

（6）施工单位母体公司每半年应当对项目创建"平安工地"情况和制度体系运行状况进行检查，对项目创建"平安工地"执行不到位的督促整改，对不适应项目运行要求的体系文件督促修订，并按程序重新报批。

4.2.2 监理单位职责

（1）监理单位应将创建"平安工地"作为安全监理的主要内容，建立健全安全监理制度，严格落实安全生产及创建"平安工地"的监理责任。

（2）监理单位安全监理工程师的资格和数量应满足招标文件要求。指定专人负责安全档案、资料的收集、报备等管理工作。

（3）监理单位收到施工单位上报的安全生产体系文件后，应由总监理工程师组织审查、签批。

监理单位应当建立健全符合项目安全监理要求的体系文件，体系文件应由总监理工程师（业主设置总监方式的由驻地高监）组织编制，经母体公司分管领导组织审核签批后报项目业主审查。

（4）监理单位应当在项目开工前按照《云南省公路工程开工安全生产条件审查规定》向项目业主上报本单位开工安全生产条件审查资料。同时，对施工单位报审的安全生产条件资料认真审核、查验，不满足开工安全条件的，应书面告知原因，达到条件的应出具明确的达标审查意见。在未收到项目业主达到开工条件的审批意见前，不得签发开工令。在项目执行过程中适时监控、检查安全生产条件状况，当降低时及时督促整改。

（5）监理单位应督促施工单位认真开展"平安工地"创建工作。同时，按照《云南省公路工程安全生产检查评价程序和标准》的规定，每季度开展一次自查评价，并对监理范围内各施工单位独立开展一次检查评价，评价结果应报项目业主备案。

（6）监理单位母体公司每半年应当对安全监理体系运行状况进行检查。对体系文件落实不严的督促整改，对不适应运行要求的督促修订，并按程序重新报批。

4.2.3 项目业主职责

（1）项目业主应严格落实安全生产责任，加强组织领导，改善安全生产条件，保证安全生产费用，对"平安工地"创建达标负总责。

（2）项目业主应当设立项目专职安全生产管理部门，配备适应项目安全管理要求的专职安全管理人员。指定专人负责安全档案、资料的收集、报备等管理工作。

（3）项目业主收到监理单位上报的安全生产体系文件后，由分管领导组织审查、签批。

项目业主应当建立健全符合项目安全生产管理要求的安全管理体系文件，安全管理体系文件由分管领导组织技术、安全等部门人员编制完成，报项目主管单位审查。

（4）项目业主应当认真审核、查验施工、监理单位报审的安全生产条件，不满足开工安全条件的，应书面告知原因，达到条件的应当按照《云南省公路工程开工安全生产条件审查规定》出具明确的达标审批意见。严禁不满足安全生产条件的项目批准开工。在项目执行过程中适时监控、检查安全生产条件状况,发现降低时应及时督促整改。项目业主应将批准的开工安全生产条件资料报项目主管单位备案。

(5)项目业主应督促施工、监理单位认真开展"平安工地"创建工作。同时,按照《云南省公路工程安全生产检查评价程序和标准》的规定,每半年对所有施工、监理单位开展一次检查评价和自查评价,并将评价结果报项目主管单位及安全监督机构备案。

4.2.4　项目主管单位职责

(1)项目主管单位应履行安全监管职责,督促所属建设项目认真开展"平安工地"创建工作。

(2)项目主管单位在接到项目业主上报的安全生产管理体系文件后,应由分管领导组织审查、签批。

(3)项目主管单位对项目业主报备的开工安全生产条件资料无异议后,转报安全监督机构备案。

(4)项目主管单位应按照《云南省公路工程安全生产检查评价程序和标准》的规定,对所辖项目的所有业主、施工、监理单位每年开展一次检查评价,并将评价结果报备安全监督机构。

4.2.5　安全监督机构职责

(1)安全监督机构负责对监管项目的"平安工地"创建工作开展检查评价。

按照分级管理原则,凡属云南省公路开发投资有限公司、云南省公路局出资或代厅出资建设的公路项目,由云南省交通运输厅委托的安全监督机构负责检查评价;凡属各州(市)负责建设的公路项目,由项目所在地的州(市)交通运输局委托的安全监督机构负责检查评价。

(2)安全监督机构应按照《云南省公路工程安全生产检查评价程序和标准》的规定,对监管项目每年组织一次检查评价。工程项目交工验收前,组织开展一次综合评价。

(3)安全监督机构应在每年年初制订年度安全检查计划,并发布。检查计划应包括被检查项目名称、拟检查时间、检查形式等内容。

(4)安全监督机构依据项目业主或项目主管单位报备的考核评价结果,对施工合同段按不少于1/3的比例进行抽查,对业主和所有监理单位必查。

采用施工总承包建设模式的项目,除总承包单位外,抽查不少于1/3工区或分部;采用第三方监理模式的项目,除总监办外,抽查不少于1/3驻地监理组;项目业主设立分指挥部的,除项目业主外,抽查不少于1个分指挥部。各单位的考评得分为抽查个数的算术平均值。

对申报部级示范工程的项目,安全监督机构应对全部参建单位进行检查评价。

安全监督机构可采用项目主管单位或项目业主的检查评价结果。

(5)各州(市)交通运输局应将年度检查评价结果,于每年11月1日前报云南省交通运输厅;云南省交通运输厅对每年的检查评价结果,于12月向社会公布,并报交通运输部。

4.3 检查评价标准

(1)各单位在检查考评过程中,若发现可能导致重特大生产安全事故的隐患时,应立即责令该工序或作业区停工整改。

(2)检查评价按照得分分值评定等级,施工单位评级分为"AA、A、B、C、D"五个等级。为与部"平安工地"达标验收办法衔接统一,评价达到 A、AA 级的为"示范",评价达到 B、C 级的为"达标",评价为 D 级的则为"不达标"。

监理、项目业主单位及项目评价分为"示范、达标、不达标"三个等级。分值和级别划分如下:

①施工单位:

评价分值≥95 分,为 AA 级;

95 分＞评价分值≥90 分,为 A 级;

90 分＞评价分值≥80 分,为 B 级;

80 分＞评价分值≥70 分,为 C 级;

评价分值＜70 分,为 D 级。

②监理、业主单位及建设项目:

评价分值≥90 分,为示范;

90 分＞评价分值≥70 分,为达标;

评价分值＜70 分,为不达标。

(3)检查评价时,被检单位未按规定要求开展自检、独立检查评价的,直接评价为"不达标"。

(4)检查评价时,检查单位对评价期内检查评价之前的巡查、专项检查中存在下列情况之一的,在评价总分基础上扣减 5~10 分:

①因安全生产问题停工 2 次;

②发送过安全告知函;

③约谈企业法人;

④逾期不落实书面整改要求的。

(5)检查评价时,在评价期内考核评价之前发生生产安全事故的,按下列规定处理:

①发生 1 起一般生产安全事故,对负有事故责任的施工、监理单位考评总分各扣减 10 分;

②发生 2 起一般或 1 起较大生产安全责任事故,施工合同段直接评为 D 级,对监理、业主的考评总分各扣减 15 分;

③发生 1 起重大及以上生产安全责任事故,工程项目评为不达标等级,项目业主及相关的监理和施工单位评为不达标等级。

(6)对采用新技术、新工艺或其他措施,有效提高安全生产管理的单位,在其考评总分基础上加 1~5 分。

(7)安全监督机构检查考评结束至年终报交通运输部期间,发生第(4)、第(5)条的情况时,按以上规定重新计算调整。

4.4 评价结果处理

4.4.1 安全监督机构评价结果处理

(1)安全监督机构检查评价为AA级、A级的施工单位,项目业主应予以表彰或奖励;评价为B级的,由施工单位对不符合项自行整改,由监理复查;评价为C级的,由施工单位在3日内完成书面整改措施,报监理审批,并按批准的措施、时限完成整改。监理应对整改工作进行监督,并对整改结果进行复查。整改完成后,由监理单位将复查结果报备业主。

(2)安全监督机构检查评价为D级的施工单位,责令其停工整改(视情况可全面或部分停工),并要求施工单位在3日内完成书面整改措施,经监理审查后报业主审批。施工单位应按批准的措施,在规定的时限内完成整改。业主应对整改工作进行监督,并对整改结果进行复查。

业主复查合格后,报安全监督机构组织复评。复评结果仍为D级的,由安全监督机构启动约谈或函告法人代表的监管程序,并责令施工单位母体公司主要负责人进驻现场落实整改。业主应对本次整改挂牌督办,并责成更换项目经理。整改完成后,由业主将督办情况报备安全监督机构。

安全监督机构检查复评为D级的施工单位,其项目主要负责人(项目经理、分管副经理、技术负责人、安全部门负责人)不得通过"安全生产考核合格证书"延期审核。

(3)对一年内出现3个及以上复评结果为D级的施工企业,交通运输主管部门将在企业资质升级审查时提出处理建议,并建议安全生产许可证的管理部门对其进行处理。

(4)对于注册地在云南省的施工企业,项目的评价结果将应用于其"企业安全标准化达标考评"的分值计算。

注册地不在云南省的施工企业,由安全监督机构将检查评价结果报云南省交通运输厅抄送企业所在地的省级交通运输主管部门处理。

(5)安全监督机构应将检查评价为D级的施工单位报交通运输主管部门,作为不良记录纳入公路建设市场信用管理系统。

(6)安全监督机构对监理单位检查评价为达标的,由监理单位自行对不符合项进行整改,并将整改结果报备项目业主;评价为不达标的,要求监理单位在3日内完成书面整改措施,报业主审批。监理单位应按批准的措施,在规定的时限内完成整改。业主应对整改工作进行监督,并对整改结果进行复查。

业主复查合格后,报安全监督机构组织复评。复评结果仍为不达标的,由安全监督机构启动约谈或函告法人代表的监管程序,并责令监理单位母体公司主要负责人进驻现场落实整改。业主应对本次整改挂牌督办,并责成更换监理负责人。整改完成后,由业主将督办情况报备安全监督机构。

复评不达标的监理单位,安全监督机构将该企业及项目主要负责人(总监、驻地高监、安全专监)的失信行为,报请交通运输主管部门录入"交通运输部公路水运工程监理信用评价"信息数据库。

（7）安全监督机构检查评价为达标的项目业主,由项目业主自行对不符合项进行整改,并将整改结果报备项目主管单位;评价为不达标的,由项目主管单位督促整改,并对整改结果进行复查,复查合格后,由项目主管单位报安全监督机构组织复评,复评仍不达标的,由安全监督机构报交通运输主管部门全省通报。

（8）交通运输主管部门在年度安全责任考核时,对项目主管单位按下列标准在总评分基础上进行扣分:

①所属项目业主复评不达标的,每个项目按5分扣减;

②所属建设项目检查评价不达标的,每个项目按10分扣减;

③未按要求对所属项目开展检查评价的,每个项目按5分扣减。

4.4.2　相关单位评价结果处理

（1）项目业主、施工、监理单位对自评不符合项应认真整改,直至达标。

（2）项目主管单位、项目业主、监理单位可制订具体处理细则或参照"4.4.1"的有关条款执行。

（3）项目主管单位在年度安全责任考核时,应对当年复评不达标的项目业主进行处罚。

（4）公路建设项目招标单位应将近两年内安全监督机构的检查评价结果,可作为对潜在投标人资格审查的条款在招标文件中载明。

第二篇
施工安全技术要求

1 施工场地及环境

1.1 施工场地布设

1.1.1 一般规定

(1)施工现场布设及施工作业活动应遵守国家安全技术要求,防止事故发生。公路工程施工作业活动、事故类型及关键措施对照表可参见附录5的要求。

(2)施工现场内的沟、坑、水塘等边缘应设安全护栏。施工单位应当在施工现场出入口或者沿线各交叉口、施工起重机械、拌和场、临时用电设施、爆破物及有害危险气体和液体存放处以及孔洞口、隧道口、基坑边沿、脚手架、承重支架、码头边沿、桥梁边沿等危险部位,设置明显的安全警示标志或者必要的安全防护设施。

(3)安全标志牌的设置应按《安全标志及其使用导则》(GB 2894—2008)执行。安全警示标志的制作应按《安全标志及其使用导则》(GB 2894—2008)执行。施工现场主要标志标识牌制作要求见附录6。

(4)各种安全警示标志设置后,未经施工现场负责人批准不得擅自移动或者拆除。

(5)施工单位应当将施工现场的办公、生活区与作业区分开设置,并保持安全距离。办公、生活区的选址应当符合《云南省高速公路施工标准化实施要点》。职工的膳食、饮水、休息场所、医疗救助设施等应当符合卫生标准。

(6)施工现场临时搭建的建筑物应当符合安全使用要求。施工现场使用的装配式活动房屋应当具有生产(制造)许可证、产品合格证。

(7)施工单位应当在施工现场建立消防安全责任制度,确定消防安全责任人,制订用火、用电、使用易燃易爆材料等各项消防管理制度和操作规程,设置消防通道,配备相应的消防设施和灭火器材。

(8)易燃易爆品仓库、发电机房、变电所,应采取必要的安全防护措施,严禁用易燃材料修建。炸药库的设置应符合国家有关规定。

(9)工地的小型临时油库应远离生活区50m以外,并外设围栏。

(10)工地上较高的建(构)筑物、临时设施及重要库房,如炸药库、油库、发(变)电房、塔吊、龙门吊架等,均应加设避雷装置。

1.1.2 布设原则

(1)满足施工要求、合理布局、协调紧凑,充分利用地形、节约用地。

(2)临时设施的布置应便于职工办公、生产和生活。条件允许的情况下办公区、生产区、生活区应分离设置。办公区要与生产区保持适当距离,不宜过远或过近。

(3)电器设施、线路、油库、易燃易爆品库、大型吊装设备、拌和设备以及加工场地等的布置必须符合安全、消防、环保的要求。

(4)临时建筑、设施、加工场地布置时,必须充分考虑当地的气候、水文、地质等因素,选择安全可靠的位置搭建。

(5)易燃易爆品仓库、发电机房、变电室应采取必要的安全防护措施,严禁用易燃材料修建。炸药库要设置在便于安全运输、存取并且人员稀少的地方。

1.1.3　临时设施的选址与布置

(1)职工、民工驻地严禁建盖在滑坡体地段、河道边、水库下游沟边、山谷底、低凹处和未经碾压的弃土场上面等存在安全隐患的地点。

(2)办公生活临时设施的选址首先应考虑与作业区相隔离,保持安全距离。其次选址的周边环境必须具有安全性,不得设置在高压线下,也不得设置在沟边、崖边、河流边、强风口处、高墙下以及滑坡、泥石流等灾害地质带上和山洪可能冲击到的区域。

(3)驻地规划时要按不同的使用功能隔离,不能连接成整体,须预留安全通道;必须远离炸药库、油库等易燃、易爆危险物品;厨房、锅炉等设施要与住房具有一定的安全距离。

1.1.4　拌和站

(1)拌和站场地四周应当设置沉淀池、排水沟;避免清洗机械时造成场地积水;沉淀后循环使用节约用水;避免将未沉淀的污水直接排入城市排水设施和河流。

(2)拌和站应当搭设搅拌棚,挂设搅拌安全操作规程和相应的警示标志、混凝土配合比牌,采取防止扬尘措施。冬期施工还应考虑保温、供热等安全措施。

(3)沥青拌和设施应设置在场地下风口位置,以满足操作人员健康安全和周边环境保护的要求。

1.1.5　预制场

(1)预制场应靠近混凝土拌和站,并远离办公生活区。

(2)预制场应尽量靠近主体工程施工部位,减少运梁距离。

(3)预制场应避开不良地质灾害区域。

(4)易发生机械伤害的场所、施工现场出入口应设置禁止和警示标志。张拉台座两端应设置指令标志,并设置钢板防护。

(5)吊装作业区应设置禁止驶入标志;龙门吊与高压线保持安全距离,驾驶员岗位职责、岗位安全操作规程牌随机挂设,"施工重地,注意安全"警示牌置于龙门吊下。预制场的制梁区、存梁区、构件加工区等各生产区域应设置明确标志。钢筋绑扎区在明显位置应设置标识牌。

(6)预制场用电要采用架空或穿管地线布设,严格按照"三级配电、两级保护"要求进行配电。

1.1.6　场内临时交通

(1)场内道路应经常维护,保持畅通。载重车辆通过较多的道路,其弯道半径一般不小于15m,特殊情况不得小于10m。急弯与陡坡地段应设置明显交通标志。与铁路交叉处应遵守行业部门的相关安全规定。

(2)靠近河流和陡壁处的道路,应设置护栏和明显的警告标志。

1.1.7　临时用电

(1)公路施工现场临时用电,应符合国家、行业和其他现行有关强制标准的规定,按照住建部《施工现场临时用电安全技术规范》(JGJ 46—2005)、《低压配电设计规范》(GB 50054—2011)进行设置。

(2)高速公路项目的临时用电,应按照《云南省高速公路施工标准化实施要点　工地建设》第四部分"施工现场临时用电标准化"进行设置。

1.1.8　临时便道

(1)便道傍山时要注意边缘的危石处理,防止滑坡、塌方破坏便道。

(2)便道应设置横坡,两侧设置排水沟。

(3)急弯、陡坡及平面交叉路段应设置相应交通标志,必要时增设相应安全防护设置。

(4)便道沿河时应严格按防汛要求做好一定的保护措施。

(5)冬季施工存在冰雪路面时,应采取路面防滑措施。

1.2　特殊季节(环境)施工

1.2.1　雨季施工

(1)雨季施工应制订防洪、防汛、防泥石流安全应急预案。

(2)潮湿多雨季节必须定期检测机电设备的绝缘电阻和接地装置,不符合规定的设备必须停止使用。电器开关必须采取防雨淋措施。

(3)合理组织施工。

①雨期施工到来之前应对每个配电箱、用电设备进行一次检查,采取相应的防雨措施。

②每年雨期之前应对防雷装置进行一次全面检查,保持防雷装置处于良好状态。防雷装置的冲击接地电阻应不大于30Ω。

(4)做好施工现场的排水。

①根据施工总平面图、排水总平面图,利用自然地形确定排水方向,按规定坡度挖好排水沟,确保施工工地的排水畅通。

②应严格按防汛要求,设置连续、通畅的排水设施和其他应急设施。

③在雨季施工时,施工现场应及时排除积水,人行道的上下坡应挖步梯或铺砂。脚手板、斜道板、跳板上应采取防滑措施。加强对支架、脚手架和土方工程的检查,防止倾倒和坍塌。

④雨季施工时,处于洪水可能淹没地带的机械设备、材料等应做好防范措施,施工人员要提前做好安全撤离的准备工作。

⑤长时间在雨季中作业的工程,应根据条件搭设防雨棚。施工中遇有暴风雨应暂停施工。

⑥若施工现场临近高地,应在高地的边缘(现场的上侧)挖好截水沟,防止洪水冲入现场。

⑦雨季前应做好施工现场的危石处理及滑坡、坍方及泥石流预防措施。

(5)临时设施及其他准备工作。

①施工现场的大型临时设施,在雨季前应整修加固完毕,应保证不漏、不塌、不倒、周围不积水,严防水冲入设施内。大风和大雨后,应当检查临时设施地基和主体结构情况,发现问题及时处理。

②雨季前应清除基坑、孔口边缘弃土。

③雨后应及时对坑槽、边坡和固壁支撑结构进行检查,发现有裂缝、疏松、支撑结构折断、松动等危险征兆,应当立即采取措施。

④雷雨天气不得露天进行电力爆破土石方,如中途遇到雷电时,应当迅速将雷管的脚线、电线主线两端连成短路。

⑤大风大雨后作业,应当检查起重机械设备的基础、塔身的垂直度、缆风绳和附着结构,以及安全保险装置并先试吊,确认无异常方可作业。轨道式塔机,还应对轨道基础进行全面检查,检查轨距偏差、轨顶倾斜度、轨道基础沉降、钢轨不直度和轨道通过性能等。

⑥当遇到大雨、大雾、高温、雷雨和6级以上大风等恶劣天气时,应当暂停脚手架的搭设或拆除作业、起重吊装和打桩等作业。当风力大于4级时,不得进行塔式起重机标准节接高的安装顶升作业。

⑦落地式钢管脚手架地坪应留有一定的散水坡度,并在周围设置排水措施。

⑧大风、大雨后应组织人员检查脚手架是否牢固,如发现有倾斜、下沉、松扣、崩扣和安全网脱落、开绳等现象时,应及时进行处理。

⑨雨季前,施工围堰、堤坝和不稳定边坡等应采取加固和防坍塌措施。易受水流冲刷的部位应采取防冲或导流措施。

⑩雨季来临前,应对施工现场的季节性河流进行监控,采取相应防范措施。

1.2.2 高温季节

(1)合理调整作息时间,避开中午高温时间作业。

(2)及时给职工发放防暑降温的急救药品和劳动防护用品,当工作需要时应加强个人防护,加强防晒防暑保护措施。

(3)施工现场使用和存放的易燃易爆物品应采取防晒措施。

(4)禁止有高温作业禁忌症的人员从事高温作业。

(5)在高温或烈日下工作一定时间之后,出现头晕、出汗、口渴、恶心、胸闷、心悸、乏力等中暑先兆症状时,应当立即到阴凉处休息,并服防暑药品、清凉饮料及防暑药膳。

1.2.3 低温季节

(1)登高作业人员必须穿防滑鞋、戴防护手套等劳动防护用品。

(2)遇大风、雨、雪、冰雹等恶劣天气,应停止室外作业,采取防坠落、防冻、防风与防滑措施。

(3)做好路面防滑处理,防止机械车辆打滑导致机械伤害事故。

(4)加强施工现场、临时驻地和职民工宿舍用火、用电管理,有效配置消防器材,防止火灾、爆炸、触电、煤气中毒等事故。

(5)混凝土作业采取明火保温时,应配备专人看管,配备相应消防器材。

1.2.4 夜间施工

(1)夜间施工时现场必须有符合操作要求的照明设备。施工驻地内主要道路及设施要设置路灯。

(2)施工中的小型桥涵两侧、穿跨越路基的管线、平面交叉路口等应设置围栏,并悬挂红灯示警标志。

(3)大型桥梁攀登扶梯处、通道应设有照明灯具。

(4)作业现场的预留孔洞、上下道口及沟槽等危险部位应设置夜间警示标志。

1.2.5 其他特殊条件

(1)可能发生地质灾害的区域内施工应制订相应的安全技术措施和应急预案。

(2)地震频发区施工应制订相应的安全措施和应急救援预案。

(3)高海拔地区施工应提供施工人员高原病供氧、急救物资及设备。

(4)低温地区施工应在临边、通道等采取必要防滑及安全防范措施。

2 路基工程

2.1 清理场地

2.1.1 安全管理要点

(1)砍伐树木应遵守下列规定：

①伐树前应按路基设计要求确定伐树的范围,在伐树范围内应从保证安全出发设置警戒,非工作人员不得在范围内逗留和接近范围。

②在陡坡悬岩处进行砍伐树木施工作业时,应制订防止树木伐倒后顺坡溜滑和撞落石块伤人的安全措施。

③大风、大雾和雨天不得进行伐树作业。

④清除的丛草、杂树、树根等严禁放火焚烧。

(2)拆除作业应遵守下列规定：

①拆除作业前,应将与拆除物相连通的电线、水、气管道切断,并在四周危险区域内设置安全护栏,配以必要的警告标志,设置夜间警示灯,非工作人员不得进入。

②拆除工序应由上而下,先外后里,严禁数层同时作业。

2.1.2 安全行为要求

(1)砍伐树木应注意事项：

①为使树木按预定方向倾倒,要在树木下部倒树方向砍一剎口,其深度为树干直径的1/4,然后再从剎口上边缘的对面开锯,最后应留2~3cm的安全距离。

②在山坡上严禁在同一地段的上下同时作业。

③用机械伐除大树时,应提高着力点,防止其上部反向倒下。

(2)拆除作业应注意事项：

①拆除梁、柱之前,应先拆除其承托的全部结构物,严禁采用掏空、挖切和大面积推倒的拆除方法。

②在高处进行拆除工程时,对拆下材料应用吊绳或者起重机及时吊下或运走,禁止向下抛掷。

2.2 土方工程

2.2.1 安全管理要点

(1)土方开挖前应该了解土质、地下水等情况,必须查清地下埋设的管道、电缆和有毒有害气体等危险物以及文物古迹的位置、深度走向,加设标记和设置防护栏杆。施工现场负责人在施工前必须对作业人员详细交底,内容包括:地下设施情况及其危险性,施工作业方法,安全技术措施要点等。

(2)在靠近建筑物、设备基础、电杆及各种脚手架附近挖土时必须采取安全防护措施。

(3)高陡边坡处施工必须遵守下列规定:

①弃土下方和有滚石危及的区域,应设警告标志,作业位置下方的道路严禁通行。

②应对坡面上松动的土、石块及时清除,严禁在危石下方作业、休息和存放机具。

③高边坡开挖作业应安排专人进行监视,防止上部塌方和物体坠落。

(4)在不良地质地段进行开挖作业时,应分段开挖,并分段修建支挡工程。

(5)施工中如发现山体有滑动、崩坍迹象危及施工安全时应立即暂停施工,并撤出人员和机具。

(6)在存在落石与岩堆地段施工应先清理危石和设置拦截设施后再行开挖。坡面松动石块应随挖随清理。

(7)岩溶地区挖方作业时应采取相应的措施防止由于岩溶水的涌出导致突发性坍陷的危险。泥沼地段施工应采取必要的措施避免人、机下陷。挖出的废土应堆置在合适的地方,以防汛期造成人为的泥石流。

(8)施工中遇有土体不稳、发生坍塌、水位暴涨、山洪暴发或在爆破警戒区内听到爆破信号时,应立即停工,人机撤离至安全地点。

(9)开挖深度超过2m时,应按要求设置高处作业警告标志。特别是在街道、居民区、行车道和现场通道附近开挖土方时,不论深度大小都要设置警告标志和高度不低于1.2m的双道防护栏或定型护栏,夜间应设红色警示灯。

(10)机械在危险地段作业时,必须设明显的安全警告标志,并应设专人站在操作人员能看清的地方指挥。

2.2.2 安全行为要求

(1)人工挖掘土方应遵守下列规定:

①开挖土方的操作人员之间,必须保持足够的安全距离:横向间距不小于2m,纵向间距不小于3m。

②土方开挖必须自上而下顺序放坡进行,严禁采用挖空底脚的操作方法。

(2)高陡边坡处施工必须遵守下列规定:

①作业人员必须绑系安全带,绑系安全带的绳索应牢固地拴在树干或牢靠的钢钎上,绳索应基本保持垂直。不得在同一安全桩上拴2根及以上安全绳或在1根安全绳上拴2人以上。

②在边坡开挖过程中如遇到地下水涌出,应先排水后开挖。

③开挖工作应与装运作业面相互错开,严禁上、下双重作业。

④清理路堑边坡上突出的块石和整修边坡时,应从上而下顺序进行,坡面上的松动土、石块必须及时清除。严禁在危石下方作业、休息和存放机具。边坡上方有人工作时边坡下方不得站人。

(3)开挖滑坡地段应从滑坡体两侧向中部自上而下进行,严禁全面拉槽开挖。弃土不得堆在主滑区内。开挖挡墙基槽也应从滑坡体两侧向中部分段跳槽进行,并加强支撑,及时砌筑和回填墙背,施工中应设专人监视滑坡体的变化,严防坍方。

(4)运土方的车辆会车时应遵循轻车让重车先通行的原则。相邻两辆重车运行时前后车距必须大于5m,下坡时间距不得小于10m。过道(包括施工便道以及便道与路基的连接道)应设专人管理、维修。悬崖陡壁处应设防护栏杆。

(5)在正常使用的电杆附近挖土时,应在拉线地垄及杆身周围留出土台。土台半径:电杆为1~1.5m,拉线地垄1.5~2.5m,并视土质情况及高度确定土台的边坡坡度。土台周围应插标杆示警。

(6)在沟槽(坑)边缘1m以内不得堆土或其他物料;距沟槽(坑)边缘1~3m间堆土高度不得超过1.5m;距沟槽(坑)边缘3~5m间堆土高度不得超过2.5m;停置车辆、设备、起重机械、振动机械不少于4m;使用小翻斗车往沟槽内卸料应设专用通道,并在距沟槽(坑)边缘1m处设限制装置。

(7)开挖沟槽时应当根据土质情况进行放坡或支撑防护。当挖掘深度超过1.5m,未设置支撑时,应按规定确定开挖放坡坡度。特殊情况下无法放坡时,应按规定采取围壁措施。所采用的固壁支撑木料不得有糟、朽、断、裂等现象。

(8)构筑物两侧的沟槽(坑)应对称回填夯实。使用推土机回填土时,严禁从一侧直接将土推入沟槽(坑);使用手推车回填土时,沟槽(坑)边应设挡板,卸土时不得松开手推车的把手。

(9)配合机械作业的人工清底、平地、修坡等辅助工作应与机械作业交替进行。当必须在机械作业范围内同时进行辅助工作时,辅助人员应在机械停止运转后方可进入。

2.3 石方工程

2.3.1 安全管理要点

(1)石方爆破作业,以及爆破器材的管理、加工、运输、检验和销毁等工作均应按国家现行《爆破安全规程》(GB 6722—2003)执行。

(2)爆破器材库的选址和搭建以及配套设施应请当地公安部门进行监督和指导。爆破器材运输,应避开人员密集地段,中途不得停留。

(3)要根据当地的气候和水文等情况,制订爆破器材保护预案,防止因突遇气候骤变及其他不测等因素导致爆破器材的流失。

(4)爆破器材应必须实施实销实报制度,剩余的爆破材料必须当日退库,严禁私自收藏,乱丢乱放。发现爆破器材丢失、被盗要立即报告处理。

(5)爆破器材应按规定要求进行检验,不得使用失效的及不符合技术条件要求的器材。

(6)建立并严格执行爆破器材领用、退库制度,相关的书面记录应规范、齐全。爆破器材应有专人领取,严禁由一人同时搬运炸药与雷管。电雷管严禁与带电物品一起携带运送。

(7)爆破作业必须有专人指挥。爆破工必须戴安全帽,不戴安全帽不得进行爆破作业。

(8)每次爆破必须设立警戒线,确定的危险区边界应有明显的标志。警戒区四周必须派设警戒人员,警戒区内的人、畜必须撤离,并安排足够的人员防止人和车辆靠近和进入在警戒线内。

(9)已装药的炮孔必须当班爆破,装填的炮孔数量应以一次爆破的作业量为限。

(10)爆破预告、起爆、解除警戒等信号应有明确的规定,并对作业人员交底。

(11)爆破时产生的个别飞散物对人员、设备的安全距离不得小于表2.2-1的规定。

个别飞散物对人员的安全距离 表2.2-1

爆破类型及方法	个别飞散物的最小安全距离(m)
1.破碎大块岩矿	—
裸露药包爆破法	400
浅眼爆破法	300
2.浅眼爆破法	200(复杂地质条件下未修成台阶工作面时不小于300)
3.浅眼药壶爆破	300
4.蛇穴爆破	300
5.深孔爆破	按设计,但不小于200
6.深孔药壶爆破	按设计,但不小于300
7.浅眼眼底扩壶	50
8.深孔孔底扩壶	50
9.硐室爆破	按设计,但不小于300

注:沿山坡爆破时,下坡方向的安全距离应比表内数值增大50%。

(12)各种类型的"盲炮"处理应按国家现行《爆破安全规程》(GB 6722—2003)有关规定办理。

(13)大型爆破必须按审批的爆破设计书,在征得当地县(市)以上公安部门同意后,由成立的现场指挥机构组织人员实施。

大型爆破的安全距离,除考虑个别飞散物的因素外,尚应考虑因爆破引起地震及冲击波对人员、设施及建筑物的影响,按规定经计算后确定安全距离。

(14)石方地段爆破后必须确认已经解除警戒、作业面上的悬岩危石也经检查处理后,清理石方人员方可进入现场。

(15)在下列工程地质条件下,不宜进行大爆破:

①岩堆、滑坡体、坡顶上部堆积的覆盖层较厚而倾向路基的不良地段;

②断层破碎带、侵入体与围岩的接触带、节理破碎带以及具有引起坍方的地质软弱面的地段;

③当软弱面通过路基的后方或下方时,爆破不易形成路基的地段;

④层理面、错动面以及其他构造软弱面倾向路基,并且其倾角大于临界倾角小于50°,层面胶结不良的地段;

⑤山脊较薄,山后有良好的临空面,不逸出半径可使整个山头破坏易引起塌方的路段;

⑥多组软弱面形成塌方体的地段;

⑦周围环境如有良田、果树、重要建筑物等,在无法确保其安全时不宜采用大爆破。

2.3.2 安全行为要求

(1)选择炮位时炮眼口应避开正对的电线、路口和构造物。

(2)凿打炮眼时应清理坡面上的浮岩危石。应详细检查凿眼所用工具和机械并确认完好。严禁在残眼上打孔。

(3)用人力冲击法打松软岩眼时,应清理现场的障碍物。双人、多人冲钎时,动作应协调一致。

(4)人工打眼时使锤人应站立在掌钎人侧面,严禁对面使锤。

(5)宜采用湿式凿岩或带有捕尘器的凿眼机进行机械扩眼。凿岩机支架应支撑稳固,严禁用胸部和肩头紧顶把手。风动凿岩机的管道应保持顺直、接头紧密,气压不应过高。电动凿岩机的电缆线宜悬空挂设,工作时应注意观察电流值是否正常。

空压机必须在无荷载状态下起动。开启送气阀前应将输气管道连接好,不得有扭曲现象,在征得凿眼机操作人员同意后方可送气。出气口前方不得有人工作或站立。储气瓶内压力不得超过规定值,安全阀应灵敏有效。运转中应注意检查是否有异常情况。

(6)严禁作业人员在保管、加工、运输爆破器材过程中穿着化纤衣服。

(7)应在专设的加工房或爆破现场的专用棚内制作起爆药包(柱)。棚内不得有电气、金属设备。

导火索应采用快刀切齐、轻轻插入雷管,不得猛插、旋转或摩擦。管口应采用安全铰钳夹紧。纸壳雷管应采用胶布包扎严密。

药卷应采用和雷管同样直径的竹、木锥子扎一个深为1.5倍雷管长度的小孔,然后放入接好引线的雷管封闭扎口。雷管不得露在药柱外面。加工的起爆药包(柱),不应超过当班爆破作业的需要量。

(8)扩药壶时孔口的碎石、杂物必须清除干净。装药量应随扩壶次数、扩壶的大小和石质而定,不得盲目加大药量。扩烘时起爆药柱送下孔底后不得使用炮棍在炮眼内捣插。导火索点燃后人应迅速远离。严禁采用先点燃导火索再将药柱抛入孔底的做法。

进行多次扩壶时,每次爆破15min(硝化甘油炸药应经过30min)后等孔壁岩石冷却后,方可再次装药扩壶。

(9)超过5m的深孔不得使用导火索起爆。

(10)装炮工作必须遵守下列规定:

①装药前应对炮眼进行验收和清理;对刚打成的炮眼应待其冷却后装药,湿炮眼应擦干后才能装药。

②严禁烟火和明火照明,无关人员应撤离现场。

③应采用木质炮棍装药,严禁使用金属器皿装药。深孔装药出现堵塞时,在未装入雷管、起爆药柱前可采用铜和木制长杆处理。

④装好的爆药包(柱)和硝化甘油类炸药严禁被投掷或冲击。

⑤不得采用无填塞方式爆破(扩壶除外),也不得使用石块和易燃材料填塞炮孔;不得捣鼓直接接触药包的填塞材料,不得用填塞材料冲击起爆药包,也不得在深孔装入起爆药包后直接用木楔填塞;填塞炮眼时不得破坏起爆线。

(11)导火索起爆应采用一次点火法点火,其预留的燃烧长度应保证点完导火索后人员能撤至安全地点所需的时间,但不得短于1.2m。不得在同次爆破中使用不同燃速的导火索。

在露天爆破的情况下,一个作业人员连续点火的导火索根数不得超过10根,严禁使用明火点燃,严禁脚踩和挤压已点燃的导火索。

多人同时点炮时,每人点炮数应大致相等。必须先点燃信号管,信号管响后无论导火索点完与否,作业人员均必须立即撤离。

信号管的长度不得超过该次被点导火索中最短导火索长度的1/3。

(12)爆破时应点清爆炸数与装炮数量是否相符。确认炮响完并间隔5min后,爆破作业人员方可进入爆破作业点。

(13)电力起爆必须遵守下列规定:

①在同一爆破网路上必须使用同厂、同型号的电雷管,其电阻值差不得超过规定值(应控制在±0.2Ω以内)。

②爆破网络主线应绝缘良好,并设中间开关,与其他电源线路应分开敷设。

③必须严格检查主线、区域线、端线、电源开关和插座等断通与绝缘情况,在连入网络前各自的两端应短路。

④爆破网路的连接必须在全部炮孔装填完毕、无关人员全部撤至安全地点后进行;应自工作面向起爆站依次连接爆破网路,两线的节点应错开10cm,接点必须牢固,绝缘良好。

⑤用动力或照明电源起爆时,起爆开关必须放在上锁的专用起爆箱内。在整个爆破作业时间里,起爆开关箱和起爆器的钥匙必须由爆破工作的负责人严加保管,不得交给他人。

⑥装好炸药包后必须撤除工作面内的一切电源。

⑦在雷雨季节、潮湿场地等情况下应采用非电起爆法。

⑧深度不超过10m的爆破用火花起爆,深度超过10m的爆破不得采用火花起爆,必须使用电力起爆。

(14)裸露爆破必须保证先爆的药包不致破坏其他药包,否则应用齐发起爆。严禁用石块覆盖裸露药包,不应将炸药包插入石缝中进行爆破,特殊情况使用时,必须采用可靠的安全措施。

(15)撬动岩石必须由上而下逐层撬(打)落,严禁上下双重作业,不得采用将下面撬空使其上部自然坍落的方法撬动岩石。撬棍的高度不宜超过人的肩膀,不得将棍端紧抵腹部,也不得把撬棍压在肩上施力。

(16)抬运石块的铁链或绳索应理顺并拴牢,抬运时应同起同落、步调一致。

2.4 防护工程

2.4.1 安全管理要点

(1)边坡防护作业必须搭设牢固的脚手架。脚手架必须落地,严禁采用悬挑脚手架。

(2)挡墙挖基应根据土质、湿度和挖掘的深度情况,按规定设放安全边坡,否则应设置相适应的围壁支撑。

（3）防护工程作业前应观察边坡稳定情况，在雨季施工做好排水措施。

（4）基坑壁坡度可参照表2.2-2办理。

基坑坑壁坡度　　　　　表2.2-2

坑壁土质	坑壁坡度		
	基坑顶缘无载重	基坑顶缘有静载	基坑顶缘有动载
砂类土	1:1	1:1.25	1:1.5
碎卵石类土	1:0.75	1:1	1:1.25
轻亚黏土	1:0.67	1:0.75	1:1
亚黏土	1:0.33	1:0.5	1:0.75
极软岩	1:0.25	1:0.33	1:0.67
软质岩	1:0	1:0.1	1:0.25
硬质岩	1:0	1:0	1:0

注：本表适用于基坑深度在5m以内，无地下水，土质结构均匀的情况。

（5）高边坡及松软地带作业时，要防止设备倾覆。作业前应对地表及该处地质进行查看，查看坡体有无滑移及坍塌迹象。

2.4.2 安全行为要求

（1）砌石工程必须自下而上砌筑。不得在脚手架上进行片石改小作业。砌筑护墙时墙下严禁站人。抬运石块上架的跳板应坚固并设防滑条。

（2）抹面、勾缝作业必须先上后下。严禁在砌筑好的坡面上行走，上下必须用爬梯。架上作业时架下不得有人操作或停留，不得上面砌筑、下面勾缝同时进行。

（3）人工开挖基坑产生的土方应边挖边运。用土台分层抛掷传运出土时，台阶宽度不得小于0.7m，高度不得大于1.5m。基坑上边缘暂时堆放的土方至少应距坑边0.8m以外，堆放高度不得超过1.5m。

（4）防护工程作业人员应使用安全带，防止高处坠落。

（5）喷锚作业时应保证管路畅通，工作平台牢固并做好安全防护；张拉预应力锚索时，孔前严禁站人，水泥砂浆强度未达到设计强度的70%时，不得在锚杆端部悬挂重物或碰撞外锚具。

（6）人工整修边坡时，作业人员应绑系安全带，禁止同一边坡上下同时作业。

（7）雨季施工时，要做好开挖上边缘处的截排水工作。边坡防护工程基槽开挖后若未能及时施工，应用彩条布等及时覆盖，防止雨水冲蚀、坡体失稳坍塌。护坡回填土被雨水冲刷后，应及时回填并夯实。

（8）边坡施工作业中应随时观察，防止或避让边坡上部的滚石滚落。

3 路面工程

3.1 基层、底基层施工

3.1.1 安全管理要点

(1)现场调转推土机、平地机、压路机等机械以及运料车倒料时,应设专人指挥。
(2)机械在道路、公路上行驶时,应遵守道路交通安全相关规定。

3.1.2 安全行为要求

(1)装卸、撒铺及翻动粉状材料时,操作人员应站在上风侧,轻拌轻翻减少粉尘。并应佩戴口罩或其他防护用品。
(2)散装粉状材料宜使用粉料运输车运输,否则车厢上应采用篷布遮盖。
(3)洒水车在上下坡及弯道运行中,不得高速行驶,避免紧急制动,洒水车驾驶室外不得站人。

3.2 沥青路面

3.2.1 安全管理要点

(1)沥青的加热及混合料拌制场地宜设在人员较少、场地空旷的地段。在有条件的情况下,对于产量较大的沥青拌和设备应增设防尘设施。
(2)洒布车(机)施工作业区两端,设置明显路栏,夜间路栏上设置施工标志灯或反光标志。路面施工区段严禁社会车辆及人员进入。
(3)在洒油作业过程中,作业范围内不得有人。施工现场严禁使用明火。
(4)压实机械应安装倒车警告或倒车雷达设备。

3.2.2 安全行为要求

(1)宜采用小型机械装卸沥青材料,不应用手直接装运。用手装运时必须要有相应的防护,如坎肩、帆布手套、工作服等。
(2)采用吊耳吊装桶装沥青时应遵守下列规定:
①吊具应严格检查,达到合格要求。吊装作业应有专人指挥。沥青桶的吊索应绑扎牢固。
②吊起的沥青桶不得从运输车辆的驾驶室上空越过,并应稍高于车厢板,以防碰撞。

③吊臂旋转半径范围内不得站人。
④沥青桶未稳妥落地前严禁卸、取吊绳。
(3)人工装卸桶装沥青时应遵守下列规定：
①运输车辆应停放在平坡地段，并拉上手闸。
②上桶装沥青的跳板应有足够的强度，坡度不应过陡。
③沥青桶不得漏油，否则应先堵漏后搬运。
④放倒的沥青桶经跳板向上(下)滚动装(卸)车时，要在露出跳板两侧的铁桶上各套一根绳索，收放绳索时要缓慢，并应两端同步上下。
(4)人工运送液态沥青装油量不得超过容器的2/3。
(5)沥青蒸汽加温装置的蒸汽管道应连接牢固，在人员易触及的部位，必须用保温材料包扎。

3.3 水泥混凝土路面

3.3.1 安全管理要点

水泥粉尘的预防要点如下：
(1)改善劳动环境，采取机械化、自动化操作及湿式作业，降低粉尘浓度，减少粉尘损害。
(2)加强工作环境通风除尘，对个人加强劳动保护。

3.3.2 安全行为要求

(1)混凝土运送。
水泥混凝土运输车运送混凝土拌和物安全要点是：
①液压泵、液压马达及阀应紧固，并与管道连接牢固，密封良好。各泵旋转应无卡阻和异常声响。
②当传动系统出现故障，液压油输出中断而导致滚筒停转并一时无法修复时，要利用紧急排出系统快速排出混凝土拌和物。
③严禁用手触摸旋转中的搅拌筒和随动轮。
(2)自卸汽车运送混凝土拌和物不得超载和超速行驶。车停稳后方可顶升车厢卸料。车厢尚未放下时，操作人员不得上车清除残料。
(3)混凝土路面人工摊铺。
①装卸钢模板时必须逐片轻抬轻放，不得随意抛掷。堆砌钢模板应规则有序并稳妥。
②混凝土人工摊铺操作时，特别是在多人同时作业的情况下，应注意避免因工作面小、长把工具碰伤人员。
③固定模板的插钉或长圆头钉等不得乱放乱搁，完工后应收拾干净以免伤人。
④使用振捣器时应注意的要点：
a.使用电动振捣器的操作人员应佩戴安全防护用品。配电盘(箱)的接线宜使用电缆线。
b.注意保护好电力线，不得割伤防护层，应经常注意检查绝缘层是否良好。

⑤木模板拆模后应堆放整齐稳妥,并及时取出铁钉等尖锐物。

(4)水泥混凝土轨道式摊铺机作业。

①布料机与振平机组间应保持5~8m的距离。

②得将刮板置于运动方向垂直的位置,不得借助整机的惯性冲击料堆。

(5)水泥混凝土滑模式摊铺机作业。

①调整机器的高度时,工作踏板、扶梯等处禁止站人。

②下坡时,禁止快速行驶和空挡滑行,牵引制动装置必须置于制动状态。

③禁止用摊铺机牵引其他机械。

④夜间施工,滑模摊铺机上应有足够照明和警示标志。

⑤滑模摊铺机停放在通车道路上时,周围应设置明显的安全标志,夜间应用红灯示警。

4 桥梁工程

4.1 一般规定

(1)高桥、大跨、深水、结构复杂的大型桥梁施工,应对施工安全作专项调查研究,并制订相应的安全技术措施和安全施工专项方案。单项工程(包括辅助结构、临时工程)开工前,应制订安全操作细则,向施工人员进行安全技术交底。

(2)桥涵施工前应对施工现场、机具设备及安全防护设施等进行全面检查,确认符合安全要求后方可施工。

(3)桥涵工程施工中,应尽量避免双层或多层同时作业,或在桥下需保持通车、通行。当无法避免时,应布设安全网、防落网、防护棚,并设置相应的安全警示标志和防撞设施。

(4)高处露天作业、缆索吊装及大型构件起重吊装时,应根据作业高度和现场风力大小对作业的影响程度,确定必须暂停施工的最大临界风力标准。

(5)高大的自行式施工机械在移动转场过程中应倒转架和桅杆,在高压线下施工应采用安全技术措施,保持最小安全距离。

(6)凡在±2m以上作业,无其他可靠的预防坠落的安全措施的情况下,所有作业人员必须正确系好安全带。

(7)钻孔桩口、钢管桩口、预留口、坑槽口、操作平台空口等处均应设置安全防护设施。

4.2 基础工程

4.2.1 明挖基础

(1)安全管理要点

①开挖基坑时,如可能对邻近建(构)筑物或临时设施有影响时,应采取安全防护措施。

②开挖基坑时,要按规定的边坡坡度分层下挖,严禁局部深挖和掏洞开挖。

③基坑需机械抽排水开挖时,须配备足够的抽排水设备,抽水机及管路等应安放牢靠。

④基坑开挖需要爆破时,应按国家现行《爆破安全规程》(GB 6722—2003)办理。

⑤基坑四周应设钢管护栏(高度1.2m以上,刷红白或黄黑双色漆),挂密目式安全网,离基坑边不少于0.5m;靠近道路的应设置夜间发光警示标志。

(2)安全行为要求

①在开挖的基坑深度超过1.5m时,必须挖设专用坡道或铺设跳板以便利上下,坡道或跳板的宽度应超过60cm。深狭沟槽应设靠梯或软梯,禁止脚踏固壁支撑上下。

②基坑、井坑开挖过程中，必须专人观察坑壁、边坡有无裂缝和坍塌现象（特别是雨后和解冻时期）。当在开挖过程中发现坑沿顶面裂缝、坑壁松塌或遇有涌水、涌砂等影响基坑边坡稳定的现象时，应立即组织人员撤出基坑。

③采用桅杆、吊斗或皮带运输机出土时，应检查吊斗绳索、挂钩、机具等是否完好牢固；向斗内装土时不得超出斗缘。吊斗升降时下面不得站人。坑内作业人员应离开吊斗升降移动范围之外。暂停作业时吊斗应及时摘下，不得处于悬挂状态。开挖基坑的人员不得在坑壁下休息。

④挖掘机等机械在坑顶进行挖土作业时，坑内不得同时有人作业。机身距坑边的安全距离应视基坑深度、坡度、土质情况而定，一般应不小于1.0m。坑边堆放材料及小型机具的安全距离应不小于0.8m。

4.2.2　钻孔灌注桩基础

（1）安全管理要点

①钻孔机械就位后，应对钻机及配套设备进行全面检查。钻机安设必须平稳、牢固；钻架应加设斜撑或缆风绳。

②冲击钻孔选用的钻锥、卷扬机和钢丝绳等应配置适当，钢丝绳与钻锥用绳卡固接时，绳卡数量应与钢丝绳直径相匹配。

③正、反循环钻机及潜水钻机使用的电缆线要定期检查，接头必须绑扎牢固，确保不透水、不漏电；对易于被水、泥浆浸泡处的电缆线应架空搭设。

④对于已埋设护筒未开钻或已成桩护筒尚未拔除的桩孔，应加设护筒顶盖或铺设安全网遮罩。

⑤孔口四周设置护栏，成孔后应设置盖板。

（2）安全行为要求

①挪移钻机时不得挤压电缆线及管路。

②潜水钻机钻孔时，一般在完成一根钻孔桩时要检查一次电机的封闭状况。钻进速度应根据地质变化加以控制，以保证安全运转。

③采用冲抓或冲击钻孔当钻头提到接近护筒底缘时应减速、平稳提升，不得碰撞护筒和钩挂护筒底缘。

④钻机停钻后必须将钻头提出孔外，置于钻架上，不得滞留孔内。

4.2.3　挖孔灌注桩基础

（1）安全管理要点

①挖孔灌注桩宜在无水或少水的密实土层或岩层中施工。挖孔较深或有渗水时应采取孔壁支护及排水、降水等措施严防坍孔。

②应经常检查孔壁的稳定情况及吊具设备安全可靠。孔顶出土机具应有专人管理，并设置高出地面的围栏。孔口不得堆集土渣及机具，应备有软梯方便作业人员出入。夜间作业应悬挂示警红灯。挖孔暂停时孔口应设置罩盖及警示标志。

③孔内挖土人员的头顶部位应设置护盖。

④应采取活物、气体检测器等方式经常检查孔内的气体情况外,还应遵守下列规定:

a. 挖孔人员下孔作业前应先用鼓风机将孔内空气排出更换。

b. 二氧化碳气体含量超过0.3%时应采取强制通风措施。对含量虽不超过规定,但作业人员有呼吸不适感觉时应进行强制通风或换班作业。

c. 空气污染超过三级标准浓度值时,除具备安全可靠的措施外,不得采取人工挖孔作业。

⑤人工挖孔深度超过10m时应采用机械通风,并必须有足够保证安全的支护设施及常备的安全梯道。当使用风镐凿岩时应加大送风量,吹排凿岩产生的石粉。人工挖孔最深不宜大于15m,一旦挖孔深度超过15m,应编制安全专项施工方案,并经监理单位、建设单位审批后方可实施。

⑥挖孔桩内岩石需要爆破时,应采取浅眼爆破法。按国家现行《爆破安全规程》(GB 6722—2003)中的有关规定办理。

(2)安全行为要求

①取土吊斗升降时挖土人员应在护盖下面工作。相邻两孔中,一孔进行浇注混凝土时,另一孔的挖孔人员应停止作业,并撤出井孔。

②人工挖孔桩施工在不采用混凝土护壁的情况下,必须使用工具式的安全防护笼进行施工。防护笼每节长度不得超过2m。防护笼总长度应达到扩孔交界处,孔口必须做沿口混凝土护圈。

③挖出的土方应随挖随运,暂时难以运走的土方应堆放在距孔口边缘1m以外的位置,且堆土高度不得超过1m;在孔内有人进行挖孔作业的情况下,孔边缘向外3m以内的范围内不得停放车辆等机械设备或有机动车辆行驶;孔内人员作业时,孔上必须有监护人员,并应随时与孔下人员保持联系,不得擅自离开。

4.3 墩台工程

4.3.1 现浇墩台施工

(1)安全管理要点

①施工前必须搭好脚手架及作业平台。墩高高度在2~10m范围内时平台外侧应设栏杆及上下扶梯;墩高在10m以上时应加设安全网。墩台顶必须搭设安全护栏,施工人员应系好安全带作业。

②整体模板吊装前,应检查模板连接是否牢固、内撑拉杆及箍筋应上紧;起吊时吊点要正确牢固,并拴好溜绳,听从信号指挥。

③在围堰内浇筑墩台混凝土应安设扶梯或设置跳板,供作业人员上下。

④拆除模板时应划定安全禁行区,确定安全通道。

⑤拆除水上结构浇筑的模板应配有工作船、救护船。

(2)安全行为要求

①用吊斗浇筑混凝土时,应设专人指挥吊斗的升降。升降吊斗过程中,吊斗的下部作业人员必须避开,上部的作业人员不得身倚栏杆手推吊斗就位,严防吊斗碰撞模板及脚手架。

②模板就位后应立即用撑木等材料固定,以防模板意外倾倒。用吊机吊模板合缝时,应采用撬棍等工具拨移模板底端正确就位,不得徒手操作。每节模板支立完毕应立即在相应的位置安装紧固器,在支好内撑后方可安装另一节模板。

③在架立高桥墩的墩身模板过程中,安装模板的作业人员必须系好安全带,并拴挂在牢固的受力点。模板的对拉杆必须安装紧固完整。

④作业人员凿除混凝土浮浆及桩头时必须按规定佩戴防护用品。应经常检查锤头等工具是否牢固,确认安全可靠方可作业。

⑤吊斗出渣时应拴好挂钩、关好斗门。吊机扒杆转动范围内不得站人。

4.3.2 砌筑墩台施工

(1)安全管理要点

砌筑墩台前应搭设好脚手架、作业平台、护栏、扶梯等安全防护设施。

(2)安全行为要求

①人工、手推车推(抬)运石块或预制块件时,脚手跳板应铺满,其宽度、坡度及强度等应满足安全要求。脚手架和作业平台上堆放的物品不得超过设计荷载。砌筑材料应随运随砌。

②吊机、桅杆吊运砌筑材料时应听从指挥。砌筑材料吊运到砌筑面时,作业人员应注意避让,待停稳后方可上前砌筑。在任何情况下不得将手伸入砌体缝隙之间。

③人工抬运大块石料时应捆绑牢靠,动作协调一致,缓慢平放。

4.3.3 滑模施工

(1)安全管理要点

①采用滑升模板施工高桥墩(台)、塔墩、索塔等高层结构时,应按照高处作业的安全规定,加设安全防护设施,并需根据工程特点,编制单项施工方案及其安全技术措施,并向参加滑模施工的人员进行安全技术交底。

②滑模及提升结构应按设计制作与施工。作业前应对滑模、提升结构的安全可靠性进行检查。

③当塔墩等高层建筑采用爬模施工方法时,应进行特殊设计,在工厂制作。爬升架体系、操作平台、脚手架等应保证具有足够的刚度和强度。架体提升时应另设保险装置。

④液压系统组装完毕后必须进行全面安全可靠性检查,形成相应的施工记录。液压设备应由专人操作,并应经常维护及时处理发现的问题。

⑤模板提升到2m高时,应安装好内外吊架、脚手架,铺好脚手板、挂设安全网。模板内应设置升降设施及安全梯。

⑥每次提升前应对模板进行检查,当偏斜数值超过允许范围时应及时进行调整。提升时千斤顶应同步作业。

⑦施工中发现支撑杆有弯曲变形时(如顶杆有失稳或混凝土有被顶出的可能时)应及时加固。

⑧应经常检查操作平台的水平度、倾斜度,发现问题应及时采取措施。

⑨应规定平台上人群荷载和堆放材料的限量标准。

⑩运送人员、材料的罐笼或外用电梯应有安全卡、限位开关等安全装置。

⑪夜间施工应有足够的照明。在人员上下及运输过道处,均应设置固定的照明设施。照明设备应使用36V以下的安全电压。

⑫拆除滑模设备时应做好安全防护措施。拆除时可视吊装设备能力,分组拆除或吊至地面上解体,以减少高处作业量和杆件变形。拆除现场应划定警戒区,警戒线到建筑物边缘的安全距离不得小于10m。

⑬主要机具、电器、运输设备等应实行定人定机、交接班制度。交接班时相关人员必须对机具进行检查,并做好记录。

⑭操作平台周围应安设防护栏杆,并备有消防及通信设备。

(2)安全行为要求

①作业人员在进行滑模施工时应穿戴好个人防护用品。

②采用爬模施工塔墩等高层建筑时,在模板爬升的过程中作业人员不得站在爬升的模板或爬架上。

③不得用大罐漏斗直接将混凝土一次性灌入模板内。振捣时应避免振捣器碰撞支撑杆、钢筋及模板。提升模板时不得进行振捣。

④操作平台上的材料应均匀摆放,不得形成局部荷载集中的现象。

⑤在墩上进行混凝土养生作业的人员必须系好安全带,输水管路及其他设备应拴绑牢固。

⑥操作平台上的施工荷载应均匀对称布置,不得超过允许的负荷。

⑦用手动或电动千斤顶做提升工具,千斤顶丝扣的旋转方向应以左右方向对称安装,使其力矩相互抵消,防止平台因被扭动而失稳。

⑧为防止模板发生倾斜、扭转,滑模施工宜采用油压千斤顶同步提升。提升速度控制在10~30cm/h之间。

4.4 上部工程

4.4.1 预制构件安装

(1)安全管理要点

①装配式构件(梁、板)的安装,应制订安装方案,并建立统一的指挥系统。施工难度、危险性较大的作业项目应组织作业人员进行培训。所有起重设备都应符合国家关于特种设备的安全规程的要求。

②吊装偏心构件时,应使用可调整偏心的吊具进行吊装。安装的构件应平起稳落。

③在预制场顶升构件装车及双导梁、桁梁安装构件时,采用的千斤顶在使用前必须做承载能力试验。

④跨墩龙门架安装构件时,应根据龙门架的高度、跨度采取相应的安全措施,确保构件起吊和横移时的稳定。

⑤安装大型盆式橡胶支座时,墩顶两侧应搭设操作平台。

⑥对于单面配筋的盖板上应标明起吊标志,安装时按规定要求起吊。

⑦人工抬运安装涵洞盖板作业区范围内的道路应保持平整。

⑧各种大型吊装作业施工时,在连续紧张作业一个阶段后(如一孔梁、板或一较大工序等)应使作业人员进行适当的休整,避免长时间处于高度紧张状态造成事故,并对吊装设备进行必要的检查、保养与维修等。

(2)安全行为要求

①单导梁、墩顶龙门架安装构件时应符合下列规定:

a. 组装导梁的各节点应联结牢固,在桥跨中推进时,悬臂部分不得超过已拼好导梁全长的1/3。

b. 墩顶(或临时墩顶)导梁通过的导轮支座必须牢固可靠。导梁接近导轮时,应采取渐进的方法进入导轮。导梁推进到位后用千斤顶顶升,将导梁置于稳定的木垛上。

c. 导梁上的轨道应平行等距铺设。不同规格的钢轨其接头处应妥善处理,不得有错台现象。

d. 墩顶龙门架使用托架托运时,托架两端应保持平衡稳定,行进速度应缓慢。龙门架落位后应立即与墩顶预埋件连接,并系好缆风绳。

e. 构件在预制场地起重装车后牵引至导梁时,行进速度不得大于5m/min,到达安装位置后车行走轮应用木楔楔紧。

f. 构件起吊横移就位后应加设支撑、垫木,以保持构件稳定。

g. 龙门架顶横移轨道的两端应设置制动枕木。

②吊钩的中心线必须通过吊体的重心,严禁倾斜吊卸构件。

③起吊大型及有突出边棱的构件时应在钢丝绳与构件接触的拐角处设垫衬。起吊离开作业地面0.1m后,先暂停提吊,经检查确认各部位安全可靠后继续提吊。

④预制场采用千斤顶顶升构件装车及双导梁、桁梁安装构件时应符合下列规定:

a. 起重设备的设计起吊吨位不得小于顶升构件的1.2倍。千斤顶一次顶升高度应为活塞行程的1/3。

b. 千斤顶升降过程中应随时加设或抽出保险垫木,构件底面与保险垫木间的距离宜控制在5cm之内。

c. 构件进入落梁架(或其他装载工具)横移到位时,应保持构件平稳落定。

d. 顶升T梁、箱梁等大吨位构件时,必须在梁两端加设支撑;构件两端不得同时顶起或下落,一端顶升时另一端应支稳、撑牢。

e. 预制场和墩顶装载构件的滑移设备应具有足够的强度和稳定性,牵引(或顶推)构件滑移时施力应均匀。

f. 双导梁推进过程中应保持两导梁同速进行;各岗位作业人员要精心工作,听从专人指挥,发现问题及时处理。

g. 双导梁进入墩顶导轮支座前(或后),应采取与单导梁相同的安全措施。

⑤架桥机安装构件时应符合下列规定:

a. 架桥机的组拼、悬臂牵引中的平衡稳定及机具配备等均应满足设计要求。

b. 为保持前后支点的稳定,架桥机就位后应采用方木支垫。前后支点处还应用缆风绳封固于墩顶两侧。

c. 构件在架桥机上应平缓纵、横向移动,卷扬机操作人员应按指挥信号协同动作。

d. 全幅宽架桥机吊装边梁就位前墩顶作业人员应暂时避开。

e. 当构件不能一次横移到位时,操作人员应准备好滑道板、落梁架等,待构件落入后再进入作业点进行构件顶推(或牵引)横移等作业。

⑥跨墩龙门架安装构件时,构件吊至墩顶后应保持慢速、平稳、缓落。

⑦吊车吊装简支梁、板等构件时应符合起重吊装中的有关安全规定,可参见本标准相关内容。

⑧安装大型盆式橡胶支座时,墩顶作业人员应待支座吊至墩顶稳定后再扶正就位。

⑨龙门架、架桥机等设备拆除前必须切断电源。拆除龙门架时应将龙门架底部垫实,并在龙门架顶部拉好缆风绳和安装临时连接梁。拆下的杆件、螺栓、材料等应捆好及时向下吊放到地面。

⑩安装涵洞预制盖板时,应采用撬棍等工具拨移精确就位。涵管吊装时应绑扎牢固。

4.4.2 现浇上部结构

(1)安全管理要点

①钢筋混凝土或预应力混凝土就地浇筑时,应先搭设好支架、作业平台、护栏及安全网等安全防护设施。对施工工艺及技术复杂的工程制订的安全技术措施及安全操作细则,并进行相应的技术交底。

②就地浇筑桥涵上部结构时,应随时检查支架和模板的安全可靠性,发现异常状况应及时采取措施。

③采用滑移模架法浇筑箱梁混凝土应遵守下列规定:

a. 钢箱梁及桁架梁下弦底面应装设不锈钢带,在滑橇上顶推滑行之前应检查有无障碍物及不安全因素。

b. 对重要部位应设专人负责对设备的安全进行值班观察,在滑道上应及时涂刷油润滑。

c. 上岗作业必须穿防滑鞋、戴安全帽,拆卸底模的人员必须系好安全带。

(2)安全行为要求

①运送混凝土的翻斗汽车及各种吊机提吊翻斗不得超载、超速,停稳后方可翻转卸料或启斗放料。严禁在未停稳前翻斗或启斗。翻斗车行驶时斗内不得载人。

②在支架上浇筑混凝土前应对支架进行预压试验,以检验支架的承载能力和稳定性,消除非弹性变形。

4.4.3 悬臂浇筑法

(1)安全管理要点

①悬臂浇筑采用桁架挂篮施工时应遵守下列规定:

a. 施工前应制订安全技术措施,并按施工管理程序申报批准;挂篮组拼后必须进行全面的牢固性检查,并做静载试验。

b. 在墩上进行0号块施工并以斜拉托架做施工平台时,在平台边缘处应设安全防护设施。墩身两侧斜拉托架平台之间搭设的人行道板必须连接牢固。

c.应严格进行机具设备(如千斤顶、滑车、手拉葫芦、钢丝绳等)的检查,严禁不符合安全规定的机具设备。

d.检查墩身预埋件和斜拉钢带的位置及坚固程度是否符合设计要求。

②应根据挂篮拼装及悬臂组装中作业点的具体情况设置安全防护设施。

③应经常检查挂篮的后锚固筋、千斤顶、手拉葫芦、张拉平台的保险绳等是否处于良好的工作状态。应设专人统一指挥底模高程的调整。作业人员必须系好安全带,同时脚下应铺设稳固的脚手板。

④挂篮行走过程中必须在其后部各设一组溜绳,以保安全。滑道应铺设平整、顺直,不得偏移。

⑤在底模前移前必须详细检查挂篮位置、后端压重、后锚及吊杆的安装情况,应先将上横梁两个吊带与底模下横梁连接好,并确认安全后方可前移。

⑥箱梁混凝土接触面在进行凿毛作业时,现场应设有安全防护设施,所用手锤柄应牢固。

⑦滑动斜拉式挂篮施工应遵守下列规定:

a.滑动斜拉式挂篮的所有活动铰、销、斜拉钢带等,均应采用高强钢材制作,其材质应标明检验合格标记。

b.主梁及其吊梁系统安装后应进行全面检查,必要时应做加载试验。首次使用自行设计、加工的挂篮前,应按最大施工荷载进行加载试验。

c.底模和侧模沿滑梁行走前,需将斜拉带和后吊带拆除;用手拉葫芦起降和悬吊底模平台时,必须在挂手拉葫芦的位置加设保险绳。

d.挂篮行走前,应检查后锚固及各部受力情况,发现隐患应及时处理。

e.浇筑混凝土前应对挂篮锚固、水平限位、吊带和限位装置进行全面检查,确认安全可靠后方可作业。

⑧挂篮拼装及悬臂组装中,进行高处或深水处等危险性较大的施工作业时,必须设置安全网、满铺脚手板、设置临时护栏。操作人员必须按规定佩戴安全防护用品。

⑨使用水箱作平衡配重时,其位置、加水量等应符合设计要求。给水、排水设施的安装和操作方法必须稳妥可靠。施工过程中必须对上述情况进行经常性的安全检查。

⑩挂篮在浇筑混凝土和行走时的抗倾覆系数、自锚固系统的安全系数、斜拉水平限位系统的安全系数及上水平限位的安全系数均不应小于2。

⑪当悬臂浇注施工跨越铁路、公路、航道及其他建筑时,应采取有效的安全施工防护措施。

(2)安全行为要求

①悬臂浇筑采用桁架挂篮施工时应遵守下列规定:

a.挂篮两侧应对称平衡进行前移。大风、雷雨天气不得移动挂篮。挂篮移动到位以后应检查前后锚点、吊带、0号块临时锚固是否到位。挂篮移动中应设观察哨进行监护,并设限位装置。

b.遇有大风及恶劣天气时应停止作业。

②双层浇筑作业时应注意防止铁件、工具掉落等。

③挂篮应缓慢行走,速度应控制在0.1m/min以内。挂篮在安装、行走及使用中应严格控制荷载变化,防止过大的冲击、振动。在挂篮上另行增加设施(如防雨棚、立井架、防寒棚等)

时,不得损坏挂篮结构或改变其受力形式。

④滑动斜拉式挂篮施工时应遵守下列规定:

a.挂篮安装时或主梁行走到位后,应先安装好锚固和水平限位装置,再安装斜拉带和悬挂底模平台。

b.在斜拉带安装和使用过程中要注意检查内外斜拉带受力是否均衡。

c.挂篮行走时应密切注意有无异状,并慢速稳到位。

d.在墩帽上作业应制作并安设适合操作需要的脚手架。

⑤当浇筑混凝土时,挂篮桁架后端应锚固在已完成的梁段上,并配重使之与浇筑的混凝土重力保持平衡状态。挂篮桁架行走和浇筑混凝土时,其稳定系数不得小于1.5。

⑥浇筑合龙段混凝土时,随着混凝土浇筑的进展,逐步撤出加在悬臂端的预加压重,应自上而下撤出压重构件。

⑦进行箱梁混凝土接触面凿毛的作业人员之间,应保持一定的安全距离。

⑧挂篮前移时,宜在其后方设置控制其滑动的装置或在滑道上设置制动装置;前移就位后,应立即将后锚固点锁定,防止倾覆。

4.4.4 悬臂拼装法

(1)安全管理要点

①采用悬臂拼装法安装预制构件属高处作业,应针对工程的具体情况,制订和实施相应的安全施工组织设计,其中必须包括安全防护设施标准要求和具体的安全技术措施。

②龙门架或起重吊机进行悬臂拼装时应遵守下列规定:

a.应严格按设计要求进行吊机的定位、锚固,并进行相关的静载试验;龙门架起重吊机及轨道的基础必须坚实,不得有下沉、偏斜现象。

b.构件起吊前应对起吊机具设备及构件进行全面检查,如发现吊环部位有损伤、结合面有突出外露物、构件上有浮置物件等现象时不得起吊。

c.运送构件的车辆(或船只),构件起升后应迅速撤出。

③遇有下列情况时,现场指挥人员必须将构件妥善处理后暂时停止吊装作业:

a.天气突然变化,影响作业安全。

b.卷扬机、电机过热或其他机械设备出现故障。

c.指挥信号系统失灵。

(2)安全行为要求

①龙门架或起重吊机进行悬臂拼装时,应遵守下列规定:

a.预制构件运至现场后,如需暂时存放,应放置在平整坚实的场地上,并按设计要求设置支点支撑,不得使吊装构件在设备上滞留时间过长。吊具必须在构件正式就位并经检查确认无误后,方可拆卸起吊装置。

b.构件起吊接近安装部位时,不得碰撞已安完的构件或其他设施。

②拆除硫黄砂浆临时支座时,除应采取防止高处坠落的安全防护措施外,还应符合下列规定:

a.融化硫黄砂浆垫块采用电热法时,电热丝不得与其他金属物接触。

b. 作业时人员应站在上风处操作,并应佩戴安全防护用品。
c. 进行凿除作业的人员之间应保持一定的安全距离。

4.4.5 缆索吊装法

(1) 安全管理要点

①吊装前应针对工程的具体情况制订和实施相应的安全施工组织设计,其中必须包括安全防护设施标准要求和具体的安全技术措施。此外,还应对施工人员进行安全教育。安装时应有统一的指挥信号。

②缆索吊装大型构件时,应事先检查塔架、地锚、扣架、滑车、钢丝绳等机具设备的安全性。应经吊载试运行后方可正式进行吊装作业。

③缆索跨越公路、铁路时应搭设架空防护支架;在靠近街道和村屯的地方应设立警示标志。

④在通航航道上空的吊装作业,应与当地港航主管部门取得联系,获得批准后方可进行。吊装作业宜采取临时封航措施。

(2) 安全行为要求

①登高操作人员应携带工具袋。安全带不得挂在主索、扣索、缆风绳等不稳定构件上。

②应缓慢启动牵引卷扬机,行进速度应保持平稳。起重卷扬机不得突然起升和下降构件,避免产生过大弹跳。构件吊运至安装部位时,作业人员要等构件稳定后再进行操作。

③因现场条件限制,构件不能垂直就位,需旁侧主索吊具协助斜拉时,应确定明确的指挥信号,指挥各组卷扬机协调动作。

4.4.6 顶推及滑移模架法

(1) 安全管理要点

①采用顶推法施工时,除在桥台后面设置适当的预制场地外,同时在墩台上也必须设有足够的工作面,以便更换滑道及留出安装支座的空间,并应验算在偏压情况下墩台结构的稳定性。

②顶推法施工时桥台后面的预制场地应严整、无杂物,工具、材料等应随时堆放整齐,并保持运输通道畅通。

③顶推施工所用的机具设备、材料(如拉锚器、工具锚、连接件、油压千斤顶、高压油泵、油管、压力表及滑动装置等)在使用前,应进行全面的检查、验收和试验。

④使用的油压千斤顶应附有球形支承垫、保险圈及升程限孔。使用多台千斤顶共同工作时应选用同一类型。

⑤顶推的动力控制手段应保持统一,使其达到同步、纠偏、灵活和安全可靠。

⑥顶推施工中应备有现场电话及对讲机等通信设备,以便于统一指挥。

⑦在各顶推点应有专人进行位移测量,随时将位移情况报告给指挥人员。

(2) 安全行为要求

①当落梁完毕应先用绳索拴好千斤顶及其他设备,然后进行拆除并用吊机吊出。吊运时应避免撞击梁体。

②箱梁混凝土采用滑移模架法浇筑应遵守下列规定：
a.模架支撑于钢箱梁上，其前后端桁架梁必须用优质高强螺栓连接好、拧紧。
b.牵引后横梁和装卸滑橇时，应有起重工协同配合作业。牵引时应注意牵引作用点处于合理位置，使后横梁在运行时与桥轴线保持垂直。
c.滑移模架行走时必须听从信号指挥。

4.4.7 转体法及拖拉法

安全行为要求如下：
（1）平转法施工桥体旋转角度应小于180°。转动设施在拆架后，悬臂体应能方便的转动。转体时悬臂端应设缆风绳。
（2）平衡重转体施工前试转的角度应大于实际需要转动的角度，否则应进行技术调整。
（3）如上下游拱肋需同时作配重转体时，应采用型号相同的卷扬机同步、同速、平衡转动。重量大的转体转动前应先用千斤顶将转盘顶转后，再用卷扬机牵引。
（4）使用万能杆件或枕木垛作滑道支撑墩时，其基础必须稳固。枕木垛应垫密实，必要时应做压重试验。
（5）梁体、构件拖拉或横移到达前方墩台时，应采取引导措施便于辊轴进入悬臂端的滑道内。搬抬辊轴的作业人员应在统一指挥下协调作业。
（6）施工中钢丝绳附近不得站人，作业区无关人员不得进入。

4.4.8 预应力张拉

（1）安全管理要点
①预应力钢束（钢丝束、钢绞线）张拉施工前应遵守下列规定。
a.无关人员不得进入张拉作业区。
b.检查张拉设备、工具（如千斤顶、油泵、压力表、油管、顶楔器及液控顶压阀等）是否符合施工及安全的要求。压力表应按规定周期进行检定，使用半年或张拉次数达到600次时必须重新标定。
c.锚环及锚塞使用前应经仔细检验及试验，合格后方可使用。
d.高压油泵与千斤顶之间的连接点，各接口必须完好无损。油泵操作人员在作业时必须佩戴防护眼镜。
e.操作人员应在张拉前确定相互联络沟通的信号。张拉两端相距较远时宜设对讲机等通信设备。
②在已拼装或悬浇的箱梁上进行张拉作业时，应确保张拉作业平台、拉伸机支架等设施的牢固可靠，平台四周应加设护栏。高处作业时应设上下扶梯及安全网。施工的吊篮应安挂牢固，必要时可另备安全保险设施。
③先张法张拉施工时除按本节有关规定施工外，还应做到：
a.张拉前必须对台座、横梁及各种张拉设备、仪器等安全性进行详细的检查，确认合格后方可施工。
b.先张法张拉过程中、未浇混凝土之前，周围不得站人和进行其他作业。

④精轧螺纹钢筋张拉前除对张拉台座检查外,还应对锚具、连接器进行检查、试验。
⑤管道压浆施压前应调整好安全阀,经检验确认无误后方可作业。
⑥后张法张拉时应检测混凝土的强度指标,必须达到设计要求的强度方可进行张拉。
⑦应严格按规定的程序进行钢束(钢绞线)的张拉。张拉作业中应集中精力看准仪表,记录应准确无误。

(2)安全行为要求
①预应力钢束(钢丝束、钢绞线)张拉施工前,油泵开动时应保持进、回油速度与压力表指针升降平稳、均匀一致。应经常检查确认安全阀的灵敏可靠。
②操作人员在张拉作业时不得正面对准预应力束和锚具。在已拼装或悬浇的箱梁上进行张拉作业时,千斤顶的对面及后面严禁站人,作业人员应站在千斤顶的两侧,以防锚具及销子弹出伤人。
③张拉操作中若出现异常现象(如油表振动剧烈、发生漏油、电机声音异常、发生断丝、滑丝等)应立即停机进行检查。
④张拉钢束完毕退销时应采取安全防护措施,以防销子弹出伤人。不得人工强击拆卸销子。
⑤张拉时和张拉完毕后应妥善保护张拉施锚两端,不得压重物。管道尚未灌浆前梁端应设围护和挡板。严禁撞击锚具、钢束及钢筋。不得在梁端附近作业或休息。
⑥先张法张拉施工中浇筑混凝土时,振捣器不得撞击钢丝(钢束)。用卷扬机滑轮组张拉小型构件时张拉完成后应切断电源和卡固钢丝绳。
⑦预应力钢筋冷拉时,在千斤顶的端部及非张拉端部均不得站人,以防钢筋断裂、螺母滑脱造成伤人事故。
⑧钢筋张拉或冷拉时,螺丝端杆、套筒螺丝必须有足够的长度,夹具应有足够的夹紧能力,防止锚夹不牢而滑出。
⑨应严格按规定压力进行压浆。管道压浆时操作人员应佩戴防护眼镜和其他防护用品。关闭阀门时作业人员应站在侧面。

4.4.9 拱桥

(1)安全管理要点
①拱架应具有足够的强度、刚度和稳定性。拱架的承载能力必须经验算合格,必要时需进行试验或预压,并应满足防洪、流冰、排水、通航等安全要求。采用土牛拱架时应采用相应的安全措施,保证拱圈砌筑的安全。
②拱石或预制混凝土块应按砌筑程序编号,依次运到工地,随用随运,不得过多地堆积在拱架或脚手架上。抬运块件不得碰撞拱架。
③必须按设计程序进行拱架的拆除。拱架开始脱离拱圈时,应进行结构状态安全检查,确认合格后方可继续进行拆除。
④采用无支架施工修建拱桥时,应按设计和施工方法选定适宜的吊装机具设备。采用吊装机具施工时除按吊装机具的有关安全要求加以控制外,还应做到:
a. 大中跨径拱桥施工应验算拱圈的横向稳定性。分段吊装的单肋合龙后应用缆风绳稳

固。第二肋安装后应用横夹木临时横向联结。

b.双曲拱、箱形拱、纵横向悬砌拱桥施工时,在墩、台顶设置的扣架底部固定应牢靠,架顶应设缆风绳;缆风绳设置必须对称,缆风地锚环应埋设坚固,并应设置备用环。

c.在河流中设缆风绳时必须采取可靠的防护措施。

⑤圬工(石、砖及混凝土预制块)拱桥施工前,拱架支立安装方法、拆落拱架程序、机械设备等,均应经检查符合安全技术规定后方可施工。

(2)安全行为要求

①拱石或预制块砌筑时作业点的下部严禁站人。操作人员的手指不得伸入砌筑面。拱石或预制块就位时应用撬棍或绳索工具等扶稳,缓慢堆放。

②圬工(石、砖及混凝土预制块)拱桥施工时,人工抬运石料上坡应平行前进、同步落肩。抬运石料时应确保捆扎结实,不宜装得过满。

③拱石加工或砌筑石拱工程时,除按规定穿戴安全防护用品外,应注意锤头或飞石伤人,作业人员应保持一定的安全距离。

④砌筑拱圈时应按施工要求搭设脚手架及作业平台,严禁用拱架代替脚手架。主拱、拱上建筑必须严格按设计加载程序分段、对称、同时施工。

⑤拱圈砌筑时严禁拱下站人。应随时用仪器观测拱架变形状况,必要时应进行调整,防止拱圈变形过大。卸架装置应有专人负责检查。

⑥拱架拆除时应听从统一指挥。严禁在拱架上、下同时进行作业。严禁使用机械强拽使拱架倾倒的做法。

⑦采用无支架施工拱桥时,应按设计和施工方法选定适宜的吊装机具设备。采用吊装机具施工除按吊装机具的有关安全要求加以控制外,还应做到:

a.多孔装配式拱桥上部安装时须按加载程序,由桥台或制动墩起逐孔吊装。相邻两孔安装进度不应相差过大,以减少对相邻桥墩产生的单向推力。

b.装配式桁架拱或刚架拱桥施工时,须在已安装的桁架或刚架拱片上安装横向联系构件,以增强横向稳定性。

c.拱肋分段拼装时基肋应设置固定缆风绳,拱肋接头处应加横向联结,以保证其横向稳定。

4.4.10 斜拉桥、悬索桥

(1)安全管理要点

①应根据斜拉桥和悬索桥的结构、高度及施工工艺制订相应的专门的安全施工组织设计、安全作业指导书。

②施工所使用的电气设备和线路必须绝缘良好,各种电动机械必须接地,接地电阻不得大于4Ω。电气设备和线路检修时应先切断电源。

③施工现场应有防火措施并备有灭火器材。防止电焊火花溅落在易燃物料上。

④施工期间应与当地气象台站建立联系,密切注意天气变化。遇大风、雷雨时应立即停止作业。应根据作业高处的实际风力比照高处作业的最大临界风力,确定是否进行高处作业。如未设风力测定仪,可按当地天气预报数值推测作业高处的风力。

⑤采用挂篮悬臂法浇筑预应力混凝土斜拉桥时,应按本章"4.4.3悬臂浇筑法施工"中的

有关规定办理。

⑥采用钢迭合梁或钢与钢筋混凝土迭合梁施工时应符合下列规定：

a. 起吊前应了解所吊构件的重量、重心位置，以采用相适应的起吊方法。

b. 构件组拼前应进行全面检查，如有缺陷、变形应在组拼前加以矫正。

⑦悬索桥施工中临时架设的工作索、牵引索安装完成后，应对索具、吊具等进行全面的安全检查。施工中使用的吊篮、平台等应具有足够的强度，设置的防护围栏高度不得小于1.0m。

⑧到场的索夹及索夹螺栓应经抽样检验合格后方可使用。

⑨索塔应设置上下扶梯和塔顶作业平台。

⑩悬索桥采用重力式锚碇时，锚碇体的施工应按有关规定进行混凝土浇筑或砌筑。锚碇体必须保证坚实牢固，高程、倾角等应符合设计要求。山峒式锚碇在开凿及爆破作业中，应按有关凿岩及《爆破安全规程》(GB 6722—2003)办理。

⑪对索塔高度在20m以上，或索塔高度虽不足20m但附近无高大建筑物提供防雷保护时，索塔需设置避雷器，其接地电阻不得大于10Ω。

⑫水上斜拉桥、悬索桥在施工中应配备水上救护船只。

⑬斜拉桥钢箱梁悬拼、合龙施工过程中应注意以下要点：

a. 架桥机吊装重量不得超过设计起吊能力。

b. 做到调平机架、锚固走道、前支承座、后锚固座，预调三脚吊架。

c. 装架桥机的船必须在架桥机下面核定的位置锚泊定位。

d. 利用晚上时间对梁体进行探伤，在探伤作业过程中非专业人员不得靠近作业现场，以防辐射危害人体健康。

e. 钢箱梁吊装、悬拼的过程中安全员应监督操作人员严格执行安全操作规程，并在现场监督安全施工。

f. 钢箱梁悬拼过程中应保持梁内通风、使用安全照明灯。

g. 在已拼接完成的和正在拼接的桥面钢箱梁的四周必须安装安全防护栏。

⑭斜拉索施工。

a. 对参加斜拉索挂索施工的人员必须进行安全技术交底。并按高空作业的要求戴好安全帽，系好安全带。水上作业人员应穿好救生衣。严格执行各自岗位及设备的安全操作规程。

b. 参加挂索的特殊工种人员必须持有效特种作业人员操作证方能上岗操作。作业过程中指挥人员与操作人员距离较远时必须用对讲机联系。

c. 索盘架在船上放置时，应注意放索船垫模板，确保放索船的平衡，防止放索船随放索变化而偏心倾覆。

d. 上索船的索架必须焊接牢固，索架的四个承重点必须焊在船的主要骨架上，索架两边应焊斜支撑确保索架的稳固。

e. 可用水箱调平上索船的平衡，应固定好控制索盘旋转的5t卷扬机，钢丝绳导向必须牢固，控制索盘旋转的钢丝绳必须与索盘垂直。

f. 边跨上螺帽的小吊篮必须做牢固，并用钢丝绳套在钢筋上。吊篮上的安全网、脚手板应牢固。

g. 塔肢挂索前要检查塔顶卷扬机的性能是否完好，检查卷扬机与塔顶平台的连接焊缝是否有严重缺陷、导向轮钢丝绳是否有断裂断丝等现象,确认合格后方能进行塔肢挂索。

h.塔内框的脚手架应稳定可靠,操作平台用5cm木板满铺并用铁丝捆牢。每提升一次操作平台,必须在平台下面挂好安全网。索孔内严禁掉物至桥面。

i.每个塔肢内配数量足够的灭火器。塔框内禁止吸烟,不得放置易燃易爆物品在塔框内。塔肢内照明和油泵等张拉用电设备必须安装好漏电保护装置。

j.塔肢内撑脚千斤顶的吊点必须焊牢。应严格检查手拉葫芦的安全性,有问题的葫芦必须及时更换。

k.软牵引斜拉索作业时,牵引头的夹片上平整齐。封钢绞线的钢板螺丝必须拧紧,严禁使用坏丝滑丝的螺丝。

l.挂索或桥面压索、夹板不得有变形现象,焊缝无裂纹,螺栓无损伤。

m.夹板安装时板内必须用胶皮保护,以保持斜拉索索皮不受损伤。螺栓应拧紧固。

n.桥面挂篮压索前应检查桥面卷扬机的性能。检查内容包括锚固绳卡是否松动、钢丝绳是否断丝、钢丝绳走向是否与其他物体相摩擦等。

o.挂篮前端滑车应随时保持完好,吊耳焊缝牢固,销轴不得变形。

p.压索前应检查张拉机构是否正常,连接丝杆与斜拉索应顺直,严禁使用变形和损伤的连接杆。

q.应采用探伤仪对斜拉索两端千斤顶的张拉杆进行缺陷检查,每挂5对索应检查一次,张拉杆应有足够的安全系数,严禁使用疲劳及变形的张拉杆。

r.斜拉索挂好后拆卸斜拉索起吊夹片时,采用牢固的吊笼"四点"起吊夹片。其底部用铁皮满封防止零星物坠落伤人。拆卸操作人员必须挂好安全带,斜拉索起吊夹片下严禁站人。风力在6级以上禁止作业。

(2)安全行为要求

①在工地自行制作斜拉索时应符合下列规定:

a.编束时宜用梳型板梳编,每1.5~2.0m段用铁丝绑扎,防止扭曲。

b.冷铸墩头锚在环氧树脂高温固化时,应确保控温仪的精密度和实际通电时间。

c.制成的斜拉索应架空放置,严防在地面上拖拉或硬性弯折。

②采用成品斜拉索时应符合下列规定:

a.放索时应有制动设施,并应防止卷盘的缆索自由散开时造成伤害。

b.放开展平的缆索应防止在地面上拖磨。

c.锚头应加设防护物,避免碰撞。

d.缆索应保持顺直。

③采用钢迭合梁或钢与钢筋混凝土迭合梁施工时应符合下列规定:

a.成品钢构件应编号成套,对号存放,防止损坏变形。

b.钢构件组拼时必须用足够的定位冲钉定位。钢构件全部插入高强螺栓后方可松除吊钩。

④索夹安装应与主索连接紧密,确保吊杆承载后不滑移。应在索夹与主索之间垫物隔离,防止主索磨损。

⑤索鞍的安装应保证位置准确。

⑥纵、横梁吊装时应加强作业中的安全防护,已安装的横梁应随时连接风构斜撑。

⑦斜拉桥钢箱梁悬拼、合龙。

a. 三脚吊架下降到位后再安装钢箱梁吊点销轴。

b. 采用四台卷扬机联动应快速起吊钢箱梁到位,采用两台卷扬机联动应慢速起吊钢箱梁对位。

c. 当箱梁内加强筋焊接达到要求后方可割除连接螺栓。

d. 安装斜拉索时,当斜拉索张力达到75%后,将钢箱梁吊具割除,架桥机前移进行下一步吊装。

e. 起吊合龙段最后一块钢箱梁时,由两台相对的架桥机同时起吊各自一侧的吊点。起吊到达预定的水平位置以后进行临时对接固定,待箱体达到整体强度要求后方可脱钩,架桥机后退至主塔附近位置。

⑧斜拉索施工。

a. 用塔吊(或卷扬机)把斜拉索吊至桥面孔口时,应加上两付夹片并拧紧夹片螺栓。宜采用预埋在桥面混凝土内的25号槽钢作为桥面前端牵引导向固定点,并确保固定点具有足够的受拉能力。桥面索前端牵引运行时,索头小车应保持平衡,防止小车横侧翻倒。

b. 在挂边跨合龙桥面压索时,作业人员必须站在桥面中间,以防止夹片意外滑松或钢索意外松回造成伤人。

c. 塔肢内放软牵引索时,必须与起吊的卷扬机配合协调,严禁不同步放索。千斤顶每放一次钢绞线必须上好保险夹片,确保放索安全。

d. 叉头、连接杆安装时不得徒手触摸。安装好之后必须确保连接杆与斜拉索顺直。

4.5 预制构件运输

4.5.1 轨道平车运输

(1)安全管理要点

①轨道路基要有足够的宽度、平整度、强度。

②轨道平车运输大型构件时,应对平车的转向托盘(或转盘)支撑制动器等进行安全检查。

③大型预制构件运输应设专人指挥,并经常检查构件在平车上的稳定状况及轨道平车在运转中有无变形。

(2)安全行为要求

①铺设轨道应平直、圆顺,轨距应在允许误差值之内,轨道半径不得小于25m,纵坡不宜大于2%。轨道与其他道路交叉时应按规定铺设交叉道口。

②构件运输时速度应缓慢,下坡时应以溜绳牵引控制行走速度,并用人工拖拉止轮木块跟随前进。当纵坡坡度较大时,必须有相应的安全措施方可运输。

4.5.2 平板车运输

(1)安全管理要点

①运输超高、超宽、超长构件前必须向有关部门申报办理相关手续,经批准后在指定路线

上行驶。牵引车上应悬挂安全标志,超高的部件应有专人照看。运输车辆上应配备适当的工具,以备在遇到障碍物时进行必要的处理,保证安全顺利通过。

②在雨、雪、雾天通过陡坡时必须提前采取有效措施。

③装卸车应选择平坦、坚实的路面为装卸地点。装、卸车过程中,机车、平板车均应刹闸。

(2)安全行为要求

①平板拖车运输大型预制构件的时速宜控制在5km/h以内。运输简支梁时除在横向加斜撑防倾覆外,平板车上的搁置点必须设有转盘。

②平板拖车运输构件时,除一名驾驶员主驾外,还应指派一名助手协助瞭望,及时反映安全情况和处理安全事宜。甲板拖车上不得坐人。

③重车下坡应缓慢行驶,并应避免紧急制动。驶至转弯或险要地段时应降低车速,同时注意两侧行人和障碍物。

5 隧道工程

5.1 一般规定

（1）隧道施工组织设计中应包括安全施工的相关内容。应制订地质超前预报方案和实施细则，并实施履行相关的审批程序，同时向施工人员进行技术交底。

（2）施工现场的弃渣场地应设置在不堵塞河流、不污染环境、不毁坏农田的地段。对风、水、电、路等设施作出统一安排，并在进洞前基本完成。

（3）进洞前应先做好洞口工程，保证洞口的边坡和仰坡稳定；做好天沟、边沟等排水设施，确保地表水不致危及隧道的施工安全。

（4）隧道施工各班组间应建立完善的交接班制度。工地值班负责人、领工员检查交接班情况并签署意见。每班开工前未认真检查工作面安全状况，不得施工。

（5）所有进入隧道施工区域的人员，必须按规定佩戴安全防护用品。

（6）在软岩或不良地质的隧道中，施工前必须制订切实可行的施工安全措施。

（7）施工中应加强对围岩及支护的检查和量测，及时掌握围岩及支护的变形位移情况。

（8）隧道临时设施平面布置应满足消防安全要求，布置科学，间距合理，交通便利，施工、生活区域明显分开，配备足够的消防器材。

（9）隧道施工必须按照设计或上级主管部门规定设置逃生管道，以确保隧道掘进过程中施工人员的人身安全。在隧道的掌子面开挖、喷锚、支护及仰拱部位的开挖、浇筑混凝土的过程中，均必须确保逃生管道的完好，应急物资配备到位，并随着掌子面的不断掘进而向前移动。

5.2 洞口段施工

5.2.1 安全管理要点

（1）在隧道和地下工程洞口段施工前，必须根据洞口附近的地形、工程地质、水文地质、环境条件及施工条件等，制订针对可能发生的各种危险因素和隐患，或可能对环境产生不良影响的安全技术措施。

（2）边、仰坡施工应制订专门的安全技术措施，对松动危石应及时清除干净，施工中应经常作相关的检查。

（3）隧道门及端墙工程施工时脚手架不得妨碍车辆通行。

5.2.2 安全行为要求

（1）洞口路基及边、仰坡断面应自上而下开挖，一次将土石方工程做完，开挖人员不得上下重叠作业。
(2)端墙处的土石方开挖后,应对松动岩层进行支护。

5.3 开挖、钻孔

5.3.1 安全管理要点

(1)开挖人员到达工作地点时,应首先检查工作面是否处于安全状态,如有松动的土、石块或裂缝应先予以清除或支护。
(2)机械凿岩时宜采用湿式凿岩机或带有捕尘器的凿岩机。
(3)钻眼时应先检查风钻机身、螺栓、卡套、弹簧和支架等装置是否正常完好;管子接头是否牢固,有无漏风现象;钻杆是否有变形、带伤以及钻孔堵塞现象;湿式凿岩机的供水是否正常;干式凿岩机的捕尘设施是否良好。

5.3.2 安全行为要求

(1)人工开挖土质隧道时,操作人员必须互相配合,并保持必要的安全操作距离。
(2)站在渣堆上作业时,应注意防止渣堆滑坍伤人。
(3)带支架的风钻钻眼时,必须将支架安置稳妥。风钻卡钻时不得敲打,应采用板钳松动后再拔出,未关风前不得拆除钻杆。
(4)电钻钻眼前,应检查把手胶套的绝缘情况是否良好,并检查防止电缆脱落的装置是否良好。电钻工作时必须手戴绝缘手套、脚穿绝缘胶鞋。不得徒手导引回转钢钎,不得用电钻处理被夹住的钎子。
(5)在工作面内不得拆卸、修理风(电)钻。
(6)严禁在残眼中继续钻眼。

5.4 爆破

5.4.1 安全管理要点

(1)洞内爆破必须实行统一指挥,爆破人员必须持相关资格证件方可上岗作业。
(2)爆破器材加工房应设在洞口50m以外的安全地点。严禁在加工房以外的地点改制和加工爆破器材。长隧道施工必须在洞内加工爆破器材时,其加工硐室的设置应符合国家现行《爆破安全规程》(GB 6722—2003)的有关规定。
(3)施爆时所有人员应撤离现场。
(4)洞内每天放炮次数应有明确的规定,装药离放炮时间不得过久。
(5)装药前应检查爆破工作面附近的支护是否牢固;炮眼内的泥浆、石粉应吹洗干净;不得对热度过高的炮眼装药。当出现照明不足、流沙、流泥,或可能有大量溶洞涌水时,未经处理严禁装药爆破。

(6)洞内爆破不得使用黑色火药。

(7)采用电雷管爆破时,必须严格执行国家现行《爆破安全规程》(GB 6722—2003)的有关规定。加强洞内电源的管理,防止漏电引爆。装药时可用投光灯、矿灯照明。起爆主导线宜悬空架设,距各种导电体的间距必须大于1m。

(8)两工作面接近贯通时,两端应加强联系并统一指挥。岩石隧道两工作面距离接近预留8倍的循环进尺量时应停止另一端工作,人员及机具尽快撤走,并在安全距离处设置警示标志。导坑已打通的隧道两端施工时,应保证放炮时间协调一致。

(9)土质或岩石破碎隧道接近贯通时,应根据岩性适当加大预留贯通的安全距离,此时只允许在一端掘进施工。贯通后的导坑应设专人看管,严禁非施工作业人员通行。

(10)夏季爆破作业,应跟踪雷电预警,避开雷雨天气。如中途遇雷电时应迅速将雷管的脚线、电线主线两端联成短路,人员迅速离开危险区域。

5.4.2 安全行为要求

(1)装药与钻孔不宜平行作业。

(2)爆破作业和爆破器材加工人员严禁穿着化纤衣物。

(3)火花起爆时严禁明火点炮,导火索的长度应保证点火后,导火索的燃烧时间足够作业人员能撤至安全地点所需的时间,导火索的长度最小不得短于1.2m。

一个爆破工一次点燃导火索的根数不宜超过5根。如一人点炮超过5根或多人点炮时,应先点燃计时导火索,计时导火索的长度不得超过该次需点燃的导火索中最短者长度的1/2。当计时导火索燃烧完毕所有爆破工必须立即撤离工作面。

(4)为防止点炮时发生照明中断,爆破工应随身携带手电筒。严禁用明火照明。

(5)爆破后必须进行通风排烟,此后至少15min以后检查人员方可进入工作面,及时检查有无盲炮、有无残余炸药或雷管等危险源;同时检查顶板两边有无松动石块、支护有无损坏与变形,并作必要的处理。

(6)必须由原爆破人员按规定处理盲炮。应使用木质炮棍装药,无关人员与机具等均应撤至安全地点,严禁火种。

5.5 洞内运输

5.5.1 安全管理要点

(1)各类进洞车辆必须经检查处于完好状态,制动有效,严禁人料混载。

(2)进洞的各类机械与车辆,宜选用带净化装置的柴油机动力,燃烧汽油的车辆和机械不得进洞。

(3)所有运载车辆不得超载、超宽、超高运输。装运大体积或超长料具时应有专人指挥、专车运输,并设置显示界限的红灯,物件应捆扎牢固。

(4)进出隧道的人员应走人行道,不得与机械或车辆抢道,严禁扒车、追车或强行搭车。长隧道成洞段落应设置人车分离的物理隔离设施。

(5)洞内运输。

①有轨运输应遵守下列规定：

a. 洞内平曲线半径不应小于车轴距的7倍；洞外不应小于10倍。

b. 双线运输时车辆错车净距应大于0.4m，车辆距坑壁或支撑边缘的净距不应小于0.2m。

c. 单线运输时，应在一侧设宽度不小于0.7m的人行道。并在适当地点设错车道，其长度应能满足最长列车运行的要求。

d. 洞内轨道坡度宜与隧道纵坡一致，卸渣地段应设不小于1%的上坡道。

e. 在线路尽头应设置挡车装置和标志，以及足够宽的卸车平台。

f. 运输线路应设有专人负责维修、养护，线路两侧的废渣和余料应随时清理。

②动力牵引的有轨运输作业，可参照国家现行《煤矿安全规程》(GB 6722—2003)的有关规定办理。

③无轨运输应遵守下列规定：

a. 在洞口、平交道口及施工狭窄地段应设置"缓行"标志，必要时应设专人指挥交通。

b. 凡停放在接近车辆运行界限处的施工设备与机械，应在其外缘设置低压红色闪光灯，组成显示界限，以防运输车辆碰撞。

c. 洞外卸渣场地段应保持一段的上坡段，并在堆渣边缘内0.8m处设置挡木。

d. 应设专人养护运输道路，保持路况良好。

5.5.2 安全行为要求

(1)装渣

①人工装渣时，应将车辆停稳并制动，严禁站在斗车内扒渣；漏斗装渣时，应设定相应的联络信号。渣装满后，应发出停漏信号并及时盖好漏渣口。接渣时，漏斗口下不得有人通过。

②如采用机械装渣，应考虑坑道断面尺寸能否满足装载机械的安全运转空间，装渣机上的活动电缆或高压腔管应有专人收放，装渣机作业过程中回转范围内不得有人通过。

(2)无轨运输

①洞内运输的车速不得超过：人力车5km/h；机动车在作业地段单车10km/h，有牵引车及会车时减小为5km/h；机动车在非作业地段单车20km/h，有牵引车时应减小为15km/h，有会车时应减小为10km/h。

②车辆在洞内行驶中严禁超车。

③在洞内倒车与转向时，应开灯鸣号，并有专人指挥。

④洞内车辆相遇或有行人通行时，应关闭大灯光，改用近光或小灯光。

5.6 支护

5.6.1 安全管理要点

(1)隧道各部(包括竖井、斜井、横洞及平行导洞)开挖后，除围岩完整坚硬以及设计文件中规定的不需支护者外,都必须根据围岩情况、施工方法采取有效的支护。

(2)施工期间现场施工负责人应会同有关人员定期对支护各部进行检查。在不良地质地段每班应设专人随时检查,当发现支护变形或损坏时应立即整修和加固;当变形或损坏情况严重时应先撤离施工人员,再行加固。

(3)洞口地段和洞内水平坑道与辅助坑道(横洞、于行导坑等)的连接处,应加强支护或及早进行永久衬砌。洞口地段的支撑宜向洞外多架5~8m明厢,并在其顶部压土以稳定支撑,待洞口建筑全部完工后方可拆除。

(4)漏斗孔开挖时应加强支护,并加设盖板;供人上下的孔道应设置牢固的扶梯。

(5)采用木支撑时应选用松、柏、杉等坚硬且富有弹性的木材,其梁、柱的梢径不得小于20cm,跨度大于4m时不得小于25cm;其他连接杆件梢径不得小于15cm,木板厚度不得小于5cm。木支撑宜采用简单、直立、易于拆、立的框架结构,并应保证坑道的运输净空。

(6)宜选用小型机具进行钢支架安装,并应遵守起重吊装、高处作业的规定。

(7)支护前应清除爆破后危石,喷锚支护的脚手架应牢固可靠,喷射手应佩戴必要的防护用品。

(8)当发现已喷锚区段的围岩有较大变形或锚杆失效时,应立即在该区段增设加强锚杆,其长度应不小于原锚杆长度的1.5倍。如喷锚后发现围岩突变或围岩变形量超过设计允许值时,宜用钢支架支护。

(9)当发现测量数据有不正常变化或突变,洞内或地表位移值大于允许位移值,洞内或地面出现裂缝以及喷层出现异常裂缝时,均应视为危险信号,必要时须立即报告上级和组织作业人员撤离现场,待制订处理措施后才能继续施工。

5.6.2 安全行为要求

(1)洞内支护至开挖面的距离一般不得超过4m;如遇石质破碎、风化严重和土质隧道时,应尽量缩小支护工作面。短期停工时应将支撑直抵工作面。

(2)不得将支撑立柱置于废渣或活动的石头上。软弱围岩地段的立柱应加设垫板或垫梁,并加木楔塞紧。

(3)喷锚支护前应清除危石,喷射手应佩戴防护用品;机械各部位应保持正常,压力应保持在0.2MPa左右;严禁将注浆管喷嘴对着人放置。

5.7 衬砌

5.7.1 安全管理要点

(1)隧道各部开挖后应及时进行衬砌或压浆,特别是洞门建筑的衬砌,必须尽早施工,地质不良地段的洞口须首先完成。

(2)衬砌使用的脚手架、工作平台、跳板、梯子等应安装牢固,不得有露头的钉子和突出的尖角。靠近通道的一侧应有足够的净空,以保证车辆、行人的安全通过。

(3)脚手架及工作平台上的脚手板应满铺,且木板的端头必须搭于支点上。高于2m的工作平台应设置不低于1.2m的双道护身栏杆,人行跳板应设防滑条且应符合国家高处作业的有关规定。

(4)脚手架及工作平台上所站人数及堆置的建筑材料,不得超过其计算载重量。

(5)在洞内作业地段倾卸衬砌材料时,人员和车辆不得穿行。

(6)移动或修理机器及管线路时,应先停电切断电源或风源。

(7)应采用车辆运送衬砌用的石料及砌块,装车、卸车或安装砌块宜使用小型机械提升。当砌筑高度在1.5m以下时允许使用跳板抬运,但跳板应架到与隧道衬砌工作面水平的位置。

(8)在使用压浆机前应进行检查并试运转,确保管路连接要完好、压力正常。操纵压浆喷嘴人员应佩戴护目镜和胶皮手套;喷浆嘴应采用支架支撑牢固,掌握喷嘴的人员必须注意避开喷嘴在压浆过程中可能脱落时造成的危险;压浆结束时必须在撤除压力后拔取喷嘴;检修和清洗压浆机时必须停止运转、切断电路、关闭风门。

5.7.2 安全行为要求

(1)安装、拆除模板、拱架应有专人监护。拆下的模板不得堆放在通道上。

(2)灌注混凝土模板内支撑应保持随拆随灌,当遇岩层破碎、压力过大的地段不得拆除支撑时,应采用预制混凝土柱代替木杆拆换拱圈部分的支撑。

(3)应间歇砌筑石料边墙,每砌筑2~3m高度应暂停不少于4h后再继续砌筑。应逐层用干(浆)砌料回填墙后超挖的部分。

5.8 竖井与斜井

5.8.1 安全管理要点

(1)应在施工前修整好竖井和斜井的井口附近的排水沟、截水沟,防止地面水侵入井中引起坍塌事故。竖井井口平台应比地面至少高出0.5m。井口在未进行吊笼吊罐升降等作业时不得打开井盖。

(2)装配起爆药卷应在距井口50m以外的加工房内进行。起爆药卷应由爆破工携送下井,除起爆药卷外不得携带其他炸药。

(3)每次爆破之后均应有专人清除危石和掉落在井圈上的石渣,并应修整被打坏的支撑,待清修完毕后,方可进行正常工作。

(4)当发现工作面附近或井筒未衬砌部分有落石、支撑发响或大量涌水现象时,工作面施工人员应立即循安全梯或使用提升设备撤出井外,并立即报告上级处理。

(5)在吊盘上作业的工作人员所使用的工具,应妥善地放在工具袋内,使用时应牢固地拴在身上或其他固定物上。不得将零星工具搁置在附近的支撑上。

(6)在井口明显部位应设置醒目的安全标志及有关施工技术安全规则铭牌,井口及井底应悬挂有关警示信号装置。

(7)竖井提升。

①竖井井口应设防雨设施,接罐地点应设置牢固的活动栅门,由专人掌管启闭。接罐人员

均应佩戴安全带,上下井的人员应服从接罐人员的指挥,通向井口的轨道应设阻车器。

②升降人员和物料的罐笼应遵守下列规定:

a. 罐顶应设置可以打开的铁盖或铁门。

b. 罐底必须满铺钢板,并不得有孔。如果罐底下面有阻车器的连杆装置时,必须装设牢固的检查门。

c. 两侧用钢板挡严,内装扶手,靠近罐道部分不得装带孔钢板。

d. 进出口两头必须装设罐门或罐帘,高度不得小于 1.2m,罐门或罐帘下部距罐底距离不得超过 0.25m,罐帘横杆的间距不得大于 0.2m。罐门不得向外开。

e. 进出装渣车的罐笼内必须装有阻车器。

f. 载入的罐笼净空高度不得小于 1.8m,罐笼内每人应有 0.18m^2 的有效面积。罐笼的一次容纳人数和最大载重量应明确规定,并在井口铭牌上标明。

g. 必须设专人检查罐笼、钢丝绳、卷扬机各部及连接处,如发现钢丝绳有损、罐道和罐耳间磨损度超过规定等现象,必须立即更换。

h. 升降人员或物料的单绳提升罐笼必须设置可靠的防坠器。在建井期间使用无防坠器的临时罐笼时,升降人员必须要有其他相应的安全保护措施。

i. 在罐笼升降过程中,下面不得有人员停留或通行。

③检修井筒或处理事故的人员,如果需要站在罐笼或箕斗顶上工作时,应遵守下列规定:

a. 罐笼或箕斗顶上必须装设保护伞和栏杆。

b. 佩戴保险带。

④每一提升装置必须装有完善的信号装置,保证井底接罐员与井口接罐员、井口接罐员与卷扬机驾驶员之间信号畅通。井口信号装置必须与卷扬机的控制回路闭锁,只有井口接罐员发出信号后卷扬机才能起动。除安装常用的信号装置外还必须有备用的信号装置。井底车场与井口之间、井口与卷扬机之间还必须装设直通电话或传话筒。

⑤一套提升装置同时供给几个洞室使用时,各洞室都必须设有信号装置并闭锁,各洞室的信号方案必须有明显的区别。

(8)斜井运输。

①斜井的垂直深度超过 50m 时,应配备运送人员的车辆。车辆使用时应遵守下列规定:

a. 车辆必须有顶盖,并装有可靠的防坠器。当断绳时能自动发生作用,同时也能用手操纵。

b. 运送人员的列车必须设车长跟随,车长坐在行车前方的第一辆车的第一排座位上。手动防溜装置必须在车长坐席处。

c. 每班运送人员前必须检查车辆的连接装置、保险链及防坠器是否正常。运送人员前先放一次空车以检查斜井和轨道的安全状况。

d. 车辆不得超员,乘员所携带的工具不得超出车厢。

②斜井口必须设置挡车器,并设专人管理。挡车器必须正常情况下处于关闭状态,放车时方可打开。车辆在井内行驶或停留期间,井内严禁人员通行和作业。

当斜井长度超过 100m 时,应在井口下 20m 处和接近井底 60m 左右处设置第二道挡车器。

③运送人员的车辆必须装有向卷扬机驾驶员发送紧急信号的装置。

④斜井井底停车场应设避车洞。斜井底附近的固定机械、电器设备以及操作人员的作业

场所,均应设置在专用洞室内。

⑤车辆连挂提升时,应有可靠的连接装置和断绳保险器。车与车之间应增加连接保险钢丝绳,提升钢丝绳应有地滚承托。挂钩均应加保险栓。

(9)钢丝绳和提升装置。

①提升用的钢丝绳必须每天检查一次,每隔6个月试验一次。其安全系数规定为:升降人员的安全系数必须大于7,升降物料的安全系数必须大于6;其断丝的面积与钢丝绳总面积之比,升降物料的必须小于10%;升降人员用的不得有断丝现象。钢丝绳直径减小百分数:提升及制动钢丝绳不得大于10%,其他钢丝绳不得大于15%,超过上述规定时,必须更换。

②钢丝绳的钢丝有变黑、锈皮、点蚀麻坑等损伤时,不得作升降人员用。当钢丝绳锈蚀严重,点蚀麻坑形成构纹,外层钢丝松动时必须更换。

③有接头的钢丝绳只允许在水平坑道和30°以下的斜井中运输物料使用。

④提升装置必须设下列保险装置:

a.防止过卷装置。当提升容器超过正常终端停止位置0.5m时,必须能自动断电,并使保险闸发生作用。

b.防止过速装置,当提升速度超过最大速度15%时,必须能自动断电,并能使保险闸发生作用。

c.过负荷和欠电压保护装置。

d.当最大提升速度超过3m/s,必须安装速度限制器,保证提升容器到达终端停止位置前的速度不超过2m/s;如果速度限制器凸轮板时,其旋转角不应小于270°。

e.防止闸瓦过度磨损时的报警和自动断电的保护装置。

f.缠绕式提升装置必须设松绳保护并接入安全回路。

g.使用箕斗提升时必须采用定量控制,井口渣台应装设满仓信号,渣仓装满时能报警或自动断电。

⑤作提升用的卷扬机必须装设深度指示器,包括开始减速时能自动示警的警钟、驾驶员不需离座即能操纵的常用闸和保险闸。

⑥常用闸和保险闸共用一套闸瓦时,各闸的操纵部分必须分开;双滚筒提升卷扬机的两套闸瓦的传动装置必须分开。

5.8.2 安全行为要求

(1)竖井提升

①施工期间采用吊桶升降人员与物料时,应遵守下列规定:

a.吊桶必须沿钢丝绳轨道升降,保证吊桶不碰撞岩壁。在施工初期尚未设轨道时,吊桶升降高度不得超过40m;施工时吊盘下面不装轨道的部分升降高度也不得超过40m。

b.人员运送速度不得超过5m/s,无稳绳地段不得超过1m/s;石渣及其他材料的运送速度不得超过8m/s;无稳绳地段不得超过2m/s;运送爆破器材时不得超过1m/s。

c.提升前应检查钢丝绳与吊桶连接情况,保证连接牢固。

d.吊桶上方必须设置保护伞。

e.不得在吊桶边缘上坐立,乘坐人员身体的任何部位不得超出桶沿。

f.用自动翻转式吊桶升降人员时,必须有防止吊桶翻转的安全装置。严禁用底开式吊桶升降人员。

g.被运送的人员必须从地面出车平台进出吊桶,并应在吊桶停稳和井盖门关闭以后进出吊桶。双吊桶提升时,井盖门不得同时打开。

h.装有物料的吊桶不得乘人。

i.吊桶载重量应按标明的规定执行,不得超载。

②采用罐笼升降人员和物料时,提渣、升降人员和下放物料的速度不得超过3m/s,加速度不得超过0.25m/s^2。

③检修井筒或处理事故的人员,如果需要站在罐笼或箕斗顶上工作时,提升容器的速度一般为0.3~0.5m/s,最大不得超过2m/s。

④井底车场的信号必须由井口接罐员发出,井底车场不得直接向卷扬机驾驶员发信号;只有在发送紧急停车信号时才可直接向卷扬机驾驶员发出信号。

(2)斜井的牵引运输速度不得超过3.5m/s,接近洞口或井底时不得超过2m/s;升降加速度不得超过0.5m/s^2。

(3)钢丝绳和提升装置。

①初次升降运送人员前应先试开一次空车,以检查卷扬机的动作是否正常。

②主要提升装置必须配有正、副驾驶员,在交接班人员上下井的时间内必须由正驾驶员开车,副驾驶员在旁监护。

5.9 通风及防尘

(1)隧道作业环境标准。

①粉尘允许浓度:每立方米空气中,含有10%以上游离二氧化硅的粉尘必须在2mg以下。

②氧气浓度不得低于20%(按体积计,下同)。

③瓦斯(沼气)或二氧化碳浓度不得超过0.5%。

④一氧化碳浓度不得超过30mg/m^3。

⑤氮氧化物(换算成二氧化氮)浓度应在5mg/m^{3}以下。

⑥二氧化硫浓度不得超过15mg/m^3。

⑦硫化氢浓度不得超过10mg/m^3。

⑧氨的浓度不得超过30mg/m^3。

⑨隧道内的气温不宜超过28℃。

(2)长隧道的空气质量应每天检测一次。

(3)施工时应设专人管理隧道的通风,应保证每人每分钟得到4m^{3}的新鲜空气。

(4)无论通风机运转与否,严禁人员在风管的进出口附近停留。通风机停止运转时,任何人员不得靠近通风软管行走和在软管旁停留,不得将任何物品放在通风管或管口上。

(5)宜采用有利于减少粉尘浓度的施工工艺,如采用湿式凿岩机钻孔、采用水炮泥进行水封爆破、采用湿喷混凝土喷射等工艺。

(6)隧道内矽肺的防治。

①改善劳动环境,采取机械化、自动化操作及湿式作业,降低粉尘浓度,减少粉尘损害。
②加强工作环境通风除尘,对个人加强劳动保护。
③加强营养及体育锻炼,增强抵抗力。
④定期查体,做到早期发现,早期治疗,并早期脱离致病环境。
(7)长隧道或瓦斯隧道宜设置备用风机。

5.10 照明、排水

(1)照明
①隧道内的照明灯光应保证亮度充足、均匀、不闪烁。隧道施工应使用独立的供电线路,在设有斜井、竖井的隧道施工中应有两路电源供电,当一路电源停电时另一路电源应能保证全部负荷的供电。
②隧道内用电线路,均应使用防潮绝缘导线,并按规定的高度用瓷瓶悬挂牢固。不得将电线挂在铁钉和其他铁件上,或捆扎在一起。开关外应加木箱盖,采用封闭式保险盒。如使用电缆,也应牢固地悬挂在高处,不得放在地上。
③隧道内各部的照明电压应见表2.5-1。

隧道内各部照明电压　　　　　表 2.5-1

隧道各部	照明电压值(V)	隧道各部	照明电压值(V)
开挖地段	12～36	成洞地段	110～220
支撑地段		手提作业灯	12～36
衬砌地段			

④隧道内的用电线路和照明设备必须设专人负责检修管理,检修电路与照明设备时应切断电源。
⑤在潮湿及漏水隧道中的电灯应使用防水灯口。
(2)排水
①有地下水排出的隧道必须挖凿排水沟。当下坡开挖时,应根据涌水量的大小设置大于20%涌水量的抽水机具及时排水。应在导坑的一侧或另开偏洞安装抽水机具,并用栅栏与隧道隔离。
②抽水设备宜采用电力机械,不得在隧道内使用内燃抽水机。抽水机械应有一定的备用台数。
③隧道开挖中如预计要穿过涌水地层,宜采用超前钻孔探水为防治涌水提供依据。
④如发现工作面有大量涌水时,应立即令工人停止工作,撤至安全地点。

5.11 特殊地层的施工安全措施

5.11.1 通过煤层、瓦斯、采空区的隧道施工安全措施

(1)施工通风系统应能每天24h不停地连续运转,在正常运转时,洞内各部位的风速不应

小于最小允许风速。

（2）隧道内严禁使用油灯、电石灯、汽灯等有火焰的灯火照明。严禁将火柴、打火机及其他可自燃的物品带入洞内。

（3）电灯照明。

①电压不得超过110V。

②输电线路必须使用密闭电缆。

③灯头、开关、灯泡等照明器材必须采用防爆型，开关必须设置在送风道或洞口。

（4）矿灯照明。

①每个洞口常备的完好矿灯总数应大于经常用灯总人数的10%。

②矿灯均需编号，常用矿灯的人员应固定灯号。

③矿灯如有电池漏液、亮度不足、电线破损、灯锁不良、灯头密封不严、灯头圈松动、玻璃和胶壳破裂等情况时严禁发出使用。矿灯最低限度应能连续正常使用11h。

（5）瓦斯隧道中的机具，如电瓶车、通风机、电话机、放炮器等，必须采用防爆型。隧道内所有机械设备、电器设备和照明线路及灯具管理，由专人随时检查维护，必要时安装风电闭锁装置。

（6）必须严格采取湿式凿岩。洞内使用的金属锤头必须镶有不产生火花的合金。铲装石渣前必须将石渣浇湿，装渣使用的金属器械不得与石渣猛力碰击。

（7）洞内安装及检修各种电气设备时必须先切断电源。电缆互接或分路必须在洞外完成锡焊和绝缘包扎并热补，严禁在洞内电缆上临时接装电灯或其他设备。电缆在洞内接头时应在特制的防爆接线盒内或有防焊接线盒的电气设备内进行连接。

（8）在有瓦斯的隧道，每个洞口必须设有专职瓦斯检查员。一般情况下每小时检测一次，并将结果记入记录簿。检测瓦斯的检定器应每季度标定一次。

（9）通风必须采用吹入式。通风主机应有一台备用机，并应有两路电源供电。通风机停止时洞内全体人员必须立即撤至洞外。

（10）隧道内严禁一切可以导致高温与发生火花的作业。

（11）落实揭煤地段作业的矿山救护措施，提高安全员、瓦斯检测员的工作质量，严格执行"一炮三检"制度。

（12）隧道施工时必须配备必要的急救设备和专业人员。施工人员必须参加有关防止瓦斯爆炸方面的安全知识培训，作业时必须佩戴个体自救器。

（13）严禁矿灯被拆开敲打和撞击。出洞或下班时应立即将矿灯交回灯房。

（14）瓦斯浓度及安全要点：

①当掘进工作面风流中的瓦斯浓度达到1%时，必须停止电钻打眼；达到1.5%时，必须停止工作并立即撤出人员，切断所有的工作电源进行处理。

②放炮地点附近20m以内风流中瓦斯浓度达到1%时，严禁装药放炮。

③电动机附近20m以内风流中的瓦斯浓度达到1.5%时，必须切断电源停止运行。

④掘进工作面的局部瓦斯积聚浓度达到2%时，其附近20m内必须停止工作，并切断电源。

⑤煤（岩）壁面的裂隙和残存的炮眼应及时用喷射混凝土封堵，尽量避免或减少瓦斯渗入

巷道。

(15)因超过瓦斯浓度规定而切断电源的电气设备，必须在瓦斯浓度降低到1％以下时方可开动；使用瓦斯自动检测报警断电的掘进装置，必须人工复电启动工作。

(16)隧道爆破作业。

①放炮前工作面不装药的炮眼要用黄泥堵塞全孔。

②严禁用火花起爆和裸露爆破。

③宜使用瞬发电雷管实施爆破，若采用毫秒雷管，其总的延期时间不得超过130ms。严禁使用秒和半秒延期电雷管。

④使用煤矿安全炸药。

⑤短隧道放炮前所有人员必须撤出隧道洞外；单线长隧道放炮前应撤离至200m以外，双车道上半断面爆破前应撤离至400m以外，双车道全断面爆破前应撤离至500m以外。

(17)揭煤施工安全要领：短进尺，弱爆破，强支护，快喷锚。

(18)揭煤爆破作业放炮前必采取须停电、停风，洞内人员全部撤出。

(19)可用喷射混凝土临时支护法处理采空区，可不处理坍塌下来的石渣。在渣堆上对空腔内的破碎围岩喷射至少厚15cm的混凝土，使围岩暂时稳定。

5.11.2 通过岩溶地段的隧道施工安全措施

(1)隧道通过岩溶地段本着"稳妥可靠、保证工期、经济合理、不留后患"的目标，坚持"以堵为主、限量排放、排堵结合、综合治理"的原则治理岩溶水，按照"短进尺、弱爆破、强支护、早封闭、勤量测"的施工方法通过岩溶地区。

(2)岩溶段首先采用地貌、地质调查与地质推理相结合的方法进行定性预测，再结合地表钻孔探测、超前导坑预报、洞内超前钻孔预探、隧道岩溶预探等方法，进一步查明溶洞的分布范围、类型、规模、发育程度、填充物、相对隧道位置及地下水等情况，为正确制订通过岩溶地段的施工方案提供资料。

(3)岩溶水处理。

①注浆堵水，加固围岩。

②引排水。

根据岩溶形态、相对隧道位置、岩溶水流量大小分别采用暗沟排水、涵洞及泄水洞排水、渗沟及铺砌排水，保证溶洞排水顺畅，不致因隧道修建破坏原有排水体系。

③暗沟排水。

溶洞位于隧道底部，溶洞无填充，岩溶水由逍水洞自然排出。

④涵洞和泄水洞排水。

溶洞自行排水顺畅，地下水很发育，暗沟不得满足排水要求，在洞底设置涵洞和泄水洞排水系统，进行引水汇排。

⑤渗沟及铺砌排水。

隧道横穿多支溶洞，且岩溶仍在发育中。

⑥综合治理。

复杂岩溶水地段岩溶水采用注浆堵水与暗沟、渗沟及铺砌排水、涵洞及泄水洞引排水相结合的方法对岩溶水进行截、堵、排,综合治理,以达到理想的治水效果。

(4)溶洞处理。

①小型溶洞。

跨度小于3m的小型溶洞采用填充法处理,区分不同情况分别采取浆砌封闭、回填压实,隧底回填、拱顶防护,换填片石、加强衬砌,隧道底板梁处理以及条形基础等措施进行处理。

a.浆砌封闭、回填压实。

b.隧底回填、拱顶防护。

c.换填片石,加强衬砌。

②较大溶洞(或流水量大的小溶洞)。

隧道通过较大溶洞,填塞或加固施工困难;或溶洞虽小,但流水量大,不宜堵塞;或溶洞填充物松软,不宜建造基础,可采用跨越法通过。

a.简支跨越。

隧道衬砌采用拉杆拱、边墙梁结构,底部采用简支结构跨越通过。

b.栈桥跨越。

边墙基底一侧遇到岩溶时,可按一定间距设置支墩和悬臂横梁,悬臂横梁用锚杆锚固于基岩中,将隧道仰拱变为钢筋混凝土板梁,支承于支墩或悬臂横梁上,支承边墙。

c.拱桥跨越。

利用拱桥跨越溶洞,并承托道床及墙拱衬砌。

d.边墙拱跨越。

隧道一侧边墙穿过溶洞,溶洞填充物松软且深,不宜施工边墙基础或换填基础通过,可采用边墙拱跨越。

e.整体浮放、支托跨越。

如溶洞断面下部收缩,溶洞堆积体较厚,且稳固可靠,具有相当承载能力,可采用封闭式钢筋混凝土整体衬砌直接浮放于堆积体上。衬砌可分节整体浇筑,节间预留沉降缝。

堆积体大孔洞用混凝土填充,并压浆加固,同时加大衬砌断面,净空加高50~100cm,加宽40cm。

③大型充填式溶洞。

对裂隙发育的岩溶地段、大型充填式溶洞,施工时除采用预注浆堵水加固外,还可按常规锚喷构筑法,即采用"管棚、小导管、超前锚杆、钢架支撑、挂钢筋网、喷射混凝土强支护"的方法通过。

5.11.3 通过顺层、滑坡地段的隧道施工安全措施

(1)应根据相关技术资料制订顺层及滑坡治理方案。

(2)隧道通过顺层、滑坡地段的处理方法:

①对于中、小型滑坡,可将滑坡体全部清理运走,并对坡面进行必要的防护,如设置截水沟或排水沟、浆砌片石防护、挂网喷锚、种草植被等,保持滑坡体干燥。

②对于大型、特大型滑坡可采取的方法:

a.引排地表、地下水。

b. 刷坡卸载：刷坡可采用台阶形式自上而下进行部分刷坡清除。

c. 坡面加固：根据滑坡体厚度、岩体情况，可采用挂网喷锚、导管注浆、预应力锚索—钢筋混凝土格构梁等方法。

d. 挡护坡脚：坡脚挡护可采用预应力锚索抗滑桩、树根桩挡墙、重力式浆砌片石挡墙等方法进行坡面岩体加固。坡脚支挡原则：自上而下、分级支挡，坡水兼治、先支挡后整坡治水。

6 既有公路工程的拆除或改(扩)建工程

6.1 既有公路工程的拆除

6.1.1 一般规定

(1)拆除工程施工前应做好影响安全施工的各种管线的切断、迁移工作。当建筑外侧有架空线路或电缆线路时,应与有关部门取得联系,采取防护措施,确认安全后方可施工。

(2)施工单位应全面了解拆除工程的图纸和资料,进行现场勘察,编制施工组织设计或安全专项施工方案。

(3)拆除工程施工区域应设置硬质封闭围挡及醒目警示标志,围挡高度不应低于1.8m,非施工人员不得进入施工区。当临街的被拆除建筑与交通道路的安全跨度不满足要求时,必须采取相应的安全隔离措施。

(4)拆除施工严禁立体交叉作业。

(5)当日拆除施工结束后,所有机械设备应远离被拆除建筑。施工期间的临时设施,应与被拆除建筑保持安全距离。

(6)拆除作业之前应将与拆除物有连通的电线、水、气管道切断,并在四周危险区域内设置安全护栏,配以必要的警告标志,设置夜间警示灯,非工作人员不得进入。

6.1.2 旧桥拆除

(1)跨线桥梁的拆除

①在拆除前,与当地交通管理部门联系,设置合理的行车通道,按《道路作业交通安全标志》(GA 182—1998)和《道路交通标志和标线》(GB 5768—2009)要求,设置齐全的标志、标牌及警示牌、警示灯。

②派专人指挥过往车辆行驶,必要时,请当地交警协助指挥。

③为防止破碎的混凝土碎块飞击车辆行人,可采用脚手架上部满挂密目网、下部满挂竹笆等办法。

④拆桥使用的起吊、运输设备,经检验合格方可投入使用。使用前,检查运转、制动是否有效,钢丝绳的磨损程度,滑轮转动是否灵活,仪表仪器、操纵装置、液压油等应经检查合格后,方可使用。

⑤拆除墩台、立柱的安全措施:

a.墩台施工高度超过2m时,四周设作业平台和护身栏杆;作业人员上下墩台时,走专用马道,禁止沿脚手架爬行。

b.拆除地面以下的构造物时,在构造物四周设立围栏,严禁有重物抛入围栏内。

⑥立柱凿碎应由上而下进行。

⑦对于桥梁体内预应力的解除,应逐块释放,即拆到哪一块,释放该块梁体的纵向预应力。

⑧拆除两侧护栏和翼缘板时,桥下禁止车辆和行人通过。

⑨拆除梁或悬挑构件时,应采取有效的下落控制措施,方可切断两端的支撑。

⑩拆除桥梁时应先拆除桥面的附属设施及挂件、护栏等。

(2)跨江(河)桥梁的拆除

①提前与海事、航道部门办理好《水上水下施工许可证》。

②拆除期间,应按照海事、航道部门的要求,做好水上交通维护。在河道上、下游适当位置设立施工告示牌,提醒过往船舶注意,拆除护栏施工时主动避让过往船只,不影响正常通航。

③水上拆除作业人员,必须穿救生衣。

④拆除跨河护栏时利用支架挂好安全防护网,防止混凝土渣落入河中,不能影响正常通航。

⑤加大对钢丝绳、浮吊卷扬机等起吊器材的检查频率,有破损的钢丝绳立即更换。

⑥箱梁主跨拆除时,为确保渡船整体稳定和结构安全,在一个块件切除吊出之后,立即对相应船体重新注入与块件相同质量的水以达到平衡船体的要求,保证主跨梁体的顺利切割与破碎。

6.1.3 旧路面凿除

(1)旧路面凿除前,应在作业地段进行安全区的规划,并设置相应的遮挡设施和相关的安全警示标志,配合相关部门做好行人或车辆的交通疏解。

(2)拆除用风镐等工具操作范围内不得站人。

(3)旧路面凿除宜分小段进行,以免妨碍交通。

(4)用镐开挖旧路面时应并排前进,左右间距应不少于2m,不得面对面使镐。所用工具应拼接牢靠,严防铁镐脱飞伤人。

(5)大锤砸碎旧路面时周围不得有人站立或通行。使锤者锤击钢钎应站在扶钎人的侧面,使锤者不得戴手套,锤柄端头应有防滑措施。

(6)风动工具凿除旧路面,应遵守下列规定:

①各部管道接头必须保持紧固、不漏气。胶皮管不得缠绕打结,不得将风管置于胯下。

②风管通过过道时必须挖沟将风管下埋。

③风管连接风包后要试送气,检查风管内有无杂物堵塞。送气时要缓慢旋开阀门,不得猛开。

④风镐操作人员应与空压机驾驶员紧密配合,及时送气或闭气。

⑤钎子插入风动工具后不得空打。

(7)采用机械破碎旧路面时应有专人统一指挥,操作范围内不应有人。机械铲刀切入深度不宜过深,推刀速度应缓慢。此外,还应设置施工标志,注意交通安全。

6.2 既有道路改(扩)建工程施工

(1)改(扩)建工程中,边通车、边施工路段的保通方案应按照《公路安全保护条例》要求,征得公安机关交通管理部门的同意。

(2)改建工程需挖除旧路路基、路面进行重建的路段,在施工路段的两端应竖立显示正在施工的警告标志。标志应鲜明、醒目。标志与施工路段的距离,应根据开挖宽度、路线等级、交通量等情况确定。

(3)一侧拓宽或两侧拓宽的改建工程,原有道路的路面宜先保留,以维持交通。

(4)在拓宽地段宜采用机动车辆运输在原有道路上运送土石方。

(5)通车路段的路面应经常清扫干净,防止车辆碾飞土石伤人或雨后泥泞影响通车。

(6)在原有路段上,进行降坡改建的工程,有条件的可修建临时便道维持交通,也可在降坡地段半幅施工,另半幅作通车之用。

(7)半幅施工的路段不宜过长,一般一个连续作业面以不超过 300~500m 为宜。

(8)在单车道维持通车路段上,当路段不长,交通量不大时,可在该路段的适当地点设置车辆会让处;当施工路段较长、交通量较大时,应实行交通管制。每班配置专职人员和通信设备,指挥交通,疏导车辆。

7 主要工序作业

7.1 钢筋

(1)钢筋调直及冷拉场地应设置防护挡板,作业时非作业人员不得进入现场。
(2)钢筋切断机作业前应先进行试运转,检查刃口是否松动,运转正常后方能进行切断作业。切长料时应有专人把扶,切短料时要用钳子或套管夹牢。不得因钢筋直径小而集束切割。

7.2 混凝土作业

(1)机械上料时,在铲斗(或拉铲)移动范围内不得站人。铲斗下方严禁有人停留和通过。
(2)作业结束时应将料斗放下,落入斗坑或平台上。
(3)塔吊、汽车吊或桅杆吊斗灌注混凝土时,起吊、运送、卸料应由专人指挥。
(4)电动振捣器的使用应符合下列规定:
①操作人员要佩戴安全防护用品。配电盘(箱)的接线宜使用电缆线。
②在大体积混凝土中作业时,电源总开关应放置在干燥处;多台振捣器同时作业,应设集中开关箱,并由专人负责看管。
③风动振捣器的连接软管不得有破损或漏气,使用时要逐渐开大通气阀门。
(5)浇筑前做好泵送管道的耐压试验,在关键部位悬挂警示标志。
(6)泵车操作人员不得随意旋转泵车伸展臂,布料杆应与高压电线保持足够的安全距离,布料口与作业面的距离应符合施工的具体要求。
(7)作业完毕应对泵车各部位进行复位检查。

7.3 焊接

7.3.1 电焊

(1)电焊机应安设在干燥、通风良好的地点,周围严禁存放易燃、易爆物品。
(2)电焊机应设置单独的开关箱,作业时应穿戴防护用品,施焊完毕,拉闸上锁。遇雨雪天气,应停止露天作业。
(3)在潮湿地点工作,电焊机应放在木板上,操作人员应站在绝缘胶板或木板上操作。
(4)把线、地线不得与钢丝绳、各种管道、金属构件等接触,不得用这些物件代替接地线。
(5)更换场地,移动电焊机时,必须切断电源,检查现场,清除焊渣。

(6)在高空焊接时,必须系好安全带。焊接周围应备有消防设备。

(7)焊接模板中的钢筋、钢板时,施焊部位下面应垫石棉板或铁板。

7.3.2 气焊

(1)乙炔发生器应采用定型产品,必须设有灵敏可靠的防止回火的安全装置。

(2)乙炔发生器与氧气瓶不得同放一处,距易燃易爆品不得少于10m,严禁用明火检验是否漏气。氧气、电石应随用随领,下班后送回专用库房。

(3)氧气瓶、乙炔发生器受热不得超过35℃,防止火花和锋利物件碰撞胶管。气焊枪点火时应按"先升乙炔、先关乙炔"的顺序作业。

(4)氧气瓶、氧气表及焊割工具的表面,严禁沾污油脂。

(5)氧气瓶应设有防振胶圈,并旋紧安全帽,避免碰撞、剧烈振动和强烈阳光暴晒。

(6)点火时焊枪不得对人,正在燃烧的焊枪不得随意乱放。

(7)施焊时,场地应通风良好;施焊完毕,应将氧气阀门关好,拧紧安全罩。

7.4 起重吊装

(1)大型吊装工程,应在编制的施工组织设计中,制订安全技术措施,并向施工作业人员进行安全技术交底。

(2)吊装作业应指派专人统一指挥,参加吊装的起重工要掌握作业的安全要求,其他人员要有明确分工。

(3)吊装作业前必须严格检查起重设备各部件的可靠性和安全性,并进行试吊。

(4)各种起重机具不得超负荷使用。

(5)钢丝绳的安全系数,不应小于表2.7-1的要求。

钢丝绳安全系数　　　　　　　　　　　　　　　表2.7-1

用　途	安全系数	用　途	安全系数
缆风绳	3.5	吊挂和捆绑用	6
支承动臂用	4	千斤绳	8~10
卷扬机用	5	缆索承重绳	3.75

(6)应检查地锚的牢固性,缆风绳不得绑扎在电杆或其他不稳定的物件上。

(7)作业中遇有停电或其他特殊情况,应将重物落至地面,不得悬在空中。

(8)起重臂应与高压电线保持足够的安全距离。

7.5 高处作业

(1)悬空高处作业必须设有可靠的安全防护措施。

(2)严禁酒后登高作业。

(3)高处作业人员不得穿拖鞋或硬底鞋。所需的材料要事先准备齐全,工具应放在工具袋内。

（4）高处作业所用的梯子不得缺挡和垫高。同一架梯子不得两人同时上下，在通道处（或平台）使用梯子应设置围栏。

（5）高处作业与地面联系工作应安排专人负责，并配置必要的通信设备。

（6）运送人员和物件的各种升降电梯、吊笼，应装有可靠的安全装置，严禁施工人员乘坐运送物件的吊篮等装置。

8 施工临时辅助设施工程

8.1 模板

8.1.1 作业场地

(1)模板作业场地的布置,木料、钢模、模板半成品的堆放,废料堆集和场内道路的修建,应做到统筹安排,合理布局。

(2)作业场地应搭设简易作业棚,修有防火通道,配备必需的防火器具。四周应设置围栏,作业场内严禁烟火,应避开高压线路。

(3)钢模、木材应堆放平稳。

(4)下班前应将锯末、木屑、刨花等杂物清除干净,并运出场地妥善处理。

8.1.2 模板制作

(1)制作模板时应细致选料。制作钢模不得使用扭曲严重、螺丝孔过多、开裂等的材料。木模不得使用腐朽、扭裂和大横节疤等木料。

(2)制作钢木结合模板时,其钢木结合部位的强度、刚度应符合设计要求。

(3)制作中应随时检查工具,如发现松动、脱落现象,应立即修好。

(4)用旧木料制作模板时,应将钉子、扒钉拔掉收集好,不得随地乱扔。

8.1.3 模板支立及拆除

(1)在基坑或围堰内支模时,应检查基坑有无塌方现象,围堰是否坚固,确认无误后,方可操作。

(2)向基坑内吊送材料和工具时,应设溜槽或绳索系放,不得抛掷。机械吊送应有专人指挥。模板要捆绑结实,基坑内的操作人员要避开吊送的料具。

(3)用人工搬运、支立较大模板时,应有专人指挥,所用的绳索要有足够的强度,绑扎牢固。支立模板时,底部固定后再进行支立,防止滑动倾覆。

(4)支立模板要按工序操作。当一块或几块模板单独竖立和竖立较大模板时,应设立临时支撑,上下必须顶牢。操作时要搭设脚手架和工作平台。整体模板合龙后,应及时用拉杆斜撑固定牢靠,模板支撑不得钉在脚手架上。

(5)用机械吊运模板时,应先检查机械设备和绳索的安全性和可靠性,起吊后下面不得站人或通行。模板下放距地面1m时,作业人员方可靠近操作。

(6)拆除模板时,应制订安全措施,按顺序分段拆除,不得留有松动或悬挂的模板,严禁硬砸或用机械大面积拉倒。拆下带钉木料,并随即将钉子拔掉。

(7)拆除模板不得双层作业。3m以上模板在拆除时,应用绳索拉住或用起吊设备拉紧,缓慢送下。

8.2 支架

8.2.1 一般规定

(1)支架所用的桩木、万能杆件应详细检查。不得使用腐朽、劈裂、大节疤的圆木及锈蚀、扭曲严重的万能杆件和钢管等。

(2)制订模板支撑体系搭设及混凝土浇筑安全技术措施,明确在搭设、钢筋安装、混凝土浇捣过程中及混凝土终凝前后模板支撑体系位移的监测监控措施等。

(3)根据施工季节,支架工程应采取防冲刷或防冻涨等安全措施。

(4)支立排架要按设计要求施工,应有足够的承载能力和稳定性。

(5)支立排架时,不得与便桥或脚手架相连,防止支架失稳。

(6)地基承载能力应符合设计标准,否则应采取加固措施,使其达到设计要求。

8.2.2 架体防护

(1)施工层应连续铺设脚手板,脚手板满铺且固定。

(2)操作层以下每10m封闭隔离。

(3)操作层设1.2m高防护栏杆、18cm高挡脚板。

(4)架体外采用侧密目网封闭。

(5)斜道。斜道坡度设计:上人时,≤1:3;运料时,≤1:6。斜道宽度要求:上人时,≥1m;运料时,≥1.5m。斜道上每隔30cm装有防滑条,斜道的两侧均应设置上、下两道扶手。

8.2.3 架体设计

(1)对于落地式外脚手架,要写明搭设高度。24m以下的,编写搭设方案,绘制架体与建筑物拉结作法详图;超过24m的要绘制搭设图纸及说明脚手架基础的做法;高度在50m以上的要有设计计算书及卸荷方法详图。

(2)悬挑式脚手架的施工方案,不论是支撑杆式还是挑梁式脚手架,都要对组成的结构形式进行结构计算和设计。

(3)对于门式脚手架,要有详细的施工方案,方案应有结构图。超过45m的,绘制脚手架结构图应进行承载力、刚度和稳定性计算和核算,编写设计计算书。

(4)对于吊篮脚手架,要有对吊篮和挑梁的固定方法,对吊篮、挑梁、吊绳、手扳和电动葫芦进行设计计算,并绘制图纸。

(5)附着式升降脚手架的专项方案,应对附着式升降脚手架的定型主框架、定型支撑柜架、导轨与每个作业层的固定、设计荷载、压杆及受拉杆件的长细比等组成部件均应进行设计验算,并对防坠、防倾安全装置性能验算,编写设计计算书。

(6)支架设计方案中应明确:
①预防自然灾害(如风、雷、水、震、暑、冻、滑等)的措施。
②防范由交叉作业等施工组织上形成环境危险的措施。
③用电及设备的保护措施。
④临边的防护及交通通道的安全保障措施。
⑤材质的检查要求、连接点、固定点、预埋件等的检查要求。
⑥架体安装的检查验收制度及拆除时的要求。
⑦季节性施工的安全技术措施等。

8.2.4 构造要求

(1)对于一般脚手架($H \leq 24m$),当地基土质良好时,采用钢板底座,当地基土质较差时,采用钢板底座加木垫板,或直接采用3倍钢板底座面积,120mm的厚混凝土垫块。

(2)对于高层脚手架($H > 24m$),立杆基础有底座时,采用10cm厚级配碎石加混凝土垫块,无底座时,在混凝土垫块上纵向仰铺通长12~16号槽钢。

(3)模板支撑系统地基处理,一般采用20cm级配碎石+15cmC20混凝土,其立杆底部应有统长的槽钢或厚度不小于5cm的统长木板,并设有100mm×100mm钢板作垫衬。

(4)承重支架的地基未处理到位或平整度差时,不能进行承重支架搭设。承重支架的临边安全防护措施、作业通道未完善、支架未经验收合格挂牌时,不能进行下道工序作业。

(5)对于高大模板支撑体系,其高度与宽度相比大于两倍的独立支撑系统,应加设保证整体稳定的构造措施。

(6)高大模板工程搭设的构造要求应当符合相关技术规范,支撑系统立柱接长严禁搭接;应设置扫地杆、纵横向支撑及水平垂直剪刀撑,并与主体结构的墙、柱牢固拉接。

(7)模板支撑系统应为独立的系统,禁止与物料提升机、施工升降机、塔吊等起重设备钢结构架体机身及其附着设施相连接;禁止与施工脚手架、物料周转料平台等架体相连接。

8.2.5 连接杆件

(1)离地面20cm设置纵横向扫地杆,防止立杆纵横向位移,确保架体整体稳定。

(2)剪刀撑的连接宜采用搭接连接,搭接长度不小于1 000mm,不少于两个旋转扣件等距连接。

(3)在架体外侧立面应由底到顶连续设置剪刀撑,每道剪刀撑宽度不小于4跨、且不小于6m,与地面倾角宜在45°~60°之间,剪刀撑斜杆应用旋转扣件与之相交的横向水平杆和立杆连接。

(4)高度小于20m、均布荷载不大于10kN时,每3步设置水平加强层;高度小于30m、均布荷载不小于15kN,每两步设置水平加强层;高度大于等于1.5倍的支撑系统水平投影宽度时,在垂直空间位置(中间和四周)设置剪刀撑。

8.2.6 混凝土浇筑与支架拆除

(1)高大模板工程浇筑混凝土前,应当做好浇筑范围内人员的清场工作,严禁无关人员进入模板支撑系统下方。浇筑时施工单位应当派专人对模板支撑系统的变形进行监控。

（2）施工单位在准备模板工程拆除时,结构构件强度必须达到方案规定的拆除强度,拆除方案,必须经企业技术负责人和总监理工程师审批合格后,方可实施模板拆除作业。

（3）模板拆除应当严格按照方案实施,划出警戒区域,设置警戒标志,专人监护,严禁抛掷钢管和扣件,严禁在支模架下通行和作业,严禁作业人员上下攀爬。

8.2.7 其他要求

（1）对于涉及交通道的支架,其临边防护设施应增设竹笆围挡,并在其外侧用密目网封闭。电焊作业时,应采取防止焊花下溅到交通道措施。

（2）模板作业面应及时配备合格的灭火器材,做到100m^2/只。

（3）对于跨越交通道的箱梁支架,必须在交通道车流方向的入口处及前50m处的支架上方设立醒目的限高标志,夜间设灯光照明及警示灯。

（4）下方若有通行要求时,应设防坠层。

8.3 脚手架

8.3.1 一般规定

（1）工具式钢管脚手架的杆件及配件必须符合规定的要求,严禁使用焊口开裂、严重锈蚀、扭曲变形的杆件及配件。

（2）安全网的宽度不得小于3m,长度不得大于6m,网眼5cm左右,但不得大于10cm。必须使用维纶、锦纶、尼龙等材料编织的符合国家标准的安全网,严禁使用损坏或腐朽的安全网和丙纶网。密目网、小眼网和金属网只准作立网使用。

（3）脚手架要设置栏杆,敷设的安全设施应经常检查,确保操作人员和小型机械安全通行。

（4）脚手架上的材料和工具要堆放整齐,积雪和杂物应及时清除。有坡度的脚手板,要加设防滑木条。

（5）悬空脚手架应用栏杆或杆件支撑稳妥、牢靠、防止摆动摇晃。

（6）脚手架高度为10~15m时,应设置一组(4~6根)缆风绳。每增高10m应再加设一组。缆风绳与地面夹角为45°~60°。缆风绳的地锚应该围栏,防止碰撞破坏。结合公路施工特点,脚手架可采用与主体结构预埋、拉结等固定措施,但必须经监理工程师批准。

8.3.2 搭设

（1）铺排木、脚手板时,排木必须按要求间距放正绑牢;脚手板应严密、牢固,两板搭接长度不得小于15cm,严禁有15cm以上的探头板。作业面下面应留一层脚手板或铺设水平安全网。

（2）高度大于2m的脚手架,每步应设一道护身护栏和高度18cm以上的挡脚板。结构外脚手架顶端高度必须超出构筑物顶端1.2m,自最上层脚手板到顶端之间,应加绑两道护身护栏并立挂安全网,安全网下口封绑牢固。吊装梁柱用的脚手架,宽度不得小于60cm,两侧必须设两道护身护栏,满铺脚手板。

(3)立柱底脚地面必须安放垫木。

(4)搭完一步架后,应按规定检查并调整其垂直度,垂直度应符合现行行业标准的规定。

8.3.3 拆除

(1)拆除时应划定作业区,设置围栏和警戒标志,并设专人监护。

(2)架子的拆除程序与搭设程序相反,后搭的先拆,先搭的后拆,应由上而下、按层、按步拆除。先拆护身护栏、脚手板和排木,再依次拆剪刀撑的上部绑扣和接杆。拆除全部剪刀撑、压栏子、斜撑杆以前,必须绑好临时斜支撑。严禁用推、拉方法拆除脚手架。

(3)拆杆和放杆时,必须由2~3人协同操作。拆顺水杆时,应由站在中间的人将杆转向,将大头顺下,握住小头下递,得到下方人员的通知后再放手,严禁向下抛扔。

(4)连墙杆应随架子逐层拆除。架子在施工期间变形过大或连墙杆缺少、受力不均时,应在拆除前,先做必要的加固或补设临时拉接点,确保拆除时架子的稳定。

(5)操作人员应系安全带,戴安全帽。拆除过程中,必须设专人指挥,作业人员听从指挥。

(6)拆除过程中应注意架子缺扣、崩扣及不符合要求的部位,严禁踩在松动的杆件上。

9 边通车边施工

9.1 一般规定

(1)交通控制设施和作业控制区可参照《道路交通标志和标线》(GB 5768—2009)和《公路养护安全作业规程》(JTG H30—2004)的规定,根据公路等级和交通情况进行设置。

(2)建设单位应事先将交通组织方案征求公安、交通管理部门的意见,并将最终方案向社会公告。高速公路改扩建的交通组织方案宜进行试运行。交通组织方案管理流程如图2.9-1所示。

图 2.9-1　交通组织方案管理流程图

(3)交通组织方案的制订和实施应遵守如下要求:
①应对改扩建路段附近的交通量进行调查。
②评估改扩建路段及周围路网的通行能力。
③合理确定分散交通流的交通组织方案。
④按照交通组织方案摆放交通控制设施。
⑤施工过程中应根据工程进展或特殊情况及时调整交通组织方案。
⑥应对交通控制设施进行检查和维护,保证交通控制设施全时全天候有效。

(4)施工路段内或路段前后的原有交通标志、标线不能反映施工期间实际交通情况的,应进行更改、遮挡或清除。

(5)施工路段需要设置临时性交通标志的,应按照《公路临时性交通标志技术条件》(JT/T 429—2000)的要求进行设置。

(6)临时交通标线宜采用耐磨性强的热熔型涂料,按照《道路交通标志和标线》(GB 5768—2009)的要求进行施划。

9.2 高速公路

(1)宜对载货汽车通行进行限制或分流。
(2)路基填筑和路基拼接时,应在立体交叉附近进行分流,并进行限速。
(3)跨线桥拆除作业,可采取封闭半幅交通,另半幅双向通行的措施。

(4)跨线桥预置梁板吊装作业,宜临时中断交通或半幅封闭半幅双向通行。

(5)路面施工宜采取分段施工、半幅封闭半幅双向通行的方案。

(6)互通立交、服务区改扩建时,宜在互通立交出入口设置分流点,相邻互通立交、服务区宜间隔分批改建。

9.3 其他等级公路

(1)边通车边施工路段行车道宽度不应小于3.5m。

(2)繁忙的平交路口的施工,宜安排在夜间进行。

(3)进行降坡改建的路段,宜修建临时便道维持交通,也可在降坡地段半幅施工,另半幅通车。

(4)在原地拆除旧桥(涵)重建新桥(涵)时,应先建好通车便桥(涵)或渡口。

(5)半幅施工的路段不宜过长,一般以不超过300~500m为宜,弯道路段还应缩短。弯道顶点附近不宜堆放物料、机具。

(6)在单车道维持通车路段上,当路段不长,交通量不大时,可在该路段的适当地点设置车辆会让区。车辆会让区长度应根据路段交通流量来确定。相邻会让区间距不宜大于停车视距,弯道顶点周围宜设置为会让区。

(7)当施工路段较长、交通量较大时,应实行交通管制,配置指挥员和通信设备,轮班指挥交通,疏导车辆。

9.4 跨线桥施工

(1)公路桥跨越铁路或公路时,施工前应编制专门的安全施工组织设计,并与铁路或公路管理部门协商有关安全施工事宜,并签订有关的安全协议。

(2)在路基附近挖基、钻孔时,不得损坏铁路或公路的各种信号、通信设施,不得影响行车的瞭望视线。作业处应设围栏、支撑及其他安全防护措施。施工中应防止车辆振动导致基础坍陷或路基坍方。

(3)对结构复杂、施工期较长的大型跨线桥,施工期间必须做到以下几点:

①施工前应编制专门的安全施工组织设计,做好施工准备及安全防护设施的安装、验收工作。

②制订架梁吊装专项施工方案及安全技术措施,并向作业人员进行安全技术交底和培训。

③配备通信设施,确保在紧急情况下,能够妥善处理发生的事故。

④跨线桥施工应设置防护棚,并进行结构计算,保证结构安全。

⑤跨线桥应设置防落网、临时车辆限高标志,限高防护架、墩柱及侧墙端面应设置立面标记。

(4)在公路或铁路上空进行桥梁吊装,为保障交通安全,必要时应临时中断交通。

第三篇
应急预案编制要求

1 总则

1.1 编制目的和意义

应急预案又称应急计划,是针对可能的重大事故,为保证迅速、有效地开展应急与救援行动、降低事故损失而制订的有关计划或方案。它是在辨识和评估潜在的危险、事故类型、发生的可能性、发生过程、事故后果及影响严重程度的基础上,对应急机构的职责、人员、技术、装备、设施(备)物资、救援行动及其指挥与协调等方面预先做出的具体安排。它明确了在突发事故发生前、发生过程中及刚刚结束之后,谁负责做什么、何时做,以及相应的策略和资源准备等。编制事故应急预案是准备工作的核心内容,也是我国有关法律法规的要求。

为加强对云南省公路建设工程施工生产安全事故的防范,指导公路建设应急反应行动按计划有序地进行,保证各种应急反应资源处于良好的备战状态,及时做好安全事故发生后的救援处置工作,防止因应急反应行动组织不力或现场救援工作的无序和混乱而延误事故的应急救援,最大限度地减少事故损失,有效地避免或降低人员伤亡,帮助实现应急反应行动的快速、有序、高效,《云南省安全生产应急预案管理办法》要求各级安全生产监督管理部门、负有安全生产监督管理职责的部门以及从事公路建设工程的建设、管理、施工单位应编制应急预案。

1.2 编制原则

编制公路建设工程应急预案应贯彻"安全第一、预防为主、综合治理"的方针,规范应急管理工作,提高应对风险和防范事故的能力,保证安全健康和公共生命安全,最大限度地减少财产损失、环境损害和社会影响的重要措施。公路建设工程应急预案的制订应遵循以下原则:

(1)目的性原则。本着预防为主、以人为本的目的,为正确、科学、快速、有效地处置安全生产事故,防止事故扩大,减少损失而制订应急预案。

(2)统一性原则。在云南省政府和交通运输厅的领导下统一指挥,建立健全公路建设工程安全生产事故应急的管理体制和管理机制。

(3)分级的原则。分级制订,分组管理和实施,加强公路建设和管理部门的应急处置队伍建设,建立分类管理、分级响应的分级负责制度,实行分级管理的工作模式,充分发挥各级应急机构的作用。

(4)科学性原则。制订预案必须以科学的态度,在全面调查研究的基础上,开展科学分析和论证,制订出严密、统一、完整的应急预案,使预案真正具有科学性。

(5)实用性原则。要讲究实效,应急预案应符合事故现场和当地的客观情况,具有适用性和实用性,便于操作。

(6)以人为本原则。预案是以努力保护人身安全为第一目的,同时兼顾财产安全和环境防护。

1.3 编制要求

(1)符合国家相关法律法规、规章标准和政策规定。
(2)与相关应急预案有效衔接。
(3)与事故风险和应急能力相适应。
(4)组织机构分工明确、责任落实。
(5)合理的组织每个章节,以便每个不同的使用者能快速地找到各自所需要的信息,避免从一堆不相关的信息中去查找所需要的信息。
(6)应急程序和保障措施清晰具体、操作性强。
(7)要素完整,文字简洁,信息准确。

1.4 应急预案的基本要素

应急预案通常应该包括以下要素:
(1)预案编制目的及适用范围。
(2)组织机构。
(3)事件等级。
(4)应急装备、物资、通信保障。
(5)预警和预防机制。
(6)信息上报程序。
(7)预案分级启动、响应、处置程序。
(8)后续总结与改进措施。
(9)平时培训及演练规划。
(10)必要的附件。
应急预案除上述要素外,还应该实现下列要求:明确应急系统中各机构的权利和职责、对所涉及的法律法规的论述、对特殊危险建立专项应急预案等。

1.5 应急预案编制的基本步骤

(1)成立组建编制小组,明确各小组成员的编写任务、职责分工,宜在工程施工前完成预案编写工作,便于审查发布。除编制小组外,应急预案从编制、维护到实施,应该有各级各部门的广泛参与。
(2)对整个预案的编制过程制订详细周密的计划,使得预案编制工作有条不紊地进行。
(3)在编制预案前,需要进行全面、详细的资料收集、整理,同时进行基本情况调查。收集资料和调查内容主要包括:

①资料收集分析:收集并分析国家法律、地方政府法规与规章,调研现有预案内容。

②周围条件:地质、地形、周围环境、气象条件(风向、气温)、交通条件。

③施工现场情况:施工区域、生活区域、办公区域布设;临时设施、施工过程外围保障、安全距离。

④施工工艺过程:路基、路面、桥隧等专业施工;高空作业和跨越铁路、公路、航道等桥梁施工;水上大型构筑物;高温、汛期、冬季及夜间施工。

⑤施工及生产设备、装置:临时用电(用电保护、线箱设置)、危险性大的设备;电气设备(短路、出点、火灾、爆炸、误运转和误操作)。

⑥特殊单体设备:起重机械、垂直升降机械、锅炉等压力容器等。

⑦消防安全:油库、发电机房、配电房、木工间、仓库、宿舍区等重点防火部位。

⑧安全评估和安全评价报告。

⑨本单位、相关(相邻)单位及当地政府的应急预案。

⑩社会公用设施、救援队伍、应急资源等现状。

(4)事故及危害预测:结合建设项目实际情况,全面排查事故隐患,包括隐患的类型、数量和分布情况等,并在隐患治理的基础上,预测可能发生的事故类型及其危害程度。潜在事故分析应包括以下问题:

①可能发生重大事故。

②导致发生重大事故的过程。

③非重大事故可能导致发生重大事故需经历的时间。

④如果非重大事故被消除后,它的破坏程度如何。

⑤事故之间的联系。

⑥每一个事故可能导致的后果。

(5)危险源辨识分析和风险评价:在危险因素分析及事故隐患排查的基础上,通过工程类比,结合相关项目经验,确定本单位的重大危险源、可能发生的事故类型和后果,进行危险源辨识和评价,形成分析报告,分析结果作为应急预案编制依据。

(6)应急资源和能力评估:客观分析本单位内部的应急力量组成、各自的应急能力及分布情况;各种重要应急设施(备)、物资的准备、布置情况;外部资源在需要时能否及时到位;当地政府救援机构或相邻单位可用的应急资源。如应急资源和应急能力存在问题,应提出整改方案并实施,包括:编制额外的应急程序、开展额外的培训、采购额外的设备、编制互助协议,签订专项合同或协议等。

(7)应急预案编制:针对可能发生的事故,按照有关规定和要求编制应急预案。应急预案应充分利用社会应急资源,与地方政府和上级主管部门预案相衔接。编制时还应注意以下事项:

①对每一个重大危险源都应编制一个现场事故应急处理方案。

②单位或企业必须进行重大事故潜在后果的评估。

③对于一个只有简单装置的重大危险源,事故应急处理预案可安排工人在一旁观察并要求其在发生紧急情况时及时报告应急机构,由应急机构采取相应的应急措施。

④对于具有复杂设施的重大危险源,事故应急预案应当更具体,应充分考虑每一个可能发

生的重大危险,以及它们之间可能的相互作用,应包括以下内容:

a.对潜在事故危险的性质和规模及紧急情况发生时的可能关系进行预测和评估。

b.制订与场外事故应急处理预案实施机构进行联系的计划,包括与紧急救援服务机构的联系。

c.在存在重大危险设施的危险源内外,报警和通信联络的步骤。

d.任命现场事故的管理者和现场主要管理者,并确定他们的义务和责任。

e.确定应急控制中心的地点和组成。

f.在事故发生后,现场工人的行动步骤、撤离程序等。

g.在事故发生后,事故现场外工人和其他人的行为规定。

⑤在存在危险设施的危险源内外,应制订事故现场的工人应采取的紧急补救措施。特别应包括在突发事故发生初期能采取的紧急措施,如紧急停车等。

⑥预案应包含召集在危险源其他部位或非现场的主要人员到达事故现场的规定。

⑦单位或企业应确保事故应急预案所需的人员和应急物资等能及时、迅速到达或供应。

⑧单位或企业应与事故应急服务机构评估可能发生的事故,并保证一旦事故发生以后有足够的人员和应急物资以执行应急预案。

⑨在事故应急预案需要社会应急服务机构帮助的情况下,单位或企业应理清这些服务机构到现场开始进行抢救所需的时间,然后考虑在这个时间内工人能否抑制事故的进一步发展;

⑩事故应急预案应充分考虑一些可能发生的意外情况,如有工人生病、节日和危险设施停止运行期间工人不在岗位时,应配备足够的人员以预防和处理事故发生。

(8)形成应急预案体系:应急预案要形成完整的文件体系,以使其作用得到充分发挥,成为应急行动的有效工具。建专委、各级交通运输主管部门以及项目法人单位、建设指挥部、施工、监理单位的应急预案应相互联动,上级预案指导下级预案,下级预案与上级预案有效衔接;建设工程项目的综合应急预案、专项应急预案和现场处置方案应逐步增强应急工作的针对性和可操作性,形成完善的应急预案体系,实现"横向到边,纵向到底"。

(9)对预案进行评估:预案编制出来后,要通过演练,收集同类事故发生的原因和经验教训,检验预案每一方面的实效性,便于预案的进一步修改、补充和更新。

(10)预案完善:要定期对应急预案进行维护,根据演练、检测结果完善应急计划。

(11)预案的评审与修订:预案应经单位各级管理人员、应急管理人员和应急响应人员充分讨论和修订、评审。

(12)预案的发布实施:预案经批准后实施生效。但预案实施不仅指在紧急情况时的执行,还应将预案融入单位的整体活动中,包括预案的培训和演练等。

1.6 编制依据

1.6.1 相关法律、法规、标准

(1)《中华人民共和国突发事件应对法》(2007年11月1日施行)。

(2)《中华人民共和国安全生产法》(2002年11月1日施行)。

(3)《中华人民共和国公路法》(2004年8月28日施行)。
(4)《中华人民共和国建筑法》。
(5)《生产经营单位安全生产事故应急预案编制导则》(AQ/T 9002—2006)
(6)《建设工程安全生产管理条例》(2004年2月1日施行)。
(7)《生产安全事故报告和调查处理条例》(2007年6月1日施行)。
(8)交通运输部《公路水运工程安全生产监督管理办法》(2007年部长令第1号,2007年3月1日施行)。
(9)国家安全生产监督管理总局《生产安全事故应急预案管理办法》(2009年第17号令,2009年5月1日施行)。
(10)《关于加强重大工程安全质量保障措施的通知》(发改投资[2009]3183号,2009年12月14日)。
(11)《关于开展公路水运工程平安工地建设活动的通知》(交质监发[2010]132号,2010年03月12日)。
(12)《国务院关于特大安全事故行政责任追究的规定》(国务院令第302号,2001年4月21日)。
(13)《建筑施工企业安全生产许可证管理规定》(2004年2月日施行)。
(14)《危险性较大工程安全专项施工方案编制及专家论证审查办法》(建质[2004]213号,2004年12月1日)。
(15)《云南省二级公路安全管理与监督要点指导实施意见》(2010年2月1日)。
(16)《云南省公路建设工程"平安工地"活动实施方案》。
(17)《云南省公路建设工程安全生产费用管理暂行规定》。
(18)《云南省公路建设开工安全生产条件审查规定》(2008年9月1日施行)。
(19)《云南省公路建设施工现场安全生产条件监督检查评价办法》(2008年9月1日施行)。
(20)《云南省建设项目施工安全信用评价办法》(2008年9月1日试行)。
(21)《云南省公路建设项目危险性较大的分部分项工程专项方案安全管理办法(试行)》。
(22)《云南省落实各级人民政府及其有关部门安全生产监督管理责任规定》。
(23)《云南省落实各级人民政府及其有关部门安全生产监督管理责任规定》(云政发[2008]187号,2008年9月18日)。
(24)《云南省落实生产经营单位安全生产主体责任规定》(云政发[2008]187号,2008年9月18日)。
(25)《云南省生产安全事故报告和调查处理规定》(云南省人民政府政令第115号,2009年10月1日)。
(26)《云南省重大事故隐患管理暂行规定》。
(27)《云南省安全生产应急预案管理办法(暂行)》。

1.6.2 相关应急预案

(1)《国家突发公共事件总体应急预案》(2006年1月9日发布)。
(2)《国家安全生产事故灾难应急预案》(2006年1月23日发布)。

(3)交通运输部《公路交通突发事件应急预案》(2009年5月12日发布)。
(4)交通运输部《交通运输行业突发公共事件新闻宣传应急预案》(2009年2月17日发布)。
(5)交通运输部《公路水运工程安全生产事故应急预案》(2011年1月17日)。
(6)《云南省交通运输厅公路建设安全生产事故应急处理预案》。
(7)《云南省重特大自然灾害救助应急预案》(云政办发[2006]42号,2006年7月1日)。

1.6.3 事故分级

公路工程生产安全事故,是指在列入国家或地方基本建设计划的公路基础设施新建、改建、扩建、拆除和加固活动中发生的生产安全事故。根据《生产安全事故报告和调查处理条例》和《公路水运工程生产安全事故应急预案》,事故按照人员伤亡、涉险人数、经济损失等因素,一般分为四级:特别重大(Ⅰ级)事故、重大(Ⅱ级)事故、较大(Ⅲ级)事故和一般(Ⅳ级)事故。事故等级确定标准见表3.1-1。

公路工程生产安全事故等级标准　　　　表3.1-1

事故级别	死亡失踪人数	涉险人数	重伤(或急性中毒)人数	经济损失(万元)
特别重大(Ⅰ级)	30人及以上	30人及以上	100人及以上	10000人及以上
重大(Ⅱ级)	10~29人	10~29人	50~99人	5000~10000人
较大(Ⅲ级)	3~9人	3~9人	10~49人	1000~5000人
一般(Ⅳ级)	1~2人	1~2人	1~9人	1000人以下

1.7 组织体系及职责

1.7.1 建专委应急工作职责

(1)根据交通运输部和云南省交通运输厅安委会应急工作制度和办法,建立应急组织体系和应急保障制度,制订云南省公路建设工程生产安全事故应急预案。

(2)在接到较大及以上生产安全事故报告后,迅速派出应急领导小组赶赴现场实地指导、督办。

(3)及时了解掌握事故动态,向云南省交通运输厅安委会和交通运输部报告(受厅委托)事故情况。

(4)传达云南省交通运输厅、云南省交通运输厅安委会等上级部门的指示;参与较大及以上安全生产事故的调查处理。

(5)收集并保存应急救援及事故调查分析专家名单及联系方式。

1.7.2 各州(市)交通主管部门应急工作职责

(1)根据同级州(市)人民政府和云南省交通运输厅应急工作制度和办法,建立应急组织体系和应急保障制度,制订本市公路建设工程生产安全事故应急预案。

(2)在接到事故报告后,迅速派出应急领导小组赶赴现场,协助安监、公安、消防、卫生等部门指挥、协调本市公路建设工程生产安全事故应急救援工作。

(3)及时了解、掌握事故动态,向同级市人民政府和云南省交通运输厅、建专委报告事故情况;参与事故的调查处理。

(4)组织开展事故应急技术研究和应急知识宣传教育等工作。

1.7.3 各县(市、区)交通主管部门应急工作职责

(1)根据同级人民政府和云南省交通运输厅应急工作制度和办法,建立应急组织体系和应急保障制度,制订本地区公路建设工程生产安全事故应急预案。

(2)在接到事故报告后,迅速赶赴现场,协助安监、公安、消防、卫生等部门指挥、协调本地区公路建设工程生产安全事故应急救援工作。

(3)及时了解、掌握事故动态,向同级县(市、区)人民政府和市交通主管部门、州市公路安全监督机构报告事故情况。

(4)参与事故的调查处理。

(5)组织开展事故应急技术研究和应急知识宣传教育等工作。

1.7.4 项目法人单位、建设指挥部、施工、监理单位应急管理职责

(1)项目法人单位

①根据国家有关法律法规和本单位所管辖的建设项目情况制订生产安全事故应急预案。

②定期组织应急救援演练。

③审查建设指挥部针对建设项目编制的应急预案。

④监督项目开展应急救援演练。

⑤将所属项目年度应急工作资金列入预算,并监督使用;组织开展事故应急知识培训和宣传工作。

⑥发生生产安全事故后,及时组织、协调、配合交通、安监、公安、消防、卫生等部门开展生产安全事故现场应急救援工作,控制事故的蔓延和扩大。

⑦按规定及时向交通运输主管部门和公路安全监督部门报告事故情况,配合事故调查、分析和处理工作。

(2)建设指挥部

①根据国家有关法律法规和当地交通运输主管部门指定的应急预案,制订本项目生产安全事故应急预案,审查施工单位的生产安全事故应急预案和应急抢险救援预案。

②建立本项目应急救援组织,配备必要的应急救援物资、设备,并定期组织应急救援演练。

③编制本项目年度应急工作资金预算,具备在紧急情况时调用的能力。

④组织开展事故应急知识培训和宣传工作;负责联络气象、水利、地质等相关部门,为施工单位提供预测信息。

⑤对施工、监理单位的应急工作进行日常监督检查。

⑥发生生产安全事故后,及时组织、协调、落实各参建单位用于应急抢险救援的物资、设备、人员,配合交通运输、安监、公安、消防、卫生等部门开展生产安全事故现场应急救援工作,控制事故的蔓延和扩大。

⑦按规定及时向交通运输主管部门和安全监督部门报告事故情况,配合事故调查、分析和处理工作,开展应急总结及组织恢复重建工作。

(3)施工单位

①根据国家有关法律法规和建设单位制订的本项目应急预案(包括现场处置方案),认真分析施工作业环境危害因素,充分考虑各类自然灾害影响,因地制宜地制订有针对性和时效性的本合同段生产安全事故综合应急预案。

②对本合同段内的危险性较大工程以及存在危险的作业区(易发生山体崩塌、滑坡、泥石流,存在有害气体突出的施工环境)编制专项安全施工方案,开展施工安全风险评估,按规定编制专项应急预案。向操作人员进行专项方案的宣贯和交底工作,对准备进入上述作业区的操作人员进行风险告知。

③结合工程特点建立本合同段应急救援组织和救援小分队(按专业分工,可以在已有队伍中选择专业技术熟练的兼职队伍培训,建立比较固定的,可以随时调遣的救援分队);针对重大危险源和危险性较大工程所编写的专项应急预案应急组织体系中,应明确专业的重大危险源风险评估人员和专业技术负责人。

④编制应急处理措施方案,配备必要的应急救援物资、设备,并每年不少于两次定期组织应急救援演练。

⑤编制本合同段年度应急工作资金预算。

⑥对本合同段施工人员进行安全生产培训、教育;组织开展事故应急知识培训、教育和宣传工作。

⑦对施工过程中重大生产安全技术问题组织专家进行专项研究。

⑧当发生安全生产事故后,第一时间组织开展事故现场应急救援工作,进行自救互救并保护事故现场;相邻合同段施工单位应在建设单位的统一指挥下,积极参与现场互救,并采取措施加强本合同段安全防范。

⑨按规定及时向建设单位、监理单位、当地政府安监部门和交通主管部门报告事故情况,需紧急救援时,同时向当地公安、消防、卫生部门报告。

⑩及时编写具体的生产安全事故应急抢险救援方案。

⑪配合事故调查、分析和处理工作。

(4)监理单位

①根据建设单位制订的本项目生产安全事故应急预案,建立本单位在该项目的应急救援组织,明确应急救援责任人,明确相应的工作程序、内容,配备必要的应急救援设备、物资。

②对现场监理人员进行安全教育,配备必要的安全防护用品。

③配合建设单位审查施工单位的应急预案(包括现场处置方案)和应急抢险救援方案,审查、监督安全专项施工方案或安全技术措施的落实。

④对危险性较大的分部分项工程进行重点巡查,对发现的安全事故隐患及时责令改正。

⑤严格进行安全防护措施和应急措施的月度计量支付管理;审核项目安全生产专项费用使用情况,检查施工单位应急救援物资、设备的到位以及应急知识培训情况。

⑥参加建设单位和施工单位组织的应急演练。

⑦参加生产安全事故现场应急救援工作。

⑧按规定及时向建设单位报告事故情况。

⑨配合事故调查、分析和处理工作。

1.7.5 公路工程安全生产监督管理部门应急工作职责

(1)建立公路工程安全生产应急管理机制,制订重大生产安全事故应急预案。

(2)在接到事故报告后,迅速派出应急领导小组赶赴现场,组织、协调公安、消防、卫生等部门指挥、协调本市公路建设工程生产安全事故应急救援工作。

(3)组织或者参与调查处理生产安全事故,按照职责权限对公路工程生产安全事故进行统计分析,发布公路工程安全生产动态信息。

(4)负责向上一级交通运输主管部门报送事故信息。

2 应急预案分类

2.1 综合应急预案

综合应急预案是从总体上阐述事故的应急方针、政策,应急组织结构及相关应急职责,应急行动、措施和保障等基本要求和程序,是应对各类事故的综合性文件。

建专委、各级交通运输主管部门、项目法人单位、建设指挥部、监理单位、施工单位均应编制公路建设工程生产安全事故应急预案。各单位需编制的应急预案清单见附录8。

2.2 专项应急预案

专项应急预案是针对具体的事故类别(如高瓦斯隧道爆炸事故)、危险源和应急保障而制订的计划或方案,是综合应急预案的组成部分,应按照应急预案的程序和要求组织制订,可作为综合应急预案的附件。专项应急预案应制订明确的救援程序和具体的应急措施。

施工单位应对本项目所涉及的危险性较大专项工程编制专项应急预案。对于一般工程中的多发性事故,可根据情况编制专项应急预案,专项应急预案示例见附录9、附录10。

2.3 现场处置方案

现场处置方案是针对具体的装置、场所或设施、岗位所制订的应急处置措施。现场处置方案应具体、简单、针对性强。现场处置方案应根据风险评估及危险性控制措施逐一编制,做到事故相关人员应知应会,熟练掌握,并通过应急演练,做到迅速反应、正确处置。

施工单位对每个重大危险源都应该编制一个现场处置方案,现场处置方案示例见附录11。

2.4 应急预案的主要内容

综合应急预案、专项应急预案、现场处置方案的主要内容见表3.2-1,各安全管理主体需要编制的应急预案清单见附录14。

应急预案的主要内容　　　　　　表3.2-1

	综合应急预案	专项应急预案	现场处置方案
主要内容	1 总则 1.1 编制目的 1.2 编制依据 1.3 适用范围	1 总则* 1.1 编制目的* 1.2 编制依据* 1.3 适用范围*	1 事故特征 2 应急组织与职责 3 应急处置 4 注意事项

续上表

	综合应急预案	专项应急预案	现场处置方案
主要内容	1.4 应急预案体系 1.5 应急工作原则 2 危险性分析 2.1 项目概况 2.2 危险源与风险分析 3 组织机构及职责 3.1 应急组织体系 3.2 应急组织体系框图 3.3 指挥机构及职责 4 预防与预警 4.1 危险源监控 4.2 预警行动 4.3 信息报告与处置 5 应急响应 5.1 响应分级 5.2 响应程序 5.3 应急结束 6 信息发布 7 后期处置 8 保障措施 8.1 通信与信息保障 8.2 应急队伍保障 8.3 应急物资装备保障 8.4 经费保障 8.5 其他保障 9 培训与演练 9.1 培训 9.2 演练 10 奖惩 11 附则 11.1 应急预案备案 11.2 维护和更新 11.3 制订与解释 11.4 应急预案实施 12 附件:专项应急预案	2 事故类型和危害程度分析 3 应急处置基本原则 4 组织机构及职责 4.1 应急组织体系 4.2 指挥机构及职责 5 预防与预警 5.1 危险源监控 5.2 预警行动 6 信息报告程序 7 应急处置 7.1 响应分级 7.2 响应程序 7.3 处置措施 8 应急物资与装备保障 9 应急结束* 10 应急恢复* 11 检查与更新* 12 发布与实施*	

注:如专项应急预案作为综合应急预案的附件,标记*的内容在综合应急预案中已经明确,专项应急预案中可省略。

3 危险源辨识与分析

3.1 危险源辨识

防止重大事故发生的第一步,是辨识或确认高危险性的设施。由政府主管部门和权威机构(安全评价机构、施工单位、监理单位、建设单位)在充分认识公路建设作业危险性的基础上,制订出危险物质、设备设施、作业环境以及施工作业的危险临界量标准。通过此标准,可以确定哪些是可能发生事故的潜在危险源。

公路施工现场的危险源辨识应根据工程施工类型、特点、规模及自身管理水平等,根据现行的国家法律法规、国家标准、行业规范、操作规程及以往的事故案例,识别出工程施工各个阶段、部位和场所所需控制的危险源。可以从四个方面对作业活动中存在的危险源进行辨识。一是客观存在的危险源;二是伴随作业活动而产生的危险源;三是伴随机械设备缺陷而产生的危险源;四是特殊气候条件下产生的危险源。在进行危险源辨识时,应从人、机、物料、方法、环境等几方面因素分别去考虑。通过对公路施工现场进行危险源辨识,确定公路施工企业重大危险源有土方坍塌、脚手架搭设、拆除、漏电保护器失灵、塔吊安装、拆除、违章作业等;搅拌机的维修;车辆违章驾驶;高处坠落、物体打击、机械伤害、触电等。公路建设项目中涉及危险化学品储存的,要分析物质的危险性,可从生产厂家附带的危险物质说明书中获得危险物质的特性,以便于安全储存管理和完善事故应急预案。

施工单位在明确了危险源、重要环境因素和可能发生的各类安全生产事故的基础上,应编制各项专项应急预案以及现场处置方案。

3.2 危险性较大专项工程

3.2.1 爆破工程

(1)采用爆破拆除的工程。
(2)码头、桥梁、高架、烟囱、水塔或拆除中容易引起有毒有害气(液)体或粉尘扩散、易燃易爆事故发生的特殊建、构筑物的拆除工程。
(3)可能影响行人、交通、电力设施、通信设施或其他建、构筑物安全的拆除工程。
(4)文物保护建筑、优秀历史建筑或历史文化风貌区控制范围的拆除工程。
爆破工程施工中可能出现的危险源:
爆破组织方案不全或缺少,爆破作业环境存在危险,爆破作业人员无证上岗,未设置有效的爆破危险区边界,未设置警示标志,爆破现场通信联络不畅通,爆破后检查等待时间不满足规定时间要求,盲炮未按爆破安全规程要求处理,药量计算不准确,爆破器材的运输、保管和使用不符合爆破安全规程的规定。

3.2.2 高边坡工程

边坡高度不小于15m的高边坡。

高边坡工程施工中可能出现的危险源:勘察设计单位未对规范要求的高边坡稳定性进行调查,施工单位未对脚手架进行安全验算,作业人员未带必要安全护具,开挖与装运工作面在一起,弃土下方和有滚石危及范围内的道路未设警告标志,坡面存在危石未清理,未定期对开挖边坡稳定性进行监测,高边坡作业车辆距离边坡边缘过近,作业车辆制动装置不完好和没有定期检查,作业车辆操作人员无证上岗,喷锚防护作业人员防护、支撑设施不到位,锚杆施工下方未设置安全区域和警示标志。

3.2.3 基础开挖工程

(1)开挖深度超过3m(含3m)的基坑开挖工程。

(2)开挖深度虽未超过3m,但地质条件、周围环境和地下管线复杂,或影响毗邻建筑(构筑)物安全的基坑(槽)的土方开挖、支护、降水工程。

(3)不良地质条件下有潜在危险性的土方、石方开挖。

基础开挖工程施工中可能出现的危险源:

开挖前对埋设地下的管线调查不清楚导致管线被挖断损坏,支护方案缺乏或不符合要求,未定期对支撑、边坡进行监控、测量,坑壁支护不符合要求,排水措施缺乏或不当,积土料或机械设备堆放导致坑边荷载超载,人员上下通道缺乏或不合理,基坑作业环境不符合要求或缺乏垂直作业上下隔离防护措施,基坑周围未设置围栏、安全警告警示标志,作业人员在基坑内休息,用于照明、抽水的电源漏电。

3.2.4 桥梁工程

大于5~6m深水基础及围堰工程;人工挖孔作业施工;支架与模板现浇混凝土工程;支撑高度超过8m,或搭设跨度超过18m,或施工总荷载大于15kN/m²,或集中线荷载大于20kN/m的模板支撑系统支架与模板现浇混凝土工程;单跨大于100m的大桥、特大桥悬臂挂篮施工工程;桥梁预制梁板吊装、预制梁板厂或构件加工厂吊装;桥梁工程中的梁、拱、柱等构件施工等;钢构桥、拱桥、斜拉桥等大桥、特大桥施工;使用自制拼装起重作业;单跨大于100m′的大桥、特大桥无支架吊装及门架缆绳吊装;水上工程中的打桩船作业、施工船作业、边通航边施工作业等;水下工程中的水下焊接、混凝土浇筑、爆破工程等。

桥梁工程施工中可能出现的危险源:

(1)桥梁基桩施工:挖孔前施工未对地质、水文条件进行分析,挖孔孔壁支护方案未经计算、报批并满足安全要求,挖孔过程中未经常检查孔内气体情况,挖孔遇岩层需爆破时未专门设计并采取必要安全措施,孔内爆破后间隔时间不够或未经检验是否存在有害气体直接下井施工,人工挖孔超过10m时未采用机械通风,挖孔孔口未设置隔离措施、附近未设置警告警示标志。

(2)桥梁立柱、盖梁施工：登高作业人员未经培训、身体不适或未佩戴安全护具；风力6级以上（含6级）、高温、大雨、大雪、大雾等恶劣天气进行露天高处作业；恶劣天气结束后未检查支护结构继续施工，脚手架连接、支垫不符合规范要求，模板、支架未按规范要求时间拆除，混凝土浇筑前和期间未检查模板、支架、钢筋和预埋件的稳固情况，使用泵送混凝土时导管附近和出口处站人，泵送混凝土导管排架不稳定，模板吊装前未检查液压系统工作是否正常，钢筋笼吊装前未搭建脚手架及作业平台并设置安全网。

(3)梁板制作与安装：施加预应力所用的机具及仪表未设专人使用、管理、维修、校验，钢筋弯曲机、钢筋切断机、电焊机操作和使用不当，氧气瓶和乙炔瓶存放不当，电工接近高压线时未保证安全距离，塔吊和龙门吊架未设置避雷装置，供电系统未作接零或接地保护，室外使用的开关、插座未外装防水箱、未加锁、未在操作处加设绝缘垫层，拱圈封拱合龙时的温度、砂浆强度和封拱方法未严格执行设计和规范规定，大跨径拱桥的拱上结构未严格按照设计加载程序进行，就地浇筑钢筋混凝土拱圈和卸落拱架未随时观测结构变化情况，采用多层作业或桥下通车、行人等立体施工时未布设安全网，吊装时遇6级（含6级以上）大风仍然进行作业，吊装大型模板时联络信号不明确，拆模时周围未设警示标志及专人看管。

3.2.5 隧道工程

非常见不良地质隧道、高瓦斯隧道、水底海底隧道施工；常见的不良地质隧道；各类围岩条件隧道开挖施工；隧道衬砌台车，凿岩台架作业等。

隧道工程施工中可能出现的危险源：工作人员进洞前未佩戴必要安全护具，未落实人员出入登记制度，未制订通风、照明、防尘、降温、防水、防止有害气体措施，洞口采用深眼大爆破开挖边（仰）坡，全断面或台阶开挖时采用火花起爆周边眼，爆破时人员未撤离至安全地点，爆破后有害气体未排出人员进入，施工支护未配合开挖及时施作，未根据地质、水文情况制订防排水方案，未经常观察围岩和地下水变异情况，未观察地形、地貌变化情况，未在瓦斯溢出地段制订瓦斯稀释措施、防爆措施、紧急救援措施，钻眼、凿岩设备未及时检查、维护和操作不当，洞内车辆行驶速度和间距不符合要求，爆破器材存放、加工不符合规程要求。

3.2.6 脚手架工程

搭设高度24m及以上的落地式钢管脚手架工程。

脚手架工程施工中可能出现的危险源：钢管脚手架未使用扣件连接，立杆底端无立杆支座，脚手板未满铺和绑牢，脚手架未设置栏杆，敷设的安全设施未经常检查，有坡度的脚手板未设置防滑条，悬挂吊篮的钢丝绳、卡子、保险绳不符合规程要求，脚手架随着高度增加未设置缆风绳，缆风绳地锚周围未设置围栏，拆除脚手架时未设置警示和护栏，拆除脚手架上下双层作业或随意抛掷。

3.2.7 起重吊装工程

采用非常规起重设备、方法，且单件起吊重量在100kN及以上的起重吊装工程；起吊重量300kN及以上的起重设备安装工程；高度200m及以上内爬起重设备的拆除工程。

起重吊装工程施工中可能出现的危险源：起吊前未检查各部件可靠性和安全性，起吊前未进行试吊,起重器具超负荷使用,作业中停电或遇到其他特殊情况仍将重物悬吊空中,轮式或履带式起重机作业地面不平整、支脚支垫不牢靠,作业中悬吊重物行走,雨天时制动带打滑仍然作业,作业时距输电线路距离不满足规范要求,吊装完毕后制动器未制动、操纵杆未空档,龙门架吊起重物水平移动时重物高度距可能遇到的障碍物间距小于0.5m,龙门架行走时两侧牵引卷扬机未同时、同速启动和运行。

3.2.8 与铁路、公路交叉工程

与铁路、公路交叉工程可能出现的危险源:与铁路交叉处未设专人管理,未设置信号装置和落杆,采用多层作业或桥下通车、行人等立体施工时未布设安全网、未设置防护设施、未设岗哨进行监控管理,施工前未与铁路或其他有关部门协商有关事宜和签订安全协议,跨越铁路、公路时在列车或汽车通过的情况下进行吊梁安装作业。

3.2.9 其他

滑坡病害地质处治工程;拆除风险较高、影响较大的大型结构物工程;采用新技术、新工艺、新材料、新设备及尚无相关技术标准的危险性较大分部分项工程。

3.3 事故类型和危险程度分析

在专项应急预案中需要对具体的事故类型和危险源进行危险程度分析。

(1)施工单位应根据承担项目的客观实际情况分析本项目存在的危险源及危险程度。

(2)客观分析危险源可能引发的事故诱因,影响范围及事故后果。如必要,可评估事故发生后所造成的事故严重性。

4 预防和预警

4.1 危险源监控

4.1.1 重大危险源监控

施工单位对工程项目施工安全重大危险源应当编制详细的名录,经自审和工程监理单位、建设单位审查确认后,由建设单位作为工程施工许可安全生产的措施材料一并报送交通行政主管部门。

施工方案因施工图设计变更或施工条件影响发生变动的,施工单位应将施工方案变动后增加的重大危险源及时补充和完善,并经自审和工程监理单位、建设单位审查确认后由建设单位报送交通行政主管部门。

施工单位应当对工程项目的施工安全重大危险源在施工现场显要位置予以公示,公示内容应当包括施工安全重大危险源名录、可能导致发生事故类别、注意事项及保障措施。在每一施工安全重大危险源处醒目位置悬挂警示标志。

施工单位应当建立工程项目施工安全重大危险源的管理台账,建立健全重大危险源的控制与管理制度,管理台账和制度报告工程监理单位和建设单位备案。

施工单位应对危险性较大的专项工程编制专项工程施工方案,并附具安全验算结果。经施工单位技术负责人、总监理工程师签字后实施,由专职安全生产管理人员进行现场监督。专项工程施工安全方案应符合《危险性较大工程安全专项施工方案编制及专家论证审查办法》(建质[2004]213号)以及《云南省公路建设项目危险性较大的分部分项工程专项方案安全管理办法(试行)》的要求,专项工程施工安全方案编制应当包括以下内容:

(1)工程概况:危险性较大的分部分项工程概况、施工平面布置、施工要求和技术保证条件。

(2)编制依据:相关法律、法规、规范性文件、标准、规范及图纸(国标图集)、施工组织设计等。

(3)施工计划:包括施工进度计划、材料与设备计划。

(4)施工工艺技术:技术参数、工艺流程、施工方法、检查验收等。

(5)施工安全保障措施:组织保障、技术措施、应急预案、监测监控等。

(6)劳动力计划:专职安全生产管理人员、特种作业人员等。

(7)计算书及相关图纸。

4.1.2 一般危险源监控

施工单位应在开工前编制施工组织设计或专项施工方案,制订出防控措施并严格执行审批程序。

施工单位应对危险源进行辨识和登记,掌握危险源的数量和分布状况,实施相应的预防控制措施。

施工单位应制订和实行施工现场大型施工机械安装、运行、拆卸的检验检测、维护保养、验收制度。

项目建设单位、监理单位和施工单位应加强现场巡查,对危险源防控措施进行监控,对存在的隐患和问题,施工单位应进行认真整改。

4.2 预警行动

4.2.1 预警信息

预测预警是对自然灾害(冰雹、暴雨、雪等恶劣气象以及地震、山体崩塌、滑坡、泥石流等不良地质灾害)、施工管理以及其他可能导致生产区安全事故发生的信息进行风险分析,推测可能造成生产安全事故的风险程度,发布预警信息。

预警信息主要对加强公路建设安全生产工作,避免事故发生提前进行警示,有针对性地作出符合实际的安全生产工作部署,提示各施工项目认真分析和查找安全生产薄弱环节,深刻吸取已发生事故的教训,总结经验,确保安全。

自然灾害预警由当地人民政府委托专业机构组织实施和发布,建专委各成员单位和涉及单位在接到自然灾害预警信息后,应及时转发给各建设单位,并督促建设单位做好各项准备工作。建设单位在接到自然灾害预警信息后,应及时发布给各施工、监理等单位,并督促施工、建设等单位做好各项准备工作。其他预警由建设、施工、监理单位根据工程危险源分析和重大危险性工程施工方案论证情况作出相应预警,各单位所发布的预警信息应同时通报所涉及的建设、施工、监理等单位。

预警信息主要内容包括建设工程施工突发事故的类别、预警级别、起始时间、可能影响范围、警示事项、应采取的措施和发布机关等。

4.2.2 预警的发布和解除

应明确各级预警的批准发布和解除的具体负责人,负责人批准后方可实施。发布和解除形式可以选择召开会议、下发文件等方式。

4.2.3 预警响应和预警行动

建专委成员单位和涉及单位根据得到的自然灾害预警信息,及时向所辖范围内的建设单位发布预警信息。建设单位负责组织施工、监理等单位根据预警信息采取相应措施进行预防。施工单位应结合工程特点,调整施工计划,提前进行必要的人员培训和预案演练,增设必要的安全防护措施,做好各项预防工作;在可能危及人身安全时,作业人员应停止作业或者在采取必要的应急措施后撤离危险区域。监理单位应给予相应的指导和监督。

在日常施工管理中,施工单位要结合施工条件,认真分析工程特点,对危险源进行识别、分析、评价或控制,必须摸清重大危险源的确切情况,并加以跟踪、监测、监控和预警,变事故处理为事故预防,随时发现隐患,随时排除,把事故消灭在萌芽状态,掌握企业安全管理的主动权,实现保障安全的目的。

接到预警信息后,各级单位和部门应根据预警级别和性质,坚持领导带班、专人值班、加强巡查,关注施工现场重大危险源动态,发现问题及时处置、及时报告。各有关单位与事故应急指挥部门应保持联系,必要时停止施工作业,做好抢险救援的各项准备工作。

4.3 信息报告和处置

4.3.1 报告原则

事故发生现场有关单位负责人应遵循"及时、准确、完整"的原则,在规定的时间内上报公路建设工程生产区安全事故情况。

4.3.2 报告程序

发生公路建设工程生产区安全事故后,事故发生单位(实行工程总承包的公路工程项目,由总承包单位负责)应当及时启动本单位应急预案,于30min内向建设单位快报(需紧急救援时,同时向当地公安、消防、卫生部门快报);1h内按照事故报告的内容和要求,将所发生的事故情况进行报告。

当情况紧急或有新的情况发生,应随时将事故详情进行补报或续报。事故初步原因必须在12h内进行续报。建设单位应当在接到事故报告后及时启动应急预案,于30min内按规定向事故发生地县(市、区)、州人民政府和相关部门报告,并根据项目归属按以下程序报告上级部门。

属州(市)交通运输主管部门负责建设或监督的项目,在报送事故地县(市、区)、州人民政府和相关部门的同时,报县(市、区)、州交通运输主管部门和该项目的公路建设安全监督机构,再由州(市)交通运输主管部门或该项目的公路建设安全监督机构报到建专委办公室。

属云南省公路开发投资公司和云南省公路局负责建设、监督的项目,在报送事故地县(市、区)、州人民政府和相关部门的同时,报送到云南省公路开发投资公司和云南省公路局安全监管部门,再由云南省公路开发投资公司和云南省公路局安全监督机构上报到建专委办公室。

属BOT、BT等融资且由云南省交通运输厅直接监管的建设项目,在报送事故地县(市、区)、州人民政府和相关部门的同时,由项目法人单位上报到监督机构和建专委办公室。

云南省交通运输厅建专委应急联络员在接到事故报告后,立即上报建专委领导,在1h内向云南省交通运输厅或安委会、交通运输部质监局快报。根据事故的严重程度决定是否启动本预案。当情况紧急或有新的情况发生,随时将有关信息报送云南省交通运输厅安委会。

4.3.3 报告内容

(1)事故发生的时间、地点、工程项目名称、事故类别、人员伤亡情况、预估的直接经济损失。

(2)事故中的建设、勘查、设计、施工、监理等单位名称、资质等级情况,施工单位安全生产许可证号发证机构,施工单位"三类人员"的姓名及岗位证书情况,监理单位有关人员的姓名及职业资格等情况。

(3)项目基本概况。

(4)事故的简要经过,紧急抢险救援情况,事故原因的初步分析。

(5)采取的措施及事故控制情况,需要有关部门和单位协助事故抢救与处理的有关事宜。

(6)事故报告单位、签发人及报告时间。

5 应急响应

5.1 响应分级

根据《公路水运工程生产安全事故应急预案》的规定,公路工程生产安全事故应急响应分为Ⅰ、Ⅱ、Ⅲ、Ⅳ四级,具体等级划分情况见表3.5-1。

事 故 响 应 级 别　　　　　　　　　　　表3.5-1

响应级别	对应的自然灾害类预警级别	事故发生后可能后果
Ⅰ级	Ⅰ级	死亡(失踪)30人及以上; 涉险30人及以上; 可能造成100人及以上重伤(或急性中毒); 经济损失达10 000万元及以上
Ⅱ级	Ⅱ级	死亡(失踪)10~29人; 涉险10~29人; 可能造成50~99人重伤(或急性中毒); 经济损失达5 000万~10 000万元之间
Ⅲ级	Ⅲ级	死亡(失踪)3~9人; 涉险3~9人; 可能造成10~49人重伤(或急性中毒); 经济损失达1 000万~5 000万元之间
Ⅳ级	Ⅳ级	死亡(失踪)1~2人; 涉险1~2人; 可能造成1~9人重伤(或急性中毒); 经济损失达1 000万元以下

交通运输部负责Ⅰ级应急响应的启动和实施,事发地省级交通运输主管部门及事发项目参建单位予以配合。

地方交通运输主管部门按照相关要求,分级负责Ⅱ、Ⅲ、Ⅳ级应急响应,具体的响应程序由地方交通运输主管部门参照Ⅰ级应急响应程序,结合本地区实际自行确定。各级交通运输主管部门应急管理机构在启动和实施本级应急响应的同时,应将应急响应情况报送上一级交通运输主管部门。应急领导小组办公室应密切关注事态发展,做好应急准备;并根据事态进展,如需要,按有关规定报告国务院。超出其应急处置能力时,报请上一级交通运输主管部门,启动上一级应急预案实施救援。

5.2 响应程序

5.2.1 组建现场应急工作领导小组

根据《云南省交通运输厅公路建设安全生产事故应急处理预案》的要求,发生较大及以上的伤亡事故、重大事故险情或其他紧急情况时,应自动启动《云南省交通运输厅公路建设安全生产事故应急处理预案》。

按照分工,发生一次死亡3~5人、一次受伤10~20人的事故或险情,由建专委应急领导小组副组长带队赶赴现场组成建专委现场应急工作领导小组。其中,公路开发投资公司所管辖的项目由其公司的建专委应急领导小组的副组长带队并组建建专委现场应急工作领导小组;属公路局所管辖的项目由设在公路局的建专委应急领导小组的副组长带队并组建建专委现场应急工作领导小组;属州(市)交通运输局管辖的项目由各州(市)交通运输局局长带队,并组建现场应急工作领导小组。根据现场的特殊情况或新出现的情况,现场应急工作领导小组应及时向建专委常务副主任或主任报告,必要时,建专委应排除专家组给予技术支援和其他应急资源。

发生一次死亡5人以上、一次受伤20人以上和涉险10人以上的事故或险情,由建专委应急领导小组或副组长带队赶赴现场组成建专委现场应急工作领导小组。党中央、国务院、交通运输部、省委省政府领导同志批示的事故或险情,按照批示要求由建专委应急领导小组组长或副组长带队组建现场应急工作领导小组。

项目法人单位、建设单位、施工单位应急预案的应急响应,应参照《云南省交通运输厅公路建设安全生产事故应急处理预案》制订适合本单位或项目的相应程序,组建现场应急工作领导小组。

5.2.2 应急响应

应急响应的过程为接警、警情判断、应急启动、应急指挥、应急行动、资源调配、应急避险、事态控制、扩大应急、应急终止和后期处置等。

施工现场突发事故发生后,由现场应急总指挥根据事故情况,确定响应级别,应急响应程序见图3.5-1。

5.2.3 现场处理

根据《云南省交通运输厅公路建设安全生产事故应急处理预案》的要求,发生事故的建设指挥部或项目法人单位,立即启动应急预案。迅速赶赴事故现场,在当地任命政府和现场应急处理指挥部的统一领导指挥下,按照应急预案中的职责分工,协助公安、消防、卫生等部门做好抢险救援工作,参与事故的调查处理,及时向当地人民政府和上级交通运输主管部门续报有关情况。

建设、施工、监理等单位应立即启动本项目或本单位的应急救援预案。在公安、消防、卫生等专业抢险力量到达现场前,全力开展事故抢险救援工作,采取有效措施抢救人员和财产,防止事故扩大。同时协助有关部门保护现场,维持现场秩序,妥善保管有关物证,配合有关部门收集整理和事故调查。因抢救人员、疏导交通等原因,需要移动现场物件时,应当作出标志,绘制现场简图并作出书面记录,妥善保存现场重要痕迹、物证,并应采取拍照或者录像等直录方式反映现场状况。在执行所有应急处理响应工作时,应急人员应采取安全防护措施,确保自身安全。

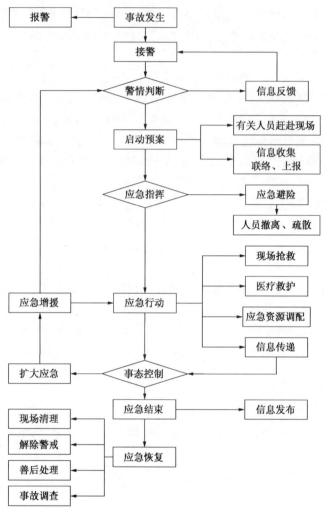

图 3.5-1 应急响应程序

5.3 应急终止

应急行动的终止应具备以下条件:

(1)当遇险人员全部获救,事故现场得到控制,事故现场隐患得到消除,现场抢险工作结束。

(2)受伤人员得到妥善医疗,紧急疏散人员得到妥善安置。

(3)无疫情发生或疫情得到有效控制,环境符合有关标准。

(4)导致社会不稳定的因素已经得到优先控制。

应急预案中应明确规定解除应急状态或结束应急行动的程序、机构或人员,并注意区别现场抢救活动的结束。应急终止程序如下:

(1)由现场应急处理指挥部指挥长召集有关人员会议,进行认真分析,将事故现场情况书面向建专委应急工作领导小组报告。

(2)云南省交通运输厅建专委应急工作领导小组接到报告后,立即召开会议,做出是否终止预案的决定,并向现场应急处理指挥部下达相关的处置命令,同时报云南省交通运输厅安委会。

(3)救援工作结束后,由现场应急处理指挥部在24h内提交现场救援局面报告报送云南省交通运输厅建专委应急工作领导小组。

应急结束后,应将事故情况上报,向事故调查处理小组移交所需有关情况及文件,写出事故应急工作总结报告。报告内容应包括:

(1)事故或险情发生及抢险救援经过。

(2)事故原因。

(3)事故造成的后果,包括伤亡情况及直接经济损失等。

(4)预防事故采取的措施。

(5)应急预案效果及评估情况。

(6)应吸取的经验教训以及对事故责任单位及责任人的处理情况(事故责任单位及责任人的处理待调查结束后)等。

6 信息发布及后期处置

6.1 信息发布

明确事故信息和新闻发布原则、内容、规范性格式和机构,以及审查、发布等程序。公路建设工程生产安全事故的信息和新闻发布,由负责组织处置事故的地方人民政府实行集中、统一管理,确保信息正确、及时传递,并根据国家有关法律法规、规定向社会公布。交通运输主管部门相关职责参照交通运输部《交通运输行业突发公共事件新闻宣传应急预案》规定执行。

6.2 后期处置

6.2.1 善后处置

发生事故项目的建专委相关成员单位或涉及单位在应急救援工作结束后,要继续负责做好善后处理工作,其他相关单位应积极配合。主要善后处置工作包括对事故受伤人员的后期医疗处理,明确人员安置、补偿,物资和劳务的征用补偿,灾后重建、污染物收集、清理与处理程序,协调医疗结构做好疫情和环境监测、手机与处置工作,此外还应检查事故预防对策措施,切实保证安全技术、管理和培训三项措施的落实。

6.2.2 社会救助

依据相关规定,对因事故造成生活困难、需要社会救助的人员,做好相关救助工作。明确社会、个人或国外机构的组织协调、捐赠资金和物资的管理与监督等事项。

6.2.3 保险

明确保险机构的工作程序和内容,包括应急救援人员保险和受灾人员保险。

6.2.4 事故调查报告和经验教训总结及改进建议

(1)按照《云南省交通厅安全生产事故调查暂行规定》进行事故调查,积极配合好事故调查组的调查工作。

(2)当安全生产事故应急处理工作结束后,各级领导组织机构应及时进行总结、分析、奖惩,总结成绩,找出和改进不足,按照"四不放过"原则进行事故处理,吸取教训,落实事故调查组在调查报告中提出的整改建议和措施。

6.2.5 安抚家属

对在事故中伤亡的人员及家属,按照国家有关规定进行安抚、抚恤及善后处理,各级交通运输主管部门以配合为主,做好相关人员的思想稳定工作,消除各种不利因素,确保社会稳定。

6.2.6 物资征用补偿

(1)公路工程生产安全事故物资征用由事发地人民政府负责,并按照国家有关规定进行补偿。

(2)对紧急调集、征用的有关单位及个人的物资在使用完毕或者应急工作结束后,应当及时返还。在调集、征用后被毁损、灭失的,应当按照规定给予补偿或补助。

7 保障措施

7.1 通信与信息保障

应建立通信系统维护及信息采集等制度,确保应急期间信息通畅。明确参与应急活动的所有部门通信方式,分级联系方式,并提供备用方案和通信录。

7.2 应急队伍保障

应急预案中应列出各类应急响应的人力资源,包括机关团体、企事业单位和志愿者队伍等。制订出先期处置队伍、第二处置队伍、增援队伍的组织与保障方案,以及应急能力保持方案等。

公路工程应急救援队伍采取"专兼结合、联动反应"的机制开展应急保障工作。建设单位应发挥施工单位的自我救助能力,充分了解本项目可调配的应急救援人力和物力,建立兼职的抢险救援队伍和救援设备力量。武警交通部队和公安、消防、矿山、应急抢险、医疗急救等队伍是社会专业抢险救援队伍,是项目救援的重要后备力量,应按照有关规定调动使用。

各级交通运输主管部门要组织好公路工程生产安全事故技术专家和应急管理力量:

(1)技术专家力量:主要由从事科研、勘察、设计、施工、监理、检测、监督、法律、安全等专业的技术专家组成,工作职责参照部技术专家组的职责要求,自行确定。

(2)应急管理力量:主要由各级交通运输主管部门的有关人员组成,接受并执行同级人民政府和上级交通运输主管部门的应急命令、指示,组织各有关单位对生产安全事故进行应急处置,与有关单位进行协调及信息交换和新闻发布。

项目建设单位需要组织好公路生产安全事故抢险救援力量和应急管理力量。

(1)抢险救援力量:主要由施工单位、当地医疗机构组织的人员组成,负责事发现场第一时间的抢险、人员救护,防止事故扩大。

(2)应急管理力量:主要由项目建设单位的管理人员组成,接受并执行各级人民政府和交通运输主管部门的应急命令、指示,组织各项目参建单位对生产安全事故进行应急处置,与有关单位进行协调及信息交换。

7.3 应急物资装备保障

应急物资装备保障包括物资调拨和组织生产方案。根据具体情况和需要,明确具体的物资储备、生产及加工能力储备、生产流程的技术方案储备。

7.4 经费保障

明确应急经费来源、使用范围、数量和管理监督措施,提供应急状态时政府经费的保障措施,应符合《云南省公路建设工程安全生产费用管理暂行规定》的相关要求。

(1)各级交通运输主管部门应按规定使用和管理好应急专项资金和费用,编制应急资金年度预算,定期向相关财政部门汇报经费的使用情况,接受上级部门的审计与监督。

(2)项目建设、施工单位应建立应急资金保障制度,制订年度应急保障计划,设立应急管理台账,按照国家有关规定设立和提取安全生产专项费用,并按照建设工程安全费用使用的要求配备必要的应急救援器材、设备。监理单位应加强对施工单位应急资金管理进行审核;事故发生后项目建设、施工、监理单位等应及时研究提出相应的资金补偿或救助措施。

(3)项目建设单位应按有关规定投保建筑工程险及其附加险,以保证事故发生后的赔付。项目施工、监理单位应为本单位员工及劳务合作人员承担相应的社会保险,并含在投标报价中。

7.5 其他保障

应急预案还应明确以下支援保障:

(1)交通运输保障。包括各类交通运输工具数量、分布、功能、使用状态等信息,驾驶员的应急准备措施,征用单位的启用方案,交通管制方案和线路规划。

(2)医疗卫生保障。包括医疗救治资源分布,救治能力与专长,卫生疾控机构能力与分布,及各单位的应急准备保障措施、被调用方案等。

(3)治安保障。包括应急状态下治安秩序的各项准备方案。

(4)社会动员保障。明确社会动员条件、范围、程序和必要的保障制度。

(5)紧急避难场所保障。规划和建立基本满足特别重大突发公共事件的人员避难场所。可以与公园、广场等空旷场所的建设或改造相结合。

8 宣传、培训、演练与奖惩

8.1 宣传、培训与演练

(1)公众信息交流。最大限度公布突发公共事件应急预案信息,接警电话和部门,宣传应急法律法规和预防、避险、避灾、自救、互救的常识等。

(2)培训。应制订应急预案培训计划,确定培训方式,明确培训目标、内容和对象,包括各级领导、应急管理和救援人员的上岗前培训、常规性培训,可以将有关生产安全应急管理的课程列为行政干部培训内容。

(3)演练。包括演练的场所、频次、范围、内容要求、组织等。应根据实际演练情况,查找不足,总结经验,不断完善事故应急预案。演练结束后对演练进行评估及总结,及时修正及弥补生产安全事故应急预案制订的缺陷。

8.2 奖惩

应参照相关规定,明确事故应急救援工作中奖励和处罚的条件和内容。如追认烈士,表彰奖励表现勇敢、机智、成绩突出的人员及依法追究无故不到位或迟到及临阵脱逃者、不服从命令者等有关责任人责任等。

事故处理完成后,相关单位应将奖罚人员名单等上报上级有关部门,并在主管部门存档备案。

奖励和处罚应按照《生产安全事故报告和调查处理条例》《国务院关于特大安全事故行政责任追究的规定》(国务院令第302号)和《云南省生产安全事故报告和调查处理规定》等执行。

9　附则

9.1　应急预案管理和更新

明确定期评审与更新制度、备案制度、评审与更新方式方法与主办机构等,具体办法应按照《云南省安全生产应急预案管理办法(暂行)》执行。

9.2　制订与解释

应急预案中应注明制订和解释的部门、联系人及其电话。

9.3　应急预案实施

应急预案应注明实施或生效时间。

9.4　应急预案备案与发布

应急预案编制或修订后应按照《云南省安全生产应急预案管理办法(暂行)》的要求,在规定时间内向上一级主管部门进行备案并发布。应急预案的管理流程见附录15。

10 其他

10.1 有关应急部门、机构或人员的联系方式

列出应急工作中需要联系的部门、机构或人员的多种联系方式,并不断进行更新。

10.2 重要物资装备的名录或清单

列出应急预案涉及的重要物资和装备名称、型号、存放地点和联系电话等。

10.3 规范化格式文本

信息接收、处理、上报等规范化格式文本。

10.4 关键的路线、标识和图纸

关键的路线、标识和图纸主要包括：
(1)警报系统分布及覆盖范围。
(2)重要防护目标一览表、分布图。
(3)应急救援指挥位置及救援队伍行动路线。
(4)疏散路线、重要地点等标识。
(5)相关平面布置图纸、救援力量的分布图纸等。

10.5 相关应急预案名录

列出直接与本应急预案相关的或相衔接的应急预案名称。

10.6 有关协议或备忘录

与相关应急救援部门签订的应急支援协议或备忘录。

10.7 编制格式和要求

10.7.1 封面

应急预案封面主要包括应急预案编号、应急预案版本号、单位名称、应急预案名称、编制单

位名称、颁布日期等内容。

10.7.2　批准页

应急预案必须经发布单位主要负责人批准方可发布。

10.7.3　目次

应急预案应设置目次,目次中所列的内容及次序如下:
(1)批准页。
(2)章的编号、标题。
(3)带有标题的条的编号、标题(需要时列出)。
(4)附件,用序号表明其顺序。

10.7.4　印刷与装订

应急预案采用 A4 版面印刷,活页装订。

附 录

附录1 检查方案

×××公路安全生产检查方案

1. 检查依据
(1)《中华人民共和国安全生产法》
(2)《建设工程安全生产管理条例》
(3)《安全生产许可证条例》
(4)《生产安全事故报告和调查处理条列》
(5)《公路水运工程安全生产监督管理办法》(2007交通部1号令)
(6)《公路工程施工安全技术规程》(JTJ 076—95)
(7)《云南省公路建设施工安全生产监督检查评价办法》
(8)《云南省公路建设项目危险性较大的分部分项工程专项方案安全管理办法(试行)》
(9)设计文件、合同文件和招投标文件
(10)其他有关安全技术标准、规范

2. 检查内容

本次检查为综合检查(或专项检查),检查分为外业、内业两方面,分施工现场管理、驻地管理、安全生产制度、安全生产技术措施及落实情况(可根据具体情况确定)等检查项目,重点在×××。

检查的工程类型包括×××。

3. 检查频率

本次检查涉及×××单位,其中,内业中×××项目检查的频率为×××%;外业中×××项目检查的频率为×××%;×××合同段的×××项目为必检项目。

4. 检查的实施方式

(1)内业

查阅指挥部、监理单位、被抽查合同段施工单位(任选)的安全管理体系文件、同时分别与各单位安全管理人员谈话交流。检查用表为《云南省公路建设施工安全生产监督检查评价办法》中的建设单位、监理单位、施工单位(任选)安全生产管理行为检查表。

(2)外业

外业检查方式以现场查勘为主,结合资料查询和与现场施工人员谈话交流。检查用表为《云南省公路建设施工安全生产监督检查评价办法》中的安全生产现场检查表。

5. 检查日程

安全生产检查日程见附表1。

6. 各方的配合要求

(1)×××单位根据检查日程作出相应的车辆、人员配备等计划。

(2)×××单位应做好安全保障工作,×××单位负责提供外业检查时必备的安全防护用具,如安全锥、安全服等。

(3)建设单位应准备如下资料:项目基本情况、建设单位以往安全检查资料、交通运输主管部门安全监督机构组织的安全检查中发现的主要问题及整改落实情况、建设单位安全生产管理行为检查表中规定的应提交的资料。(当受检方含建设单位时,包含此条)

(4)监理单位应准备如下资料:实施监理过程中发现存在安全事故隐患的记录、监理单位以往安全检查资料、监理单位安全生产管理行为检查表中规定的应提交的资料。(当受检方含监理单位时,包含此条)

(5)施工单位应准备如下资料:项目平面图(标注主体工程施工与合同段划分里程桩号及主要结构物、驻地、拌和场实验室位置)、施工过程中发现存在安全事故隐患的记录、施工单位以往安全检查资料、施工单位安全生产管理行为检查表中规定的应提交的资料、云南省公路建设开工安全条件达标通知书,施工单位母体单位对施工单位安全检查的记录。

附录

安全生产检查日程表　　　　　　　　　附表1

被检查项目名称						
主要检查内容						
检查组人员构成		组长			组员	
检查组责任分工		内业组	负责人：　　成员：			
		外业组	负责人：　　成员：			
主要陪同人员					联络电话	
日期		时间	检查活动内容			检查区域

制 表 人：_____　　　　　　　　　　　_____年____月____日
检查组长：_____　　　　　　　　　　　_____年____月____日

附录 2 安全检查内容细则

建设单位安全生产管理行为检查细则见附表 2，监理单位安全生产管理行为检查细则见附表 3，施工单位安全生产管理行为检查细则见附表 4，建设项目外业检查细则见附表 5。

建设单位安全生产管理行为检查细则

附表 2

序号	检查项目	检 查 内 容	建设单位应提交的资料	检 查 要 点
1	安全生产条件	安全生产条件达标申请资料审批及时	申请资料、批复资料	审批意见是否适宜，各方签字是否齐全
2	安全生产费用	(1) 招标文件达标中确定安全生产费用	招标文件	查招标文件中的安全生产费用是否符合要求
		(2) 确定的安全生产费用达标	安全生产费用支付财务报表	报表应包括建设、监理、施工单位投入的安全生产费用总金额，并满足招标文件中规定的费用要求
		(3) 安全生产费用支付及时	安全生产费用支付财务报表	支付周期是否合理
3	资质条件审查	(1) 对施工单位安全生产许可证审查和备案	安全生产许可证备案记录	证书是否在有效期
		(2) 对"三类人员"考核证书审查和备案	"三类人员"考核证书备案记录	检查是否有施工单位的法人(或安全生产工作的负责人)、项目经理、项目副经理、项目总工、专职安全生产管理人员的证件，证书是否在有效期
		(3) 对安全监理人员资质条件进行审查和备案	安全监理人员资质条件备案记录	是否具有满足招标文件要求的分管安全的监理、监理资质证书备案是否齐全
4	安全生产管理体系	(1) 设置专职安全管理机构，配备适宜的安全管理人员	机构设置，安全管理人员名录	安全管理机构应单独设置，主要人员不得兼职
		(2) 专职安全管理机构办公设备、设施配备满足工作要求	安全管理设施台账	现场查看办公设备，并检查安全管理设施台账
		(3) 按安全管理规定建立领导组织机构，监管体系，明确主管领导，分管领导，各部门及负责人安全职责	安全监管体系图、安全职责划分文件	体系图和部门、人员安全职责应明晰
		(4) 建立安全生产责任制(一岗双责)，检查、奖惩和事故报告等制度	至少上述四个制度，不同制度的执行情况记录	制度健全，有针对性，有关人员签字颁布实施；有落实情况记录齐全
		(5) 逐级签订安全生产责任状	安全生产责任状	包括建设单位各层级部门之间，建设单位与监理单位、施工单位之间

126

续上表

序号	检查项目	检查内容	建设单位应提交的资料	检查要点
5	应急预案与保障措施	见应急预案部分	—	—
6	专项审查	(1)按要求督促、组织专项方案论证	专项方案备案、审批记录	专项方案的编制是否满足《云南省公路建设项目危险性较大的分部分项工程安全管理办法（试行）》中的危险性较大的分部分项工程指导目录的要求；备案是否完全，审批手续是否齐全
		(2)按要求对职民工驻地进行审批	职民工驻地审批记录	审批齐全。未通过审批的应有后续处理意见和相关反馈结果
7	安全专项活动	(1)制订上级部署的安全专项活动实施方案，落实组织机构，具体负责人员	实施方案、组织机构、具体负责人员文件	方案具体，组织机构、具体负责人员明确
		(2)严格按照实施方案开展工作	开展相关工作记录	记录齐全、有效，需要闭环控制的应满足闭环控制要求

附表3

监理单位安全生产管理行为检查细则

序号	检查项目	检查内容	监理单位应提交的资料	检查要点
1	安全监理责任制	(1)安全监理人员配置是否满足合同文件要求	中标文件	文件规定的安全监理配置要求
		(2)办公设备、设施配备不能满足安全监理工作需求	安全管理设施台账	现场查看办公设备，并检查安全管理设施台账
		(3)建立总监、副总监、各专业监理工程师及监理人员安全监理责任制	监理责任制相关文件	各类人员责任明确，责任制需经负责人签字颁布实施；询问现场监理，看其叙述所承担的安全责任是否与文件中的规定相一致，以考察落实情况
2	安全监理计划	(1)制订安全监理计划	安全监理计划	主要内容包含针对工程特点开展安全风险识别；针对风险因素制定完善的监理措施，并根据现场特点和区域明确安全监理人员
		(2)监理计划适应性强，落实到位	安全监理日志	询问监理针对安全监理计划开展了哪些活动，要求其提供相关活动记录，并核查监理记录与监理计划的符合性

续上表

序号	检查项目	检查内容	监理单位应提交的资料	检查要点
3	安全措施及专项施工方案审查	(1)审查施工组织设计中安全技术措施	审查记录	记录详实,针对性强
		(2)审查危险性较大工程的专项施工方案	审查记录	是否按《云南省公路建设项目危险性较大的分部分项工程专项方案安全管理办法(试行)》中的危险性较大分部分项工程指导目录的要求进行审查,是否需要专家论证而没有论证,记录全面、详实
		(3)审批分项工程安全技术措施	审查记录	同上
		(4)对施工临时用电方案进行审批	审批记录	记录全面、详实,针对性强
		(5)对职民工驻地进行审批	审批记录	每处驻地均应进行审批,未通过审批的应有后续处理意见和相关反馈结果。
		(6)安全措施及专项施工方案现场监理到位	安全监理日志	询问监理针对安全措施及专项施工方案开展了哪些监理活动,要求其提供相关活动记录,并要求其提供审批计划文件,同时核查是否符合性
		(7)施工单位申报的安全专项经费审查审批	安全专项经费审查、审批记录	询问监理审批周期,并要求其提供相关证明文件,审批记录
4	督促隐患整改	(1)发现重大安全事故隐患发停工指令,整改记录闭合	停工指令、整改记录	整改记录有纠正措施,预防措施。施工单位对重大安全事故隐患拒不整改的,是否有报项目业主或监督机构的记录
		(2)发现较大或一般安全事故隐患及时下发监理指令要求施工单位整改,整改记录闭合	监理指令、整改记录	整改记录有纠正措施,预防措施
5	资质审查	(1)对施工单位安全生产许可证审查和备案	安全生产许可证备案记录	证书是否在有效期
		(2)对"三类人员"考核证书审查和备案	"三类人员"考核证书备案记录	检查是否有施工单位的法人(或安全生产工作的负责人)、项目经理、项目副经理、项目总工、专职安全生产管理人员的证书;证书是否在有效期
6	安全监理日志台账和日常检查	(1)建立总监办、驻地办安全监理日志	安全监理日志	日志连续
		(2)落实安全监理责任制,记录安全监理事项	安全监理日志	日志连续
		(3)建立安全隐患台账,整改闭合	安全隐患台账、整改记录	台账齐全,整改闭合
		(4)监督或总监理工程师组织定期检查	定期检查记录	人员签到表、检查报告齐全

续上表

序号	检查项目	检查内容	监理单位应提交的资料	检查要点
7	应急救援预案保障	见应急预案部分	—	—
8	安全专项活动	(1)制订上级部署的安全专项活动实施方案,落实组织机构,具体负责人员	实施方案、组织机构、具体负责人员文件	方案具体,组织机构,具体负责人明确
		(2)严格按照实施方案开展工作	开展相关工作记录	记录齐全、有效,需要闭环控制的应满足闭环控制要求

附表4

施工单位安全生产管理行为检查细则

序号	检查项目	检查内容	施工单位应提交的资料	检查要点
1	安全管理组织机构	(1)成立安全领导小组机构,设置专职安全管理机构	机构设置名录	安全管理机构应单独设置
		(2)管理机构办公设备、设施配备满足工作需求	安全管理设施台账	现场查看办公设备,并检查安全管理设施台账
		(3)建立三类人员花名册	三类人员花名册	证书齐全、有效;专职人员充足;在岗,不得兼职
		(4)定期召开安全(例)会议	会议记录	询问安全管理机构负责人或相关代理人召开安全会议的周期,要求其提供会议记录。记录签到齐全,并闭环控制
		(5)具有有效的安全生产许可证	安全生产许可证	证书在有效期内
2	安全生产责任制	(1)制订主管领导、分管领导,各部门及负责人,各岗位人员安全责任制	安全责任制文件	各类人员责任书明确;责任制经负责人签字颁布实施;责任制需明确,看其叙述承担的安全责任是否与文件中的规定相一致,以考察落实情况
		(2)逐级签订(直至一线劳务作业队伍)安全生产责任书	安全生产责任书	签订齐全
3	特种作业人员管理	建立特种作业人员花名册	特种作业人员花名册	有到岗、离岗记录;资格证书有效;不能出现作业人员无有效资格证书从事特殊工种
4	安全生产培训教育制度	(1)制订培训教育制度	培训教育制度	制度明确培训对象、学时、内容、方法等
		(2)拟定培训计划,培训记录完整	培训计划,培训记录	按计划实施培训,如有偏离应有偏离说明,培训记录有人员签字

续上表

序号	检查项目	检查内容	施工单位应提交的资料	检查要点
5	安全生产费用保障及劳动防护管理	(1)制订安全生产费用管理办法	安全生产费用管理办法	明确费用来源、使用范围、责任部门、管理程序等关键内容
		(2)拟定使用计划;建立使用台账	使用计划、台账	使用计划符合安全生产费用管理办法要求,台账记录、经手人签字齐全
		(3)建立劳动防护用品管理台账	劳动防护用品管理台账	管理部门或责任人明确,经手人签字齐全
		(4)建立现场安全标志管理台账	现场安全标志管理台账	管理部门或责任人明确,经手人签字齐全
6	事故应急救援预案	见应急预案部分	—	—
7	安全生产检查和奖惩制度	(1)建立安全生产检查制度	安全生产检查制度	明确检查类别、责任部门或责任人、检查频率、处理要求等内容
		(2)满足检查频率;检查记录内容齐全,并严格落实	检查记录	检查频率满足制度要求,对发现的问题应有处理措施、签字齐全
		(3)建立安全生产奖惩制度	安全生产奖惩制度、记录	制度中明确奖惩对象、标准、费用管理等主要内容;奖惩符合制度要求
8	消防安全责任制度	(1)建立消防安全责任制度	消防安全责任制度	明确管理部门和责任人、消防器具配置及维护要求等主要内容
		(2)建立消防器材和危险物品管理使用台账	消防器材和危险物品管理使用台账	明确管理部门和管理人、器材和物品所在位置,经手人签字
9	意外伤害保险	对施工人员办理意外伤害保险	保单	保单应包括所有施工人员
10	安全事故报告和责任追究制度	(1)建立安全事故报告和责任追究制度	安全事故报告和责任追究制度	明确各类事故的报告时限、报告对象、报告程序、调查及追究程序等内容
		(2)发生事故按规定程序报告,通报教育并有记录	事故报告记录	有日报、月报要求的均需按要求报告,签字需齐全,资料需完备
11	驻地管理	(1)职工驻地需经监理、业主批准后建盖使用	职民工驻地审批记录	每处均需审批
		(2)装配式房屋有合格证书	合格证书	合格证书为材料合格证明或验收证明
		(3)按规定每月对驻地进行检查;发现问题及时处理	驻地检查记录	每月均需有记录,发现问题应有纠正措施

续上表

序号	检查项目	检查内容	施工单位应提交的资料	检查要点
12	施工组织设计、专项方案和临时用电方案	(1) 施工组织设计中的安全技术措施	安全技术措施	措施可操作,针对性强
		(2) 编制危险性较大工程专项施工方案	危险性较大工专项施工方案	需专家论证的要按《云南省公路建设项目危险性较大的分部分项工程专项方案安全管理办法(试行)》要求进行论证,要有针对性、可操作性
		(3) 分项工程施工申请中的安全技术措施	分项工程施工申请中的安全技术措施	同上
		(4) 方案按规定审批	报批记录	签字齐全,审批意见合理
		(5) 按规定制订临时用电方案	临时用电方案	方案合理,有针对性,可操作性
		(6) 电工巡视检修保养记录	电工巡检记录	有每天的巡检记录,签字齐全,发现问题有纠正措施
		(7) 交叉作业制订相应管理措施	交叉作业措施	确定交叉作业的涉及的工序,相关单位配合应明确,并签字
		(8) 保通方案	保通方案	保通措施应具体,每项危险源应订控制措施
13	风险管理	(1) 对本工程进行风险识别评价	危险源辨识记录	识别全面
		(2) 对重大危险源明确控制措施、责任人等	重大危险源清单、控制措施文件	清单应全面,每项危险源应订控制措施
		(3) 对从业人员进行风险书面告知	风险告知文件	是否告知每个施工人员
14	设备管理	(1) 建立施工机具分类管理台账	施工机具分类管理台账	区别一般设备、特种设备、大型设备,模板及架设系统,其中特种设备、大型设备、模板及架设系统建立"一机一档"(含检查、维修、保养、使用台账、进出场时间等)
		(2) 特种设备备检验、验收	检验、验收文件	检验由有资质的单位进行,验收文件应全
		(3) 起重设备试吊记录	试吊记录	记录齐全
15	安全专项活动	(1) 制订上级部署的安全专项活动实施方案,落实组织机构,具体负责人员	实施方案、组织机构、具体负责人员文件	方案具体,组织机构,具体负责人明确
		(2) 按照实施方案开展工作	开展相关工作记录	记录齐全、有效,需要闭环控制的应满足闭环控制要求

附表5

建设项目外业检查细则

序号	检查项目	检查内容
1	路基工程	伐树前应按路基设计要求确定伐树的范围，在伐树范围内遗留和接近范围
		截锯木料时，三叉马和树干垫撑必须稳固
		大风、大雾和雨天不得进行伐树作业
		清挖树根，特别是拖用缆绳配机拖拉大树根时，缆绳与树根要捆结牢固，缆绳必须具有足够强度
		清除的丛草、杂树、树根等严禁放火焚烧
		在山坡上严禁在同一地段的上下同时进行伐树作业
		土方开挖前应该了解该地段土质、地下水等情况，必须清查地下埋设的管道、电缆和有毒有害气体等危险物及文物古迹的位置，深度走向，加设标记和设置防护栏杆
		弃土下方和滚石危及的区域，应设警告标志，作业位置下方的道路严禁通行
		坡面上的操作人员对松动的土、石块必须及时清除，严禁在危石下方作业，休息和存放机具，边坡下方有人工作时边坡下方不得站人
		从事高边坡开挖的作业人员必须戴安全帽，技术人员和安全人员要随时观察高边坡是否有滑动的征兆
		高边坡施工作业人员必须绑系安全带，绑系作业人员的绳索安全带栓在牢靠的树干或车固地拴在边坡边缘的矛斤上，绳索必须基本保持垂直
		当深基坑开挖抛土距坑口砌干砌作业时，坑内边缘、坑上边缘的矛土及时移运到规定的距离之外
		进行高边坡浆砌和干砌作业时，作业人员必须戴安全帽
		机械在危险地段作业时，必须设明显的安全警告标志，驾驶人员只能接受指挥人员发出的规定信号
		开挖土方的操作人员之间，必须保持足够的安全距离：横向间距不小于2m，纵向间距不小于3m
		在边坡开挖过程中如遇到地下水涌出，应先排水后开挖
		开挖工作面与运输车面相互错开，严禁上下双重作业
		清理路堑边坡上突出的块石和整修边坡时，应从上而下顺序进行，坡面上的松动土、石块必须及时清除
		开挖滑坡地段应从滑坡体两侧中部自上而下进行，严禁全面拉槽开挖。弃土不得堆在滑区内
		开挖沟槽、沟坑时，所采用的固壁支撑木料不得有槽，朽、断、裂等现象
		使用推土机回填土时，严禁从一侧直接将土推入沟槽（坑）
		使用机械破冻土时，机械5m以内禁止站人

附录

续上表

序号	检查项目	检查内容
1	路基工程	爆破器材应有专人领取,严禁由一人同时搬运炸药与雷管。电雷管严禁与带电物品一起携带运送
		爆破作业必须有专人指挥,爆破工必须戴安全帽
		每次爆破必须设立警戒线,确定的危险区边界应有明显的标志
		已装药的炮孔应当班爆破,装填的炮孔数量应以一次爆破的作业为限
		凿打炮眼时严禁在残眼上打孔
		人工打眼时使锤人应站立在掌钎人侧面,严禁对面使锤
		凿岩机支架应支撑稳固,严禁用胸部和肩头紧顶把手
		严禁作业人员在保管、加工、运输爆破器材过程中穿着化纤衣服
		导火索插入雷管时不得猛插,旋转或摩擦
		扩药壶时孔口的碎石、杂物必须清除干净。装药量应随扩壶次数、扩壶的大小和石质而定,不得盲目加大药量
		爆破现场专用棚内不得有电气、金属设备
		装炮工作时严禁烟火和明火照明,严禁使用金属器皿装药
		应采用木质炮棍装药,严禁使用金属棒皿装药
		装药的爆药包和硝化甘油类炸药严禁抛掷或冲击
		导火索起爆应采用一次点火法点火,装药数量与装炮数量是否相符,确认炮响完并间隔 5 min 后,爆破作业人员方可进入爆破作业点
		在同一爆破网络上必须使用同厂,同型号的电雷管,其电阻值差不得超过规定值(应控制在±0.2Ω以内)
		爆破网络主线应绝缘良好,并设中间开关,与其他电源线路应分开敷设
		装好炸药包后必须撤除工作面内的一切电源
		在雷雨季节,潮湿场地等情况下应采用非电起爆法
		深度不超过 10 m 的,爆破用火花起爆,深度超过 10 m,爆破不得采用火花起爆,必须使用电力起爆
		裸露爆破必须保证先爆破炸药包不致破坏其他药包,否则应用齐发起爆
		严禁用石块覆盖裸露药包,不应将炸药包插入石缝中进行爆破,特殊情况使用时,必须采用可靠的安全措施

续上表

序号	检查项目	检查内容
1	路基工程	撬动岩石必须由上而下逐层撬(打)落,严禁上下双重作业,不得采用将下面撬空使其上部自然坍落的方法撬动岩石
		边坡防护作业必须搭设牢固的脚手架。脚手架必须搭设落地,严禁采用悬挑脚手架
		砌石工程必须自下而上砌筑。不得在脚手架上进行片石改小作业
		砌筑护墙时墙下严禁站上架。抬运石块上架的跳板应坚固并设防滑条
		抹面、勾缝作业必须先上后下。严禁在砌筑好的坡面上行走,上下必须用爬梯
		架上作业时架下不得有人操作或停留,不得上面砌筑、下面勾缝同时进行
		基坑上边缘暂时堆放的土方至少应距坑边0.8m以外,堆放高度不得超过1.5m
2	路面工程	进行生石灰消解作业时,不得在浸水的同时投料、边翻拌
		在洒油作业过程中,作业范围内不得有人。施工现场严禁使用明火
		沥青操作工的工作服及防护用品,应集中存放,严禁戴回家和进入集体宿舍
		用手装运时必须要有相应的防护,如坎肩、帆布手套、工作服等
		吊起的沥青桶不得从运输车辆的驾驶室上空越过,并应稍高于车厢板,以防碰撞
		吊臂旋转半径范围内不得站人
		人工运送液态沥青装油量不得超过容器容积的2/3
		沥青蒸汽加温装置的蒸汽管道应连接牢固,在人员触及的部位,必须用保温材料包扎
		太阳能油池上面的工作梯必须具有防滑措施,严禁非作业人员攀登
		沥青油泵及泵道清洗前必须关闭有关阀门,严防柴油流入油锅
		沥青钢炉周围不得有易燃易爆物品,并应备用锅盖、灭火器等防火用具
		严禁使用易燃材料搭设油锅上方防雨棚
		舀、盛热沥青的勺、桶、壶等不得锡焊
		沥青桶内如有积水和杂物,不得用微火,严禁用大火猛烤
		烤油时必须关熄炉火,不得予以排除
		熬油锅内不得有水和杂物,严禁在烈火加热空锅的情况下加入沥青

续上表

序号	检查项目	检查内容
2	路面工程	在熬制沥青时如发现油锅漏油,必须立即熄灭炉火,妥善处理后方可使用
		严禁用手触模旋转中的搅拌筒和随动轮
		装卸钢模板时必须逐片轻抬轻放,不得随意抛掷
		固定模板的插钉或圆头长钉等不得乱放乱掷
		禁止酒后施工人员驾驶交通车辆及操作施工设备作业
		凡在±2m以上作业,无其他可靠的预防坠落的安全措施的情况下,所有作业人员必须正确系好安全带
		不得随意在钢筋或结构支撑架上堆放支撑、钢筋、扣件等物件,以防高空坠物伤人
		上下传递工具物件严禁抛掷
3	桥涵工程	在开挖基坑深度超过1.5m时,必须挖设专用坡道或铺设跳板以便利上下,坡道或跳板的宽度应超过60cm
		深挖沟槽应靠设软梯或竹脚踏梯,禁止脚踏支撑上下
		向吊斗内装料不得超出斗缘,吊斗升降时下面不得站人
		暂停作业时吊斗应及时摘下,不得处于悬挂状态
		开挖基坑等时人员不得在坑壁下休息
		挖掘机等机械在坑顶进行挖土作业时,坑内不得同时有人作业
		吸泥船吹砂筑岛时,作业区内严禁船舶和无关人员进入
		作业人员不得在承载吸泥管道的浮筒上行走
		作业人员必须按规定穿着救生衣,并配有救生船
		不得在支撑结构上放置重物
		在围堰内作业遇有洪水或流冰袭击时,应立即停工撤出作业人员
		吊起的钢板桩未就位前严禁强行上拔
		拔桩作业双壁严禁靠注箱站立
		当沉浮式双壁钢套箱注水下沉,或排水上浮时,必须对称均衡地进行施工作业,以防产生过大的倾斜
		施工人员必须系安全带、穿救生衣

续上表

序号	检查项目	检查内容
3	桥涵工程	不得拆下的铁件、螺栓等从高处往下抛掷
		在沉井刃脚和井内横隔墙附近,不得有人停留、休息
		储气罐放置地点应通风,严禁日光暴晒和高温烘烤
		浮式沉井在施工作业过程中必须对浮运、就位和落河床时的稳定性进行检查
		沉井施工时严防船舶及漂流物的撞击
		沉井的井字架、扶梯等设施不得固定在井壁上
		下井操作人员必须按规定佩戴安全防护用品
		采用机吊人工挖土时,当土斗装满起吊之前,必须发出信号示意井下作业人员避开
		当河岸有适合坡度,而采用滑移、牵引等措施下水时,必须保证沉井安全,严防倾覆及损伤
		钻机安设必须平稳、牢固,挪移钻机时,不得挤压电缆线及管路
		钻头提升时,不得碰撞护筒和钩挂护筒底缘
		钻机停钻后,必须将钻头提出孔外,置于钻架上,不得滞留孔内
		沉入桩施工时,打桩机上方 2m 内不得有任何架空障碍物
		水上打桩采用的固定平台必须搭设牢固
		浮式打桩设备沉桩后,桩架与船体必须连接紧固
		桩锤必须将桩锤放在地面或平台上进行检查维修,严禁在悬挂状态下维修桩锤
		起吊沉桩或桩锤时,严禁作业人员在吊钩下或在桩架龙门口处停留或作业
		作业间隙应将桩锤固定在桩架龙门的方木上,作业人员不得在其下边走动或停留
		采用滚杠滑移、滚筒滑移打桩架作业时,禁止任何人进入机器底部操作
		振动打桩作业后,必须将锤头稳放在销子上,打桩机在停止作业后,必须立即切断电源
		打桩机移位时,必须将锤头稳放在销子上,严禁将锤随移随起
		机架应移到稳固后方准起锤

136

续上表

序号	检查项目	检查内容
3	桥涵工程	远距离移位时应事先拆除管路与电线
		打桩机拆装时,桩架长度半径(并加一定安全系数)内不得有拆装作业以外的无关人员进入
		在起落机架时,应有专人指挥,禁止任何人在机架底下穿行或停留
		遇有大风等恶劣天气应停止打桩作业,雷雨时作业人员不得在桩架附近逗留
		在水上采用浮式振动沉桩锤击或振动压桩时,当水浪波峰高于0.25m或流速超过1.5m/s时,均不得从事沉桩作业
		使用两台卷扬机或千斤顶施压进行静力压桩时,必须同步作业,严防反力梁和桩架倾斜
		孔口不得堆积土渣及机具
		人工挖孔深度超过10m时,应采用机械通风,并必须有足够保证安全的支护设施及常备的安全梯道
		人工挖孔桩施工在采用混凝土护壁的情况下,必须使用工具式护孔笼进行施工,防护笼每节长度不得超过2m
		挖出的土方应随挖随运,暂时难以运走的土方应堆放在距孔口边缘1m以外的位置,且堆土高度不得超过1m
		在孔内有人进行挖孔作业的情况下,孔边缘向外3m内的范围内不得停放车辆机械设备或有机动车辆行驶
		孔内有人作业时,孔上必须有监护人员,并应随时与孔下人员保持联系
		拔桩应装设"限量器",桩筒人士较深吊拔困难时,被拔桩及锚固桩的各连接处必须完好
		采用锚固顶梁干顶蒸汽打桩筒拔桩时,应垂直吊拔,不得斜拉
		利用柴油或蒸汽打桩筒拔桩时,应垂直吊拔,不得斜拉
		管柱内清孔浆液面高度必须高出管柱外水面1.5~2m
		就地浇筑墩台施工前必须搭好脚手架及作业平台,墩台顶必须搭设安全护栏
		升降吊斗过程中,吊斗内的下部作业人员必须避开
		上部吊斗的作业人员不得身倚栏杆堆吊斗推位,严防吊斗碰撞模板底端就位,不得徒手操作
		用吊机吊模板合模时,应采用撬棍等工具移模板,不得用手操作
		在架立高桥墩的墩身模板过程中,安装模板作业人员必须做好安全带,并拴挂在牢固的受力点
		作业人员凿除混凝土浮浆及桩头时,必须按规定佩戴防护用品
		吊机扒杆转动范围内不得站人

续上表

序号	检查项目	检查内容
3	桥涵工程	砌筑墩台施工的脚手架和作业平台上堆放的物品不得超过设计荷载
		在任何情况下,不得将手伸入砌体缝隙之间
		采用爬模施工塔墩等高层建筑时,在模板爬升的过程中,作业人员不得站在爬升的模板或爬架上
		不得用大罐混凝土直接灌混凝土一次性灌入模板内,提升模板时不得进行振捣
		操作平台上的材料应均匀摆放,不得形成局部荷载集中的现象
		在墩台上进行混凝土养生作业的人员必须系好安全带
		操作平台上的施工荷载应均匀对称布置,不得超过允许的负荷
		在预制场顶升构件装车及双导梁后牵引至导梁,桁梁安装构件时采用的千斤顶在使用前必须做承载能力试验
		组运导梁的各节点应联结牢固,在桥跨中推进时,悬臂部分不得超过已拼好导梁全长的1/3
		不同规格的钢轨,其接头处应妥善处理,不得有错台现象
		构件在预制场地起重装车后牵引至导梁
		吊钩的中心线必须通过吊体的重心,严禁倾斜吊卸构件
		吊装偏心构件时,应使用可调整偏心的吊具进行吊装。构件必须起稳落,就位准确
		采用千斤顶顶升构件车及双双导梁、桁梁安装构件时,起重设备的设计起吊小于顶升构件的1.2倍
		顶升T梁、箱梁等大吨位构件时,必须在梁两端加设支撑;构件两端不得同时顶起或顶下落
		龙门架、架桥机等设备拆除前必须切断电源
		采用移动模架法浇筑梁混凝土时,上岗作业必须穿防滑鞋、戴安全帽,拆卸底模的人员必须挂好安全带
		运送混凝土的翻斗及各种卸汽车及翻斗翻斗不得超载、超速,停稳后方可翻转卸料或启斗放料
		严禁在停稳前翻斗
		翻斗车行驶时,斗内不得载人
		挂篮组拼后,必须进行全面的牢固性检查,并做静载试验
		检查挂篮时,作业人员必须系好安全带
		挂篮拼装及悬臂组装、悬臂吊装等危险性较大的施工作业时,必须设置安全网、满铺脚手板、设置临时护栏
		操作人员必须按规定佩戴安全防护用品
		用手拉葫芦起降和悬吊模平台时,必须在挂手拉葫芦的位置加设保险绳

续上表

序号	检查项目	检查内容
3	桥涵工程	采用桁架式挂篮施工时，挂篮两侧应对称平衡进行前移。大风、雷雨天气不得移动挂篮
		在挂篮上另行增加设施（如防雨棚、立井架）时，不得损坏挂篮结构或改变其受力形式
		龙门架起重吊机及轨道的基础必须坚实，不得有下沉、偏斜现象
		构件起吊前，发现吊环部位有损伤，结合面有突出外露物，构件上有浮置物件等现象时，不得起吊
		天气突然变化，电机过热或其他热源出现故障，指挥信号系统失灵时，暂时停止吊装作业
		构件起吊接近安装部位时，不得碰撞已安完的构件或其他设施
		融化硫黄砂浆垫块采用电热法时，电热丝不得挂在主索与其他金属物接触
		登高操作人员应携带工具袋。安全带不得挂在主索、扣索、缆风绳等不稳定构件上
		起重卷扬机不得突然起升和下降构件
		在坝台上也必须设有足够的工作面
		采用滑移模架法浇筑箱梁混凝土时，模架支撑于钢箱梁上，其前后端桁架钢梁必须稳固
		滑移模架行走时必须听从信号指挥
		使用万能杆件或枕木垛作滑道支撑破坏时，其基础必须稳固
		施工中钢丝绳附近不得有人，作业区无关人员不得进入
		无关人员不得进入张拉作业区
		操作人员在张拉作业时不得正面对推预应力束和锚具。在已拼装或悬浇的箱梁上进行张拉作业时，千斤顶的对面及后面严禁站人
		油泵操作人员在作业时必须佩戴防护眼镜
		先张法张拉前必须对台座、横梁及各种张拉设备、仪器等的安全性进行详细的检查，确认合格后可施工
		先张法张拉过程中，未浇混凝土之前，周围不得站人和进行其他作业
		严禁撞击锚具、钢束及钢筋，不得在梁端附近作业或休息
		先张法张拉施工中浇筑混凝土时，振捣器不得非张拉端部及钢丝（钢束）
		预应力钢筋冷拉时，在千斤顶的端部及非张拉端部均不得站人
		钢筋张拉或冷拉时，螺丝端杆、套筒螺丝必须有足够的长度

续上表

序号	检查项目	检查内容
3	桥涵工程	拱石或预制拱砌筑时,作业点的下部严禁站人,操作人员的手指不得伸入砌筑面
		砌筑拱圈时,应按施工要求架设脚手架及作业平台,严禁用拱架代替脚手架
		严禁在拱架上、下同时进行作业,严禁使用机械强拽拱架倾倒使拱架倾倒的做法
		拱圈砌筑时严禁拱下站人
		主拱、拱圈砌筑必须严格按设计加载程序分段、对称、同时施工
		在河流中设置缆风绳时,必须采取可靠的防护措施
		斜拉桥箱梁在拼防作业过程中,非专业人员不得靠近施工作业现场
		在已拼接完成的和正在拼接的桥面箱梁四周必须安装安全防护栏
		参加挂索的特殊工种人员必须持有效特种作业操作证方能上岗操作
		作业过程中指挥人员与操作人员距离较远时必须对讲机联系
		上索船的索架必须焊接牢固,索架的四个承重点必须焊在船的主要骨架上
		每提升一次操作平台,必须在平台下面挂好安全网。索孔内严禁堆杂物至桥面
		塔柱内禁止吸烟,不能放置易燃易爆物品在塔内。塔吹内照明和油泵等张拉用电设备必须安装好漏电保护装置
		挂索或桥面压索,夹板不得有变形现象,焊缝无裂纹,螺栓无损伤
		严禁使用变形和损伤的连接杆,斜拉索起吊夹片严禁站人,以防止夹片意外滑松或剩索意外松回造成伤人
		拆卸操作人员必须挂好安全带,作业人员必须站在桥面中间,严禁使用疲劳变形及变形的张拉杆
		在桂边跨合龙桥面压时,必须与起吊扬机配合协调,千斤顶每放一次钢绞线必须装好保险夹片,确保放索安全
		塔内放软牵引索时,必须与起吊扬机配合协调,严禁不同步放索。千斤顶每放一次钢绞线必须装好保险夹片,确保放索安全
		叉头、连接杆安装时不得徒手触摸。安装好之后,应使用工具袋装好,严禁抛掷
		架梁用的扳手、小钉工具,冲钉及螺栓等物,应使用工具袋装好,严禁抛掷
		杆件拼装对孔用冲钉撬孔,严禁用手指松手撒把
		人工手推车上料时,手推车不得松手撒把
		机械上料时,在铲斗(或拉铲)移动范围内不得站人,铲斗下方严禁有人停留和通过
		浇筑现浇梁混凝土时应搭设混凝土作业平台和斜道,不得在模板上作业

续上表

序号	检查项目	检 查 内 容
3	桥涵工程	风动振捣器的连接软管不得有破损或漏气
		在雨、雪、雾天通过陡坡时,必须提前采取有效措施
		平板拖车运输构件时,甲板拖车上不得坐人
		水上运输时,拖轮牵引驳船行进时速度应缓慢,不得急转弯
4	隧道工程	所有进入隧道施工地的人员,必须按规定佩戴安全防护用品
		临时供电设施及线路,禁止使用裸线和裸露开关
		洞口段施工时,在雨雪之后,发现松动危石必须立即清除
		隧道门及端墙工程施工时脚手架妨碍车辆通行
		洞顶路基及边、仰坡开挖面应自上而下开挖,开挖人员不得上下重叠作业
		人工开挖土质隧道时,操作人员必须互相配合,并保持必要的安全操作距离
		带支架的风钻打眼时,必须将支架安置稳妥
		风钻卡钻时钻眼,应采用板扳松动后再钻出,未关风前不得拆除钻杆
		电钻工作业时必须戴绝缘手套、脚穿绝缘胶鞋
		严禁在线眼中继续钻眼
		不得徒手导引回转钢钎,不得用电钻处理破夹住的钎子
		在工作面内不得拆卸、修理风(电)钻
		洞内爆破必须实行统一指挥,爆破人员必须持相关资格证件方可上岗作业
		严禁在加工房以外的地点改制和加工爆破器材
		不得对热度过高的炮眼装药
		当出现照明不足,流沙、流泥,或可能有大量溶洞涌水时,未经处理严禁装药爆破
		洞内爆破不使用黑色火药
		采用电雷管爆破时,加强洞内电源的管理,防止漏电引爆,装药时可用投光灯、矿灯照明
		贯通后的导坑应设专人看管,严禁非施工作业人员通行

附录

141

续上表

序号	检查项目	检查内容
4	隧道工程	爆破作业和爆破器材加工人员严禁穿着化纤衣物
		当计时导火索燃烧完毕时,所有爆破工必须立即撤离工作面
		为防止点炮时发生照明中断,爆破施工应随身携带手电筒。严禁用明火照明
		应使用木质炮棍装药,无关人员均应撤至安全地点,严禁火种
		各类进洞车辆必须经检查处于完好状态,制动有效,严禁人料混载
		燃烧汽油的车辆和机械不得进洞
		所有运载车辆不得超载、超高运输,超高运输、车辆在洞内严禁超车
		进出隧道的人员应走人行道,不得与机械或车辆抢道,严禁扒车、追车或强行搭车
		人工装碴时,应将车辆停稳并制动,严禁站在斗车内挖渣,接碴时漏斗口下不得有人通过
		机械装碴时,装碴机作业过程中回转范围内不得有人通过
		爆破器材必须由爆破工专人护送,其他人员严禁搭乘
		在任何情况下,雷管与炸药必须放置在带盖的容器内分别运送
		人力运送爆破器材时,必须有专人护送,并应直接送到工地,不得在中途停留
		器材必须由爆破工专人护送,其他人员严禁搭乘
		在竖井内运送爆破器材时,除爆破施工和护送人员外,其他人员不得同罐乘坐,严禁在上下班或人员集中的时间内运输爆破器材
		严禁爆破器材在井口房、井底车场或巷道内停放
		严禁将爆破器材用翻斗车、自卸汽车、拖车、拖拉机、机动三轮车、人力三轮车、自行车、摩托车和皮带运输机运送爆破器材
		洞内支护至柱面的距离一般不得超过4m
		不得将支撑立柱置于废渣或活动的石头上
		严禁将注浆管喷嘴对着人放置
		脚手架及工作平台上的脚手板应满铺,且木板的端头必须搭于支点上
		脚手架及工作平台上所站人数及堆置的建筑材料,不得超过其计算载重量
		在洞内作业地段倾卸村砌材料时,人员和车辆不得穿行

续上表

序号	检查项目	检查内容
4	隧道工程	压浆结束时必须在撤除压力后放取喷嘴,检修和清洗压浆机时必须停止运转、切断电路、关闭风门
		衬砌施工时拆下的模板堆放不得堵塞通道上
		严禁在洞内熬制沥青
		竖井和斜井的井口在未进行吊笼罐升降等作业时不得打开井盖
		起爆药卷应由爆破工携至工作面,除起爆药卷外不得携带其他炸药
		不得将零星工具搁置在竖井和斜井附近的支撑上
		竖井施工时,吊桶必须沿钢丝绳轨道升降,保证吊桶不碰撞岩壁
		吊桶上方必须设置保护伞
		不得在吊桶边缘上坐立,乘坐人员身体的任何部位不得超出桶沿
		用自动翻转式吊桶升降人员时,必须有防止吊桶翻转的安全装置。严禁用底开式吊桶升降人员
		装有物料的吊桶升降不得乘人
		吊桶载重量应按标明的规定执行,不得超载
		升降人员和物料的罐笼底必须铺满钢板,并不得有孔。如果罐底下面有阻车装置时,必须设牢固的检查门
		罐笼两侧用钢板挡严,内装扶手,靠近罐道部分不得装带孔钢板
		进出装渣车的罐笼必须装有阻车器
		载人的罐笼净空高度不得小于1.8m,罐笼内每人应有0.18m²的有效面积
		升降人员或物料的单绳提升罐笼必须设置可靠的防坠器
		在罐笼升降过程中,下面不得有人停留或通行
		罐笼或黄斗顶上必须设装保护伞和栏杆
		采用罐笼升降人员和物料、提渣,升降人员和下放物料的速度不得超过3m/s,加速度不得超过0.25m/s²
		必须设专人检查罐笼、钢丝绳、罐笼顶盖,并装有可靠的防坠器
		斜井运输车辆的连接工具及车辆保险链及防坠器是否正常
		每班升降超员必须检查车辆,乘员所携带的工具不得超出车厢

续上表

序号	检查项目	检查内容
4	隧道工程	钢丝绳的钢丝有变黑、锈皮、点蚀麻坑等损伤时，不得作升降人员
		斜井口必须设置挡车器，并设专人管理，车辆在井内行驶或停留期间，井内严禁人员通行和作业
		提升用的钢丝绳必须每天检查一次，每隔6个月试验一次
		运送人员的车辆必须装有向卷扬机驾驶员发送紧急信号的装置
		斜井的牵引运输速度不得超过3.5m/s，接近洞口或井底时不得超过2m/s；升降加速度不得超过0.5m/s²
		提升装置必须设有防止过卷装置、防止过速装置、过负荷和欠电压保护装置
		防止闸瓦过度磨损时的报警和自动断电的保护装置
		绳绕式提升装置必须设松绳保护并接入安全回路
		使用复斗提升时，必须采用定量控制，井口渣台应设满仓信号，渣仓装满时能报警或自动断电
		作提升用的卷扬机必须装设深度指示器
		常用闸和保险闸共用一套洞瓦时，各闸的操纵部分必须分开
		双滚筒提升卷扬机的传动装置必须分开
		隧道内严禁使用油灯、电石灯、汽灯等有火焰的灯火照明
		严禁将火柴、打火机及其他可自燃的物品带入洞内
		隧道内采用电灯照明，电压不得超过110V，输电线路必须使用密闭回路
		灯头、开关、灯泡等照明器材必须采用防爆型，开关必须设置在送风道或洞口
		严禁矿灯拆开敲打碰击。出洞时应立即将矿灯交回灯房
		矿灯如有电池漏液、亮度不足、电线破损、灯锁不良、灯头密封不严、灯圈松动、玻璃和胶壳破裂等情况时，严禁发出使用
		瓦斯隧道中的机车、通风机、电话机、放炮器等，必须采用防爆型
		洞内安装及检修各种电气设备
		电缆互接分路必须在洞外完成锡焊和绝缘包扎并烘热，严禁在洞内电缆上临时接装电灯或其他设备

144

续上表

序号	检查项目	检查内容
4	隧道工程	通风必须采用吹入式,通风机停止时洞内全体人员必须立刻撤出洞外
		有瓦斯的隧道,每个洞口必须设有专职瓦斯检察员
		隧道内严禁一切可以导致高温与发生火花的作业
		隧道施工人员必须参加有关防止瓦斯爆炸方面的安全知识培训,作业时必须佩戴个体自救器
		当掘进工作面风流中的瓦斯浓度达到1%时,必须停止电钻打眼
		当掘进工作面风流中的瓦斯浓度达到1.5%时,必须停止工作并立即撤出人员,切断所有的工作电源进行处理
		放炮地点附近20m以内风流中瓦斯浓度达到1%时,严禁装药放炮
		电动机附近20m以内风流中的瓦斯浓度达到1.5%时,必须切断电源停止运行
		掘进工作面的局部瓦斯积聚达到2%时,其附近20m内必须停止工作,并切断电源
		隧道爆破作业严禁用火起爆和裸露爆破
		爆破严禁使用秒和半秒延期电雷管
		短隧道放炮前所有人员必须撤出隧道洞外
		无论通风机停止运转与否,严禁出入员在风管的进出口附近停留
		不得将电线挂在铁钉和其他铁件上,或捆扎在一起通风软管行走和靠近通风软管旁停留,不得将任何物品放在通风管或管口上;开关外应加水箱盖,采用封闭式保险盒,如使用电缆,亦应牢固地悬挂在高处,不得放在地上
		在有地下水排出的隧道挖凿蓄水沟
		抽水设备宜采用电力机械,不得在隧道内使用内燃抽水机
		施工人员每天作业时间不得超过6h
		进隧道作业必须穿特制的防辐射工作服,带防尘口罩,佩戴个人剂量仪,工作后沐浴等

145

附录3 检查报告

×××公路安全生产检查小组报告

根据×××公路(或×××单位)质量、安全监督工作计划的安排,结合×××公路(或××单位)土建工程施工的实际进展情况,在×××公路×××单位的配合下,×××单位于×××年×××月×××日至×××月×××日,对×××公路建设项目(或××标段)现场进行了安全检查,现将安全生产方面存在问题报告如下:

1. 检查依据

(1)《中华人民共和国安全生产法》
(2)《建设工程安全生产管理条例》
(3)《安全生产许可证条例》
(4)《生产安全事故报告和调查处理条列》
(5)《公路水运工程安全生产监督管理办法》(2007交通部1号令)
(6)《公路工程施工安全技术规程》(JTJ 076—95)
(7)《云南省公路建设施工安全生产监督检查评价办法》
(8)《云南省公路建设项目危险性较大的分部分项工程专项方案安全管理办法(试行)》
(9)设计文件、合同文件和招投标文件
(10)其他有关安全技术标准、规范

2. 检查内容及方法

按照云南省交通运输厅下发的《云南省公路建设施工安全生产监督检查评价办法》和《云南省公路建设项目危险性较大的分部分项工程专项方案安全管理办法(试行)》等的相关要求,对×××单位的内业、外业进行了检查,并根据《云南省公路建设施工安全生产监督检查评价办法》对被检查单位的安全管理工作进行评价。

内业管理检查方法:主要是通过对×××安全管理体系文件和相关资料的查阅以及对安全管理人员的交流,了解其安全管理体系的建立和运行是否满足安全生产相关法律、法规、规范和标准的要求,安全管理职能是否履行到位。

现场安全管理检查方法:主要是通过对×××(可选施工现场、合同段、具体项目)的开工点和重点部位进行检查,安全生产管理制度是否落实到位,是否存在安全隐患。

3. 安全管理及现场检查情况

示例:

根据安全检查小组对×××高速公路建设指挥部、2个土建分部、11个施工工区、3个总监办的安全生产管理的检查情况,检查组认为,×××指挥部、总监办和各项目分部均能较好的承担其安全生产责任与应履行的义务,有较好的协调服务意识,坚持了"安全第一、预防为主、综合治理"的安全生产管理方针,认真抓好监督检查工作,确保了该工程项目得以顺利进行。

从检查结果来看,各施工项目分部的安全管理、安全生产投入、安全技术措施和安全宣传教育培训等方面基本符合安全生产相关法律、法规、规范和标准以及此次检查内容的要求。但同时在检查中也发现部分安全管理保障体系、制度还不够完善,安全生产管理意识、职责落实还不到位,部分施工现场安全生产管理还存在一些隐患,安全规范管理仍需再进一步提高,做到精细化管理。

(1)本次检查对各单位安全管理评价

依据《云南省公路建设施工安全生产监督检查评价办法》的规定,结合内业、外业检查情况,本次检查的安全生产管理评价如附表6所示。

安全生产管理评价表 附表6

序 号	单 位 名 称	检 查 分 值	评 价 结 果
1	建设单位		
2	监理单位		
3	施工单位		

(2)施工单位内业管理方面存在的问题

示例:

①安全管理、制度、措施落实不够到位,主要体现在:

a.部分专项应急预案针对性不够强,其主要原因是危险危害因素识别、分析及控制针对性不够具体。预案培训不够全面。预案演练还应考虑实时性,如防汛预案。

b.职民工驻地建盖审批需监理单位签章。

c.危险性较大工程专项安全施工方案签章不齐全。制度还需根据有关规定完善。

d.安全经费管理不够到位,需按月份建立台账记录,留存相关的发票资料。安全费用保障使用制度还需要根据有关规定完善。

e.交叉作业制度需完善,措施需书面明确。

②安全内业资料编制不完善,主要体现在:

a.内部安全日常教育不够、学习记录不齐,需完善。

b.机械设备档案管理不够健全,没有建立一机一档的记录(需要完善设备定期维护保养记录)。

c.劳保用品发放档案不健全,应管理到领用人,并健全"三证"资料档案,即:安全生产许可证、产品合格证、安全鉴定证。

③安全培训制度不够完善,如三级教育、四新人员、管理人员和从业人员每年不少于两次的培训在制度中不明确。

(3)监理单位内业管理方面存在的问题

示例:

①总监办内部安全制度需要完善。

②需进一步落实安全生产的审核管理工作,如:工区特种作业人员证书到期的要及时复审并督促更新;及时完成专项施工方案及职民工驻地的审核工作。

③安全生产管理工作痕迹化管理需加强,相关记录应建档保存。

④加强安全专业监理工程师的到位及持证率管理。本次检查中发现安全专业监理工程师到位率基本符合合同要求,但持证率低,如×××总监办。

(4)建设单位内业管理方面存在的问题

①×××年应拨付的安全生产费用,×××年才予以拨付。

②建设单位制订的应急预案内容不全,操作性较差,预案未向全体人员宣贯,培训、演练记录不全。

(5)外业管理方面存在的问题

①桥梁施工现场管理及施工人员安全防护措施需加强,存在新、老路(便道)交叉时安全保通、交通标志、安全标志等防护措施力度不足,如:

a.×××跨线桥,交通标志、安全标志少;路边安全网拆除后应及时恢复;日常安全教育记录不全,需完善;安全技术交底没有针对性,过于笼统,且力度不够;机械设备进场前的状态记录应完善。

b.×××大桥,施工现场共有两台塔吊,其中,×××墩旁使用的塔吊经×××建筑安全生产监督管理站检验,出具了"安全登记证";×××墩旁使用的塔吊尚未完成检验检测;塔吊升起高度较高,但没有设供人员上下用的休息平台,应完善。

c.×××大桥,钢筋切断机无安全防护罩。

d.×××立交区,现浇混凝土梁时,桥面工作面脚手架围栏安全防护网装挂不规范。

e.×××大桥,已浇桩基预留2m深时,孔口无安全防护措施;×××墩墩柱钢筋笼接长焊接时,采用汽车吊吊装钢筋笼,工人焊接过程中,汽车吊驾驶员(起重作业人员)擅自离开吊装作业现场,吊装现场无人进行安全监督;×××墩墩柱钢筋笼无缆风绳防护。

②脚手架搭接不符合规范要求,存在施工安全隐患,如:

a.×××大桥,施工现场少量用电线路没按要求架空,随意拖放在田地里;脚手架搭设地基没有整平夯实,立杆支撑在浮石浮土上;

b.×××大桥,脚手架无供人员上下的专用"之"字攀爬梯和休息平台;左幅×××墩脚手架工作平台脚手板搭设不规范,脚手板没有满铺绑牢,且脚手板端头探头长度超过横杆15cm,形成"神仙跳"。

③职民工驻地管理力度不足,消防设备配置不足或失效、易燃易爆物品放置不规范,如:

a.×××立交区,驻地消防灭火器有失效情况;

b.×××大桥,工人驻地工棚灭火器配备不足,且有失效情况;乙炔瓶与氧气瓶同装同放,没有按规范要求设5m以上安全距离。

④施工现场临时用电不规范,未严格按照"三级配电、二级漏电保护",电线架空高度不足、随意拖地,如:

a.×××隧道,洞内粉尘控制措施不到位,应采取相应洒水抑尘措施;掌子面照明没有采用12~36V安全电压,采用了220V照明电压;部分照明灯泡距用电线路太近(小于30cm),用电线路绝缘易在高温下脆裂、破损,导致漏电、触电。

b.×××大桥,施工现场三线改迁未完成,地方高压线路影响墩柱施工安全;临时用电线路没有按《施工现场临时用电安全技术规范》(JGJ 46—2005)要求,按TN-S三相五线制架设,且部分线路架设时没有采用绝缘瓷瓶隔离。

4. 意见及建议

(1)要求按照云南省交通运输厅发《云南省公路建设施工安全生产监督检查评价办法》相关要求建立完善安全生产内业资料,尽快申报施工安全许可条件资料,及时组织交通协管员、特种作业人员、高空作业人员的培训工作,并加强现场安全生产督导管理。

(2)严格落实各级安全生产责任制,做到安全工作职责明确、责任到人、层层落实。进一步落实安全生产专题会议和每月至少一次的例会制度。

(3)雨季即将来临,要求指挥部及监理单位立即对全线职民工驻地进行清查,对存在较大选址安全隐患的驻地即刻搬移至安全地带,组织相应的应急演练。

(4)要求加强特种作业人员及设备的管理,建立并细化管理台账,无证设备不得进场、无证人员不得上岗。加强一线用工人员的监管力度,对一线人员信息的收集必须真实、完整。

(5)本项目地质情况特殊,施工临时便道普遍存在凌空面较高,行车条件差,建议继续加强施工便道安全保通工作。

(6)继续加强安全生产教育培训制度的落实,加强平时经常性的安全教育学习,增强从业人员的自我防范意识。

(7)要求结合本项目的工程建设情况和所处区域的自然气候特点,针对施工区域可能发生的自然灾害和重大危险源以及工程安全隐患,编制有针对性的,可操作性强的专项应急预案,并进行培训和演练。

(8)进一步加强施工临时用电、高处作业的规范管理,在施工现场按规定设置警示、警告标志(尤其是凌空面较高的地方)及安全操作规程。

(9)针对后续工作面的开展情况,进一步完善细化专项施工方案的编制,以保证后续工作的安全开展。

(10)针对本项目桥梁工程已进入预制、吊装阶段,对进场安装完毕的龙门吊等特种设备必须及时进行检验、验收并报当地交通运输主管部门备案。加强预制厂的临时用电、消防设施及文明施工的管理,加强吊装作业安全生产管理。

(11)要求监理工程师严格履行安全监理职责,加强监管力度,做好日常安全监理工作,同时建立完善自身安全生产管理制度。

(12)进一步树立安全工作无小事的思想,加强安全思想宣传教育,保证安全生产投入,杜绝违章指挥、违章作业、违反劳动纪律的行为。

安全检查小组
××××年××月××日

检查组成员:×××

不符合报告见附表7,公路工程安全监督抽查意见通知单见附表8。

不 符 合 报 告　　　　　　　　附表7

第　页　共　页

序　号	不符合项描述	不符合依据及条款
一、内业		
1. 业主单位(名称：　　　　　)		
2. 监理单位(名称：　　　　　)		
3. 施工单位(名称：　　　　　)		
二、外业		
施工单位(名称：　　　　　)		

制 表 人：_____　　　　　　　　　　　____年___月___日

监管组长：_____　　　　　　　　　　　____年___月___日

公路工程安全监督抽查意见通知单

云南省交通运输厅工程质量监督局

质监抽字_____号

抽查意见通知书　　　　　　　　　　　　　　　　　　　　　　　附表 8

基本情况	项目名称		合同段	
	建设单位（项目法人）		负责人	
	设计单位		负责人	
	施工单位		负责人	
	监理单位		负责人	
抽查意见	检查人： 　　　　　　　　　　　　　　　　　　　年 月 日（盖章）			
受检单位签收	 　　　　　　　　　　　　　　　　　　　年 月 日（盖章）			

注：本表一式三份，建设单位（项目法人）及项目监督组各一份，报质监机构存档一份。

附录4 平安工地考核评价表

建设单位考核评价见附表9,监理单位考核评价见附表10,施工单位基础管理考核评价(专项部分)见附表11,施工单位施工现场考核评价(综合部分)见附表12,施工单位施工现场考核评价(专项部分)见附表13。

在确保本标准表格中类别及权重不变的情况下,各使用单位在细化或增加考核项目时,不得对表中标记 * 及黑体的"考核项目"和"考核内容及评价标准"进行调整。

项目名称: 建设单位考核评价表(140分)   附表9

序号	类别	考核项目	考核内容及评价标准	检查评价方法	扣分标准	得分	备注
1	责任落实(20分)	1.1 组织机构及人员配备(4分)	建立专职安全管理部门,配备足够的安全管理人员,及必要的办公设备、设施。单位主要领导和分管领导、各部门安全责任明确,明确归口部门和责任人。内部层层签订安全责任书	查文件	未建立专职安全管理部门,扣3分。安全管理人员配备不足,办公设备及设施配备不到位,扣1~3分。责任未落实或不明确,扣1~3分。未签订责任书,扣3分,责任书签订不规范,发现一份扣1分		
		1.2 规章制度(4分)	建立安全生产责任制度、检查整改、事故报告、应急管理、平安工地建设、安全奖惩、安全经费管理等制度	查文件	未见行文,扣4分。制度少一项,扣2分。制度针对性不强,可操作性差,扣1~2分		
		1.3 *落实执行情况(5分)	认真执行国家、行业及上级有关工程安全管理工作要求。认真执行本单位的制度及要求	查文件、资料及会议记录等	执行过程中走过场、形式化,存在明显问题的,发现一处扣2~5分		
		1.4 *风险评估(5分)	*按要求组织开展桥隧施工安全风险评估。*按要求对极高风险的施工作业组织专家论证。按要求组织开展其他风险评估工作	查资料、记录	未按要求组织开展桥隧工程施工安全风险评估,扣2~5分。极高风险的施工作业未按要求组织专家论证,发现一项扣3~5分。未组织其他风险评估工作的,发现一处扣2分		

续上表

序号	类别	考核项目	考核内容及评价标准	检查评价方法	扣分标准	得分	备注
1	责任落实（20分）	1.5 内部培训教育（2分）	建立培训教育计划，对管理人员进行内部培训教育	查资料、记录	未组织培训教育，扣2分。未制订培训教育计划或培训教育可行性不强，扣1～2分。未按培训教育计划组织培训，扣1～2分。		
2	安全生产费用（15分）	2.1＊安全生产费用列支情况（15分）	安全生产费用不低于投标的1.5%。按投标要求及时支付安全生产费用，并检查安全生产费用管理和使用的情况	查招投标文件及相关账目	在招投标文件中，未明确不低于1.5%的安全生产费用，安全生产费用未单独列出，扣10分。安全生产费用未及时支付，扣5分。安全生产费用管理和使用不符合要求，扣6～8分		
3	安全生产条件管理（15分）	3.1 安全生产条件审查（15分）	开工前按照本表规定内容进行复核性审查。施工过程中，对施工、监理单位履约情况进行不定期检查	查资料、记录	审查不严，存在明显问题的，扣10～15分。施工过程中，对施工、监理单位履约情况检查不严格，扣5～10分。		
4	检查考核（25分）	4.1＊检查及隐患排查（10分）	建立检查及隐患排查计划，实行闭合管理。特殊时段安全检查，值守到位	查文件、回复资料	未建立检查及隐患排查计划扣10分。不按计划开展，扣4～6分；检查没有记录，不闭合，发现一处扣2分。特殊时段安全检查没有工作安排，值守不到位，扣3～5分；没有检查、落实记录，发现一次扣2分		
		4.2＊考核评价（15分）	定期开展"平安工地"自我考评价。定期对施工和监理单位开展"平安工地"考核评价。考核评价资料真实、准确	查文件及资料	自我考评价走过场或开展不及时的，扣4～6分。对施工和监理单位的考核评价走过场或开展不及时，扣6～10分。考核评价资料欠真实、准确，发现一处扣3分		

153

续上表

序号	类别	考核项目	考核内容及评价标准	检查评价方法	扣分标准	得分	备注
5	事故应急(15分)	*5.1 事故报告(10分)	执行事故快报及月报制度	查台账及资料	未执行事故快报或瞒报、迟报事故，扣10分。未执行月报制度，扣2分。发生事故未按"四不放过"原则进行处理，扣4~8分。未建立项目事故管理档案，扣2分。		
		5.2 应急预案(5分)	编制项目应急预案，组织应急演练	查文件、记录	未编制预案，扣5分。预案针对性差或演练不及时，扣1~3分。		
6	政府主管部门安全专项工作(10分)	6.1*政府主管部门安全专项工作落实情况(10分)	严格落实政府主管部门布置的安全专项工作。安全专项工作制订落实方案或计划等。按方案或计划执行到位。制订"平安工地"建设方案，"平安工地"建设要求落实到建设单位工程管理人员、监理单位及施工单位	查文件、资料及记录	未制订安全专项工作方案或计划，发现一次扣5分。安全专项工作落实不到位，发现一次扣2~4分。未制订"平安工地"建设方案，扣10分。"平安工地"建设要求未落实到位，扣3~5分。		
7	建设单位工作效能(40分)	7.1 所管理的监理单位和施工单位考核评价情况(40分)	监理单位各合同段考核评价得分平均值×0.1+施工单位各合同段考核评价得分平均值×0.3 即为建设单位工作效能得分	查考核评价资料	监理单位各合同段考核评价得分平均值×0.1+施工单位各合同段考核评价得分平均值×0.3 即为建设单位工作效能得分		
实得分			应得分		(实得分/应得分)×100 =		

被检查评价单位(盖章)：　　　　　　　　　评价人：　　　　　　　　　检查日期：　　年　月　日

附录

附表 10

监理单位考核评价表（140分）

项目名称：　　　　　　　　合同段：　　　　　　　　监理单位名称：

序号	类别	考核项目	考核内容及评价标准	检查评价方法	扣分标准	得分	备注
1	责任落实（15分）	1.1 岗位职责（5分）	明确总监、总监代表、副总监、专业监理工程师和监理员的安全岗位职责，逐级签订安全生产责任书	查文件	无岗位职责，扣5分。岗位职责缺项，发现一项扣1分。针对性不强，扣2~3分。未逐级签订安全生产责任书，扣3分		
		1.2 规章制度（5分）	建立会议、检查、专项经费审批、危险性较大工程方案审查、隐患督促整改、应急管理、事故报送等工作制度	查文件	制度少一项，扣2分。制度针对性不强，可操作性差，扣1~3分		
		1.3 安全监理规（计）划（5分）	编写安全监理规（计）划，且经核准	查文件	未见行文，扣5分。安全监理规（计）划针对性不强，扣1~3分		
2	审查审批（30分）	2.1 施工组织设计（5分）	对施工组织设计中的安全管理措施进行审查、审批	查文件	未审查施工组织设计，扣5分。未认真审查及未及时审查，扣2~4分		
		2.2*专项施工方案（10分）	对危险性较大工程专项施工方案进行审查、审批，监督实施情况	查文件	未及时对施工单位上报的专项施工方案进行审查审批，扣5~8分。经审批的专项方案不符合有关要求，扣5~8分。危险性较大工程专项施工方案未经审查同意，工程已实施，且监理未纠正，扣5分。未严格监督实施，扣2~6分		
		2.3*风险预控（5分）	对施工单位编制的应急预案进行审查、检查演练情况。履行监理风险评估职责	查文件、记录	未督促施工单位申报和审查，扣5分。不认真检查、督促，履行职责不到位，扣1~3分。未进行演练或未及时审查，扣3分。未对风险评估监理职责履行不到位，扣2分		

155

续上表

序号	类别	考核项目	考核内容及评价标准	检查评价方法	扣分标准	得分	备注
2	审查审批（30分）	2.4*安全生产费用（10分）	对施工单位的安全生产费用使用计划进行审查。 对安全生产费用使用情况进行检查、现场核对。 审查安全生产费用使用凭证	查记录、现场检查核对	未审查，扣10分。 不认真审查或审查不及时，扣4~6分。 未建立安全费用使用台账，或台账不清，扣2~4分。		
3	安全检查与督促整改（30分）	3.1*安全检查（20分）	检查施工单位岗位职责分解落实情况。 对施工单位设备、周转性材料、人员履约情况等规定进行检查。 持证上岗等规定进行检查。 按施工计划督促施工单位进行危险源识别和专项方案的编制，并对其工作情况进行检查。 定期开展安全隐患排查。 对重大隐患不能立即整改的安全隐患和问题，督促施工单位按整改计划整改，直至消除。 对有关部门检查通报的问题，及时督促施工单位整改，积极整改。 对有关部门通报施工单位存在的问题，认真督促整改	查文件、记录，现场检查核对	对所列内容，未全面认真及时进行检查，每发现一处扣2分。 对检查发现的问题没有监理措施、复查结果等，每发现一处扣2分。 检查工作台账不清晰，可追溯性差，扣3分。 发现重大隐患未发现监理指令，扣5分。 对施工单位的检查和复查情况未附影像资料，发现一处扣1分。 监理隐患排查过场，扣5分。 指令、通知记录不闭合，发现一份扣3分。 未对安全专项方案实施情况进行分析评价，扣5分		
		3.2*考核评价（10分）	按照"平安工地"考核评价要求定期开展自我考核评价。 定期对施工单位开展考评。 考核评价资料真实、准确	查文件及资料	自我考核评价走过场或不及时，扣5~10分。 对施工单位的考核评价走过场或不及时，扣2~5分。 考核评价资料欠真实、准确，扣3~5分		

续上表

序号	类别	考核项目	考核内容及评价标准	检查评价方法	扣分标准	得分	备注
4	监理人员管理（15分）	4.1*持证上岗（5分）	按照合同文件配置安全监理人员。监理人员名册。监理工程师持安全监理培训证	查名单、资料	安全监理人员不满足合同文件要求，每人扣1分。未提供监理名册，扣1分。未提供监理人员上岗及离岗记录（如考勤表等），扣1分。安全监理工程师未持安全监理培训证，发现一人扣1分		
		4.2 监理人员内部培训教育（5分）	建立培训教育计划，对监理人员进行内部培训教育	查资料及记录	未组织培训教育，扣5分。未制订培训教育计划或培训教育计划可行性不强，扣1～3分。未按培训教育计划组织培训，扣1～2分		
		4.3 安全监理日志（5分）	认真填写安全监理日志	查日志	安全监理日志不连续、签字不齐或未经总监定期审查，发现一处（次）扣1分		
5	政府主管部门安全专项工作（8分）	5.1*政府主管部门安全专项工作落实情况（8分）	严格落实政府主管部门布置的安全专项工作。安全专项工作应制订落实方案或计划。按方案或计划执行到位，制订"平安工地"建设方案，"平安工地"建设要求落实到所有监理人员	查文件、记录，现场核对	未按规定落实政府主管部门布置的安全专项工作，发现一次扣2分。未制订安全专项工作方案或计划，扣4分。安全专项工作落实不到位，发现一次扣2～4分。"平安工地"建设方案，签字不全或未经总监定，扣8分。未制订"平安工地"建设方案，扣8分。"平安工地"建设要求未落实到所有监理人员，扣3～5分		
6	档案管理（2分）	6.1 安全档案资料（2分）	安全资料归档及时、齐全，台账明晰	查台账、文件资料及记录	安全档案资料不真实，发现一份扣2分。台账不全、不明晰，扣1～2分。资料不齐全，扣1～2分		
7	监理工作效能（40分）	7.1 所监理施工单位的考核评价情况（40分）	所监理的各施工合同段考核评价得分平均值×0.4即为监理工作效能得分	查考核评价资料	各施工合同段考核评价得分平均值×0.4即为监理工作效能得分		
实得分			应得分		（实得分/应得分）×100=		

被检查评价单位（盖章）：　　　　　　　　　评价人：　　　　　　　　　检查日期：　年　月　日

附表 11

施工单位基础管理考核评价表（100 分）

项目名称：　　　　　　　　　　合同段：　　　　　　　　　　施工单位名称：

序号	类别	考核项目	考核内容及评价标准	考核评价方法	扣分标准	得分	备注
1	安全生产条件（24分）	1.1*施工单位安全生产许可证（4分）	施工单位安全生产许可证上岗，证书有效	查证书	安全生产许可证失效扣4分		
		1.2*从业人员资格条件（4分）	项目负责人及安全管理人员持"三类人员"考核培训合格证书上岗，证书有效并与对应岗位人员身份相符。施工现场每5 000万元施工合同额的比例配备一名专职安全员。特种作业人员持有效资格证书上岗，与相应工作对应	查"三类人员"证书。查台账，同时对现场在岗人员对应检查	每发现一例未持有效证书或证书与对应岗位人员身份不相符，扣1分。未按比例配备专职安全管理人员，发现少一人扣1分。每发现一例特种作业人员未持有效证书，扣1分。持证人在岗情况不明，扣1~2分		
		1.3*从业人员保险（4分）	全员劳动用工登记，更新及时，符合现场。按规定为施工现场作业人员办理意外伤害保险	查花名册及保单发票	未建立人员台账扣4分，台账不完善扣1~2分，无进出场记录扣2分。未办理意外伤害保险扣4分。意外伤害保险未覆盖全员或不连续，扣1~3分		
		1.4 安全组织机构（4分）	建立专职安全管理机构，安全组织机构与实际对应。悬挂明显位置，各部门及作业层安全岗位职责及责任人明确。逐级签订安全生产责任书	查施工单位的责任件及签订责任书	未建立专职安全管理机构，扣4分。安全组织机构框图未悬挂，扣1分，与项目实际人不对应扣1分。安全岗位职责和责任人不明确，扣2~4分。责任书签订不规范，未逐级签订责任书，扣1~2分		
		1.5*机械设备管理（4分）	建立机械设备分类管理台账。建立特种设备管理档案，一机一档。特种设备安装拆除应由具备资质条件的单位承担。大型模板、承重支架及未列入国家特种设备目录的非标准设备，应组织专家论证检验合格，日常检查、维修、保养记录齐全。特种设备投入使用前经检验合格，日常检查、维修、保养记录齐全	查台账、现场核对	未建立机械设备台账扣2分，台账不全扣1~2分。特种设备档案不规范，发现一处扣1分。安装拆除由不具备资质条件的单位使用，每发现一台扣2分/台。特种设备未经论证和验收，发现一台扣2分/台。特种设备投入使用前未经检验，维修保养记录每发现1台扣1分；无日常检查，扣1分；记录不全面，扣1~2分		

158

续上表

序号	类别	考核项目	考核内容及评价标准	考核评价方法	扣分标准	得分	备注
1	安全生产条件（24分）	1.6 施工作业手续（4分）	根据工程实际，按规定办理跨线施工、交通管制及水上水下作业的相关安全许可手续	查文件	未办理，扣4分		
2	安全生产管理制度（34分）	2.1 安全生产例会制度（4分）	明确安全生产例会的时间、频次，参会主要人员。会议记录清晰、全面。会议要求落实到位并有书面记录	查制度文件、会议记录及签字等	未建立安全例会制度，扣4分；制度针对性不强，扣1~2分。未按时召开例会，记录不完整、签字不全，扣1~2分。会议要求落实无痕迹资料，扣1~2分		
		2.2 安全教育培训制度（4分）	制订教育项目经理、转岗、特殊工种，安全专职人员，管理人员，新进场从业人员安全教育培训计划。明确培训时间、内容、方法等要求，并按要求开展教育培训时，内容、方法等要求，并按要求开展教育培训。培训时间、内容、参加培训人员记录清晰	查制度文件、教育培训计划记录及签字等	未建立安全培训制度和计划，扣1~2分。教育培训计划不合理，扣1~2分。未按计划对相关人员进行教育培训，或教育培训不到位，扣2~4分。培训时间、内容、参加培训人员记录不清晰，发现一处扣1分		
		2.3 * 安全生产费用管理制度（4分）	制订安全生产费用管理制度。制订安全生产费用使用计划，根据批准计划落实到位。建立安全生产费用管理台账	查制度文件、台账、费用明细、使用凭证	未建立安全生产费用管理制度和计划，扣4分；制度针对性不强度计划不合理，扣1~2分。计划未按季度（或月）落实，扣1~2分。台账记录不清晰，费用明细、记录不全面，扣1~2分。挪用安全生产费用，扣2~4分		
		2.4 危险品安全管理制度（4分）	制订危险品管理办法。危险品管理人员配备到位并持证上岗。* 危险物品进出库台账清晰，记录等符合有关要求。* 爆破施工应取得有关部门批准。* 按规定编制爆破设计书及施工组织设计	查制度文件、证书及台账等	未建立危险品管理办法，扣1~2分。人员未持证上岗，发现一人扣1分。未按制度落实危险品管理措施，扣2~4分。危险品进出台账不全、不连续，扣2~4分，不严格执行退出库程序，发现一起扣4分。爆破作业相关审批、备案、登记手续不全，扣4分。爆破作业未按规定编制，施工文件未按规定编制，扣4分		

159

续上表

序号	类别	考核项目	考核内容及评价标准	考核评价方法	扣分标准	得分	备注
2	安全生产管理制度（34分）	2.5 消防安全责任制度（4分）	制订消防安全责任制度。明确消防安全责任区域、责任人，消防器材配置及维护要求。建立消防器材管理使用台账	查制度、台账、现场	未制订消防责任制度扣4分；制度针对性不强扣1~2分；未绘制消防设施布设图，扣1~2分；消防职责或责任人不明确扣1~2分；管理台账不全，扣1~2分。		
		2.6*安全检查制度（6分）	制订安全检查制度。明确项目负责人带班制度。制订隐患排查工作方案，对发现隐患进行分析，制定具有针对性的隐患治理措施。重大安全隐患必须挂牌督办。明确定期、日常、防汛防台、特殊时段等专项安全检查内容、检查频率、责任人、实施要求。安全检查记录清晰、资料齐全、闭合管理	查制度文件、台账、现场核对	未建立安全检查制度，扣3分。安全检查制度针对性不强，扣1~3分。未制订项目负责人带班制度，扣3分。未制订隐患排查方案，扣3分。未按规定的频率开展隐患排查，扣1~2分。未对隐患进行分析，扣1分。未对重大安全隐患挂牌督办，发现一次扣2分。未明确定期、日常、防汛防台、特殊时段等专项安全检查时间、责任人、检查内容，实施要求不明确，扣2~3分。检查记录不真实，不闭合，发现一处扣1分。		
		2.7 安全奖罚考核制度（4分）	制订奖罚制度。明确奖励、处罚条件及方式。执行到位，记录清晰	查制度文件、查记录	未建立奖罚制度，扣4分；制度针对性不强扣1~2分。奖罚制度执行不到位，记录不清晰，扣2~4分。		
		2.8*生产安全事故调查处理及报告制度（4分）	制订生产安全事故调查处理及报告制度。建立安全事故档案，发生事故及时报告。落实事故处理"四不放过"	查制度文件、台账及记录	未建立制度，扣4分。制度不符合相关规定，扣1~2分。发生事故后，未按规定实施事故报告，扣4分。事故处理落实未做到"四不放过"，扣1~4分。		

附录

续上表

序号	类别	考核项目	考核内容及评价标准	考核评价方法	扣分标准	得分	备注
3	安全技术管理（30分）	3.1*专项施工方案（8分）	按要求编制危险性较大工程专项施工方案。方案中安全措施操作性性强，内容齐全。按规定对专项施工方案进行评审。严格按方案落实到位	查台账、文件，现场核对	危险性较大工专项施工方案不全，少一项扣2分。专项方案未报批或未经评审，发现一份扣2分。超过一定规模的危险性较大工程的危险性专家评审，发现一份扣4分。不按规定组织专家评审的，发现一份扣4分。专项方案操作性不强，扣1~4分。		
		3.2*施工组织设计（4分）	施工组织设计中有安全保证措施，且可操作性强。经施工企业技术负责人审核、签认，履行审批手续齐全	查资料	施工组织设计中安全措施内容不全，操作性不强，扣1~2分。施工组织设计审批手续不完善，扣1~2分。		
		3.3*安全技术交底（4分）	制订安全技术交底制度。明确交底责任人、对象、方法、内容。逐级交底记录清晰、真实，内容可行。建立逐级交底台账	查制度文件，台账及记录	未建立安全技术交底制度，扣2分。制度针对性不强，内容无针对性，发现一处扣1分。安全技术交底资料不全，内容无针对性，扣1分。未建立交底台账，扣2分。记录不真实，扣2分。未逐级交底，扣2~4分。		
		3.4*风险预控（6分）	对风险源识别全面。预控措施操作性强。对重大风险制订施工安全风险管理方案。按规定开展桥隧施工安全风险评估。重大风险源要对作业人员进行书面告知。按规定开展地质灾害评估	查文件，现场核对	重大风险中未制订安全管理方案，扣3分。方案中未明确责任人或预控措施针对性不强，发现一处扣1分。风险源识别不全或预控措施操作性不强，发现一处扣1分。未按规定开展桥隧施工安全风险评估，扣3分。重大风险源未对作业人员进行书面告知，发现一项扣1分。未按规定开展地质灾害评估，扣2分。		

161

续上表

序号	类别	考核项目	考核内容及评价标准	考核评价方法	扣分标准	应得分	得分	备注
3	安全技术管理（30分）	3.5*临时用电方案（4分）	按规定制订临时用电方案。 标注用电平面布置图。 巡视维修保养记录完整	查方案、记录	未制订临时用电方案，扣4分。 方案中用电设备清单、负荷计算、用电工程图纸等不完整，扣1~3分。 未标注用电平面布置图，扣2分。 无电工巡视维修保养记录或记录不连续，扣1~2分			
		3.6*应急预案及演练（4分）	制订操作性强的各类应急预案及现场处置方案。 有针对的开展应急培训和演练，并及时总结。 配备兼职的应急队伍和应急物资	查文件、记录	未制订专项应急预案，扣4分。 专项应急预案不全，发现一项扣1分。 应急预案操作性不强，扣1~3分。 未开展培训及演练，扣1~2分。 演练后未总结，扣1分。 无兼职的应急队伍，扣1分。 应急救援物资配备不足或台账不清晰，扣1~2分			
4	档案管理（2分）	4.1安全档案资料（2分）	形成的各类档案资料完整、有效	查台账、记录	形成的各类档案不完整、无效，发现一处扣1分			
5	政府主管部门安全专项工作（10分）	5.1*政府主管部门安全专项工作落实情况（8分）	严格落实政府主管部门布置的安全专项工作。 安全专项工作制订落实方案或计划，按方案或计划执行到位。 制订"平安工地"建设方案，"平安工地"建设要求落实到一线工人	查文件、记录，现场核对	未制订安全专项工作方案或计划，发现一次扣4分。 安全专项工作落实不到位，发现一次扣2~4分。 未制订"平安工地"建设方案，扣5分。 "平安工地"建设要求未落实到一线工人，扣3~5分			
		5.2*考核评价（2分）	按照"平安工地"考评办法要求定期开展自我考核评价。 考核评价资料真实、准确	查文件及资料	自我考核评价走过场或不及时的，扣1~2分。 考核评价资料欠真实、准确，扣1~2分			
实得分					（实得分/应得分）×100=			

被检查评价单位（盖章）：　　　　　　　　　评价人：　　　　　　　　　检查日期：　年　月　日

附录

施工单位施工现场考核评价表（综合部分100分）

附表12

项目名称：　　　　　　　　　　　合同段：　　　　　　　　　　　施工单位名称：

序号	类别	考核项目	考核内容及评价标准	考核评价方法	扣分标准	得分	备注
1	施工现场布设（30分）	1.1*施工驻地（6分）	驻地选址、建盖方案经审核批准。办公生活区严禁设置在危险区域。生产、生活区分别设置并封闭管理。生活区严禁存放易燃易爆危险品。装配式房屋应有合格证书，满足安全使用要求	查看现场	方案未经审批，每处扣2分。办公生活区设置在风险区域，扣6分。生产、生活区设置不合理、未按规定封闭设置，安排专人值班的，扣2分。生活区内存放易燃易爆危险品，扣4分。装配式房屋无材料合格证或验收证明，发现一处扣1分。生产、生活区布置不满足防火防爆要求，扣4分。		
		1.2 拌和站、预制场、钢筋加工场（6分）	钢筋加工场、预制场、拌和站、木工加工厂等区域分区明显。拌和站、预制场和钢筋加工场地面硬化、排水系统完善，并封闭管理。承重大型构件存放层数和间距符合规范要求，梁板采取有效防倾覆措施。设置防雨棚，并安装稳固。张拉作业有安全防护措施。*搅拌设备检修、清理料仓时，应停机并切断电源，设置明显标志并有专人看守	查看现场	区域划分不合理，标识不明显，扣2～3分。场地硬化、排水系统不符合要求，发现一次扣1分。未封闭管理，发现一次扣1分。梁板堆放层数不符合规范要求，无防倾覆措施，扣2分。未设置防雨棚扣2分，防雨棚不稳固，扣1～2分。张拉作业没有安全防护措施，发现一次扣4分。违章检修搅拌设备，发现一处扣4分。		
		1.3*临时用电（6分）	严格按照施工现场临时用电方案进行布设和使用	方案与现场比对检查	现场临时用电未按临时用电方案布设，扣2～4分。"三级配电、两级保护"和"一机、一闸、一漏、一箱"，发现一处不规范扣1分。电缆空架和入地埋设不规范，发现一处扣1分。电箱固定、上锁，防雨等措施不规范，发现一处扣1分。场内照明及安全电压使用不满足要求，发现一处扣1分。标识不完善，发现一处扣1分。		

163

续上表

序号	类别	考核项目	考核内容及评价标准	考核评价方法	扣分标准	得分	备注
1	施工现场布设（30分）	1.4*消防安全（6分）	施工现场消防设施，消防通道建设符合消防安全要求。消防区域悬挂责任铭牌	查看现场	施工现场消防设施配备不足，维护不及时，扣3～5分。消防通道不满足要求，扣3分。未悬挂责任铭牌扣1分		
		1.5 施工便道便桥（6分）	便桥进行专项设计。便道危险路段、便桥位置设置设置安全标识。便道具有必要的通行能力	查看现场	便桥未专项设计或未经收验即投入使用，扣6分。便道排水设施不到位，通行能力弱，扣1～3分。便桥未设限速、限载标志，发现一处扣1分。便道急弯、陡坡等危险路段未设置警示、限速等标志，发现一处扣1分		
2	安全防护（26分）	2.1*防护栏杆、安全网及其他防止坠落措施（8分）	高处、临边、临水作业应设置防护栏杆及安全网。下方有人员通行或作业的，应设置挡脚、防滑设施、安全网、安全通道等	查看现场	未按要求设置防护栏杆、安全网或其他安全防护设施的，发现一处扣1分。防护栏杆不牢固，发现一处扣1分。安全通道未搭设或搭设不规范，发现一处扣1分		
		2.2 文明施工、安全警示标志、标牌（8分）	区域分区标牌全面。施工现场明显位置设置"五牌一图"。交通要道、重要作业场所、危险区域设置安全警示标志、标牌。现场机械设备按要求设置安全操作规程牌	查看现场	未按要求设置文明施工、安全警示标志、标牌及操作规程牌的，发现一处扣1分		
		2.3 避雷设备（5分）	拌和打桩和起重等高耸设备及其电器设备按规定设置避雷设施	查看现场	未按要求设置避雷设备的，发现一处扣1分		
		2.4 个体防护（5分）	进入施工现场人员及作业人员应按规定配置和使用个体防护设施	查看现场	未按照规定配置和使用个体防护用品，发现一处扣1分		

续上表

序号	类别	考核项目	考核内容及评价标准	考核评价方法	扣分标准	得分	备注
3	施工作业（44分）	3.1*高处作业（10分）	高处作业必须设置人员上下专用通道。5m以下应设置防护棚。5m以上宜设置"之"字形人行斜梯。40m以上宜安装附着式电梯。作业平台脚手板应铺满，不应有翘头板，并挂置安全网	查看现场	高处作业未按要求设置人员上下通道，发现一处扣2分。作业平台搭设不牢固，发现一处扣1分。作业平台有翘头板，发现一处扣1分。未按要求安装安全网，发现一处扣1分。		
		3.2*支架脚手架（12分）	施工现场搭设和拆除支架脚手架应满足方案要求。支架和脚手架基础牢固、排水设施完善。搭设支架和脚手架材料应逐批进场检验，每批材料抽检一组，应有检测报告。承重支架搭设应制订专项方案，搭设后应按规定组织验收，验收通过后应挂牌公示及告知。搭设高度大于10m的脚手架应设置缆风绳或固定措施	方案与现场比对检查	未按方案搭设和拆除支架脚手架，扣4~8分。基础处理不符合方案要求，扣2分。排水设施不完善，扣2分。对支架和脚手架的材料抽检数量不足，或材料无出厂合格证明，或未进行抽检质量不合格，每发现一处扣2分。承重支架未制订专项施工方案，扣4~6分。对承重支架未组织验收，发现一处扣1分。未挂牌公示和公告，发现一处扣2分。承重支架使用前未进行预压，或预压不符合要求，发现一处扣2分。未按要求设置缆风绳或固定措施，每处扣2分。缆风绳搭设不规范，扣1~2分。		
		3.3*模板（6分）	大型模板搭设和拆除应有专项方案。模板制作、存放、防倾覆、使用、拆除应满足方案要求。大型模板使用前应组织验收	方案与现场比对检查	大型模板搭设、拆除未制订专项方案，或方案未经审批，每发现一处扣2分。模板制作、存放、防倾覆、使用，发现一处扣1分。大型模板使用前未组织验收，扣6分。大型模板验收程序不规范，扣3~6分。		

165

续上表

序号	类别	考核项目	考核内容及评价标准	考核评价方法	扣分标准	得分	备注
3	施工作业（44分）	3.4 *特种设备（10分）	检验合格铭牌悬挂于明显位置。操作人员持证上岗。垂直升降设备基础满足要求，架体附着装置牢固，不超载运行。塔吊基础和架体附着装置牢固，轨道式起重机限位及保险装置有效，轨道固定	查看现场与资料比对检查	铭牌未按要求悬挂，发现一处扣1分。操作人员无证，发现1人扣2分。垂直升降设备、塔吊基础及附着装置不稳定不牢固，每处扣5分。轨道式起重机无有效限位及保险装置，发现一次扣2分。不牢固，电缆拖地行走，停机，轨道式起重设备违章操作，发现一次扣1分。特种设备未报验即投入使用，扣10分。使用过程中起重臂下严禁站人，发现一次扣1分。		
		3.5 基坑施工（6分）	深基坑施工编制专项方案，经审定批准。深基坑施工按施工方案开挖和支护。严格排水系统合理可靠。*深基坑边坡、支护结构等应进行沉降和位移监测。*堆载安全间距及安全防护满足设计或相关技术规程要求	查看现场与资料比对检查	未编制施工方案，扣6分。方案操作性差，扣2~4分。开挖和支护方案不符，扣2~4分。未按要求进行沉降和位移观测，或观测不规范，扣2~4分。排水系统失效，扣3分。堆载安全间距及安全防护不满足设计或相关技术规程要求，发现一处扣1分		

实得分
应得分
（实得分/应得分）×100 =

被检查评价单位（盖章）：　　　　评价人：　　　　检查日期：　　年　月　日

附表13

施工单位施工现场考核评价表（专项部分100分）

项目名称：　　　　合同段：　　　　施工单位名称：

序号	类别	考核项目	考核内容及评价标准	考核评价方法	扣分标准	得分	备注
4	桥梁工程（40分）	4.1 基础施工（8分）	扩大基础、挖孔桩和钻孔桩施工严格按照方案实施。设置警戒设施和警示灯	方案与现场比对检查	扩大基础、挖孔桩或钻孔桩未严格按方案实施，扣4~6分。在城市、村镇等人口密集区域未设置警戒设施和警示灯，发现一处扣1分。扩大基础、挖孔桩或钻孔桩施工未严格悬挂设置安全告知牌的，发现一处扣1分		

续上表

序号	类别	考核项目	考核内容及评价标准	考核评价方法	扣分标准	得分	备注
4	桥梁工程（40分）	4.2 *墩台（16分）	高墩台施工严格按专项方案实施。墩台施工应搭设脚手架及作业平台，保证作业人员有安全作业空间。高处作业必须设置上下专用通道。斜拉桥、悬索桥、连续刚构等特殊结构桥梁，高度超过40m应安装附着式电梯，出入口设置防护设施。严禁使用塔吊、汽车吊载人上下。横板安装必须牢固，模板之间连接螺栓必须全部安装到位	方案与现场会比对检查	高墩台施工未严格按专项方案组织实施，扣4～8分。脚手架及作业平台搭设不能保证作业安全空间，发现一处扣6分。未按规定设置人员上下通道，发现一处扣8分。未按规定安装附着式电梯，扣6分。出入口未设置防护措施，扣3分。发现起重设备连接不规范，发现一处扣1分。横板螺栓连接作业，发现1次扣2分。人员违规作业，发现1次扣2分。		
		4.3 桥梁上部结构施工（16分）	桥梁上部结构施工严格按施工方案实施。梁板吊装就位后，要组织施工。*挂篮吊装拼装后，要进行全面检查，做静载试验。桥面系施工临边应设置安全防护栏杆及安全网。*架桥机平衡配重、限位及支垫稳固	方案与现场会比对检查	未按方案组织施工，扣4～8分。梁板吊装就位时，未及时进行静载试验，扣6分。未按要求设置安全防护栏杆或安全网，发现一处扣2分。未按要求设置安全防护栏杆或安全网，发现一处扣2分。人员违规作业，发现一次扣2分。架桥机平衡配重、限位及支垫不稳固，发现一处扣2分。吊装使用的钢丝绳磨损、断丝超标，发现一处扣3分。起重设备基础、轨道固定等不符合要求，发现一处扣3分		

续上表

序号	类别	考核项目	考核内容及评价标准	考核评价方法	扣分标准	得分	备注
5	隧道工程（44分）	*5.1 施工基本要求及开挖（14分）	严格执行洞口值班登记制度。洞口施工专项方案按严格实施。洞口工程排水系统完善。洞口工程边坡及仰坡自上而下开挖，保证稳定，各类施工作业台架、台车防坠设施齐全，安全可靠。严禁堆放易燃易爆物品，严禁堵塞通道施工现场悬挂风险源辨识牌及警示标志，严禁擅自变更开挖方法。全断面法施工断面尺寸应满足设计要求。台阶法施工台阶长度不宜超过隧道开挖宽度的1.5倍，控制钢架下沉或变形。环形开挖留核心土法施工进尺控制在0.5~1m，相邻钢架必须用钢筋连接，按设计要求施工锁脚锚杆。双侧壁导坑法施工，导坑跨度宜为整个隧道跨度的三分之一，左右导坑施工时，前后拉开距离不宜小于15m，导坑与中间土体同时施工，导坑应超前30~50m。试爆要制订方案，按方案实施。	方案与现场比对检查，查记录	门禁和值班登记制度执行不严格，扣4~8分。洞口施工专项方案执行不符，扣2~4分。洞口工程排水系统不完善，扣2~4分。洞口开挖发现掏底或上下重叠开挖，不稳定，发现一处扣4分。各类施工作业台架、台车防坠设施不足，发现一处扣2分。隧道内堆放易燃易爆物品，发现一处扣4~6分。隧道内堆放杂物，存在通道被堵塞的现象，发现一处扣2分。施工现场未悬挂风险源辨识牌，扣2分。警示标志数量不足，发现一处扣2分。未按方案组织开挖，扣4~6分。断面尺寸不满足设计要求，扣2分。台阶法施工台阶长度超过隧道开挖宽度的1.5倍，发现一次扣2分，钢架下沉或变形，发现一次扣2分。开挖进尺控制不严，发现一次扣1分，相邻钢架未用钢筋连接，发现一处扣1分，未按设计要求施工锁脚锚杆，发现一处扣1分。双侧壁导坑法施工距离不满足要求，扣2~3分。未按方案组织爆破，扣6分		
		5.2 *初期支护及二衬（8分）	初期支护和二次衬砌必须按专项方案实施。在方案中明确仰拱与掌子面、二次衬砌与掌子面的距离，严格执行。钢架拱脚必须放在牢固的基础上。相邻钢架之间必须用纵向钢筋连接	方案与现场比对检查，查资料	初期支护中未明确仰拱与二次衬砌施工与方案不符，二次衬砌与掌子面的距离，扣6~8分。方案中未明确仰拱与掌子面、二次衬砌与掌子面的距离，扣6分。仰拱与掌子面、二次衬砌与掌子面的距离未按要求控制，扣4~6分。钢架拱脚基础不牢固，发现一处扣1~2分。相邻钢架之间纵向钢筋连接不规范，发现一处扣1~2分		

续上表

序号	类别	考核项目	考核内容及评价标准	考核评价方法	扣分标准	得分	备注
5	隧道工程（44分）	5.3*监控量测、超前地质预报（6分）	制订监控量测及超前地质预报专项方案，按方案组织实施。监控量测及超前地质预报资料不齐全。对监测数据进行分析，施工负责人、技术负责人及设计代表签字齐全。监控量测及超前地质预报监控点数量满足方案要求。对掌子面稳定性开展巡视检查，有记录。	查看现场、查资料记录	未按监控量测及超前地质预报专项方案实施的，发现一处扣1分。长大隧道和不良地质隧道未进行超前地质预报，扣6分。监控量测资料不齐全，扣1~2分。量测数据分析不准确，发现一处，扣2~4分。签字不齐全，发现一处，扣0.5分。监控量测及超前地质预报监控点数量不满足方案要求，一次扣1分。没有对掌子面稳定性巡视检查记录，扣1分。巡视检查记录不完善，扣1分。		
		5.4*逃生通道（4分）	长、特长隧道和V级及以上围岩隧道必须设置逃生通道	查看现场	未按要求设置逃生通道，扣4分。逃生通道不合理，扣2分。		
		5.5通风防尘照明、排水及消防、应急管理（4分）	对有毒有害气体进行监测。隧道施工必须采用机械通风，在进入隧道150m以后须以设计能量全速通风。压入武通风管的送风口距掌子面不超过15m，排风式通风管吸风口不超过5m。隧道内照明充足。排水设施完善。有足够数量的消防器材。设置应急箱。洞口配置足够数量的应急救援物资	查看现场、查资料	未有对有毒有害气体进行监测，扣1分。未按要求通风不符合要求，扣2~4分。隧道照明不符合要求，扣2分。积水较严重，扣1分。消防器材不足，扣2分。未设置应急箱，扣1分。未配置应急救援物资或数量不足，扣1~2分。		

续上表

序号	类别	考核项目	考核内容及评价标准	考核评价方法	扣分标准	得分	备注
5	隧道工程（44分）	5.6 *瓦斯隧道（6分）	瓦斯隧道施工要编制专项施工方案并严格执行。瓦斯隧道应使用具有防爆性能的机械设备。掌子面瓦斯浓度超标时严禁施工。设置灭火器、消防用沙等消防设施	方案与现场比对检查	未编制专项方案，且方案未经专家评审的，扣6分。瓦斯隧道施工与专项方案不符，扣2~4分。瓦斯隧道施工未按要求使用具有防爆性能的机械设备，发现一处扣1分。未进行瓦斯浓度检测，扣4分。掌子面瓦斯浓度超标时施工，扣6分，责令立即停工整改。施工现场消防设备不齐备，扣1~2分。		
		5.7 信息管理（2分）	长、特长隧道施工应配备监控视频、通信（含有线电话）及作业人员定位信息管理系统。	查看现场、查资料	未按要求配备信息管理系统，扣2分。监控视频、通信和定位信息失效，发现一处扣0.5分		
6	路基工程（8分）	6.1 *边坡施工（8分）	高边坡、滑坡体、危石各段应设置风险源告知牌等，并投设必要的安全防护措施。高边坡施工自上而下，严禁多级同时立体交叉作业。挡土墙施工排水设施完善。路基土石方爆破作业应编制专项方案，严格按方案实施	查看现场、查方案	未按要求设置风险源告知牌，发现一处扣1分。未按要求设置安全防护措施，扣1~2分。边坡开挖存在立体交叉，挖神仙土等情况，扣一处3分。排水不完善，扣2分。路基土石方爆破作业与专项方案不符，发现一次扣3~5分		
7	路面工程（8分）	7.1 路面施工（8分）	施工区域实行交通管制，严禁工程施工车辆载人。路面摊铺施工机，压实机械应配置反光装置。*摊铺施工期按规定配置专职安全员。摊铺现场应配置专人指挥施工机械作业	查看现场	施工区域交通封闭管理不严，扣2分。发现用施工车辆违规载人，扣4分。路面摊铺机、压实机械反光装置不符合要求，发现一处扣1分。*摊铺施工期无专职安全员，发现一次扣2分。现场施工车辆、压实机械无专人指挥，发现一次扣2分		
实得分			应得分		（实得分/应得分）×100=		

被检查评价单位（盖章）：　　　　　　　　　　评价人：　　　　　　　　　　检查日期：　　年　月　日

附录 5 主要施工作业活动对应事故类型和关键措施对照表

主要施工作业活动对应事故类型和关键措施对照见附表 14。

主要施工作业活动对应事故类型和关键措施对照表　　　　附表 14

作业内容	主要事故类型	关键措施
清理场地	建筑物倒塌、物体打击、火灾	(1) 砍伐树木时，非工作人员不得在范围内逗留和接近范围。 (2) 在陡坡悬岩处进行砍伐树木施工作业时，应制订防止树木伐倒后顺坡溜滑和撞落石块伤人的安全措施。 (3) 拆除工序应由上而下，先外后里，严禁上下同时作业。 (4) 拆除梁、柱之前，应先拆除其承托的全部结构物，严禁采用掏空、挖切和大面积推倒的拆除方法
土方工程	边坡坍塌、机械伤害、管线爆裂、交通事故	(1) 在靠近建筑物、设备基础、电杆及各种脚手架附近挖土时，必须采取安全防护措施。 (2) 在不良地质地段进行开挖作业时，应分段开挖，并分段修建支挡工程。 (3) 土方开挖必须自上而下按顺序放坡进行，严禁采用挖空底脚的操作方法。 (4) 开挖工作应与装运作业面相互错开，严禁上、下双重作业
石方工程	机械伤害、爆炸	(1) 爆破器材运输，应避开人员密集地段，中途不得停留。 (2) 严禁由一人同时搬运炸药与雷管。 (3) 每次爆破必须设立警戒线，确定的危险区边界应有明显的标志
防护工程	高处坠落、物体打击	(1) 边坡防护作业必须搭设牢固的脚手架。 (2) 雨季防护工程作业前应观察边坡稳定情况。 (3) 严禁上下同时作业。 (4) 人员上下应爬梯。 (5) 作业人员应使用安全带
基层、底基层施工	机械伤害、车辆伤害	(1) 现场调转推土机、平地机、压路机等机械以及运料车倒料时，应设专人指挥。 (2) 机械在道路、公路上行驶时，应遵守道路交通安全相关规定
沥青路面	高温烫伤、机械伤害、车辆伤害	(1) 沥青蒸汽加温装置的蒸汽管道应连接牢固，在人员易触及的部位，必须用保温材料包扎。 (2) 洒布车(机)施工作业区两端，设置明显路栏，夜间路栏上设置施工标志灯或反光标志。路面施工区段严禁社会车辆及人员进入。 (3) 压实机械应安装倒车警告或倒车雷达设备

续上表

作业内容	主要事故类型	关键措施
水泥混凝土路面	机械伤害、车辆伤害	(1)自卸汽车运送混凝土拌和物不得超载和超速行驶。 (2)布料机与振平机组间应保持5～8m的距离。 (3)调整机器的高度时,工作踏板、扶梯等处禁止站人。 (4)夜间施工,滑模摊铺机上应有足够照明和警示标志
明挖基础	坑壁坍塌、机械伤害、爆炸	(1)开挖基坑时,要按规定的边坡坡度分层下挖,严禁局部深挖和掏洞开挖。 (2)基坑开挖需要爆破时,应按国家现行的《爆破安全规程》(GB 6722—2003)办理。 (3)基坑、井坑开挖过程中,必须设专人观察坑壁、边坡有无裂缝和坍塌现象(特别是雨后和解冻时期)。 (4)挖掘机等机械在坑顶进行挖土作业时,坑内不得同时有人作业
钻孔灌注桩基础	钻机倾覆、孔口坠落	(1)钻机安设必须平稳、牢固;钻架应加设斜撑或缆风绳。 (2)孔口四周设置护栏,成孔后应设置盖板
挖孔灌注桩基础	孔壁坍塌、吊物伤人、窒息、爆炸	(1)挖孔较深或有渗水时应采取孔壁支护及排水、降水等措施严防坍孔。 (2)孔顶设置高出地面的围栏,孔口不得堆集土渣及机具。 (3)夜间作业应悬挂示警红灯。挖孔暂停时孔口应设置罩盖及警示标志。 (4)应采取活物、气体检测器等方式经常检查孔内的气体情况。 (5)人工挖孔深度超过10m时应采用机械通风。 (6)挖孔桩内岩石需要爆破时,应采取浅眼爆破法。按国家现行的《爆破安全规程》(GB 6722—2003)中的有关规定办理
现浇墩台施工	模板倾覆、物体打击、高处坠落、机械伤害	(1)施工前必须搭好脚手架及作业平台。墩台顶必须搭设安全护栏,施工人员应系好安全带作业。 (2)用吊斗浇筑混凝土时,应设专人指挥吊斗的升降。 (3)吊机扒杆转动范围内不得站人。 (4)模板就位后应立即用撑木等材料固定,以防模板意外倾倒
砌筑墩台施工	平台倒塌、高处坠落、物体打击	(1)砌筑墩台前应搭设好脚手架、作业平台、护栏、扶梯等安全防护设施。 (2)吊机、桅杆吊运砌筑材料时,应听从指挥
滑模施工	模板垮塌、高处坠落、机械伤害	(1)应按照高处作业的安全规定,加设安全防护设施 (2)架体提升时应另设保险装置。 (3)滑模施工宜采用油压千斤顶同步提升。 (4)运送人员、材料的罐笼或外用电梯应有安全卡、限位开关等安全装置。 (5)拆除滑模设备时应做好安全防护措施。 (6)操作平台周围应安设防护栏杆。 (7)操作平台上不得形成局部荷载集中的现象

续上表

作业内容	主要事故类型	关键措施
预制构件安装	机械失稳、高处坠落、物体打击	(1)安装的构件应平起稳落。 (2)在预制场顶升构件装车及双导梁、桁梁安装构件时,采用的千斤顶在使用前必须做承载能力试验。 (3)吊钩的中心线必须通过吊体的重心,严禁倾斜吊卸构件。 (4)龙门架、架桥机等设备拆除前必须切断电源
现浇上部结构	支架垮塌、高处坠落、触电	(1)钢筋混凝土或预应力混凝土就地浇筑时,应先搭设好支架、作业平台、护栏及安全网等安全防护设施。 (2)就地浇筑桥上部结构时,应随时检查支架和模板的安全可靠性。 (3)运送混凝土的翻斗汽车及各种吊机提吊翻斗不得超载、超速。 (4)在支架上浇筑混凝土前应对支架进行预压试验
悬臂浇筑法	挂篮倾覆、高处坠落、触电	(1)挂篮组拼后必须做静载试验。 (2)挂篮拼装及悬臂组装中,进行高处或深水处等危险性较大的施工作业时,必须设置安全网、满铺脚手板、设置临时护栏。 (3)挂篮行走过程中,必须在其后部各设一组溜绳。 (4)浇筑混凝土前,应对挂篮锚固、水平限位、吊带和限位装置进行全面检查。 (5)挂篮两侧应对称平衡进行前移
悬臂拼装法	机械失稳、高处坠落	(1)应严格按设计要求进行吊机的定位、锚固,并进行相关的静载试验。 (2)运送构件的车辆(或船只),构件起升后应迅速撤出
缆索吊装法	设备失稳、高处坠落、触电、机械伤害	(1)缆索吊装大型构件时,应经吊载试运行后方可正式吊装作业。 (2)缆索跨越公路、铁路时应搭设架空防护支架。 (3)应缓慢启动牵引卷扬机,行进速度应保持平稳。起重卷扬机不得突然起升和下降构件,避免产生过大弹跳
顶推及滑移模架法	设备失稳、机械伤害、触电	(1)顶推施工所用的机具设备在使用前,应全面的检查、验收和试验。 (2)用多台千斤顶共同工作时应选用同一类型
转体法及拖拉法	设备失稳、高处坠落、触电、物体打击	(1)转体时悬臂端应设缆风绳。 (2)应采用型号相同的卷扬机同步、同速、平衡转动。 (3)施工中钢丝绳附近不得站人,作业区无关人员不得进入。 (4)使用万能杆件或枕木垛作滑道支撑墩时,其基础必须稳固
预应力张拉	物体打击、机械伤害	(1)先张法张拉过程中,未浇混凝土之前,周围不得站人和进行其他作业。 (2)操作人员在张拉作业时不得正面对准预应力束和锚具

续上表

作业内容	主要事故类型	关键措施
拱桥	拱(支)架倒塌、高处坠落、物体打击、机械伤害	(1)拱架的承载能力必须经验算合格,必要时需进行试验或预压。 (2)拱架开始脱离拱圈时,应进行结构状态安全检查,确认合格后方可继续进行拆除。 (3)拱石或预制块砌筑时,作业点的下部严禁站人。 (4)砌筑拱圈时应按施工要求搭设脚手架及作业平台,严禁用拱架代替脚手架。 (5)主拱、拱上建筑必须严格按设计加载程序分段、对称、同时施工。 (6)拱架拆除时应听从统一指挥。严禁在拱架上、下同时进行作业
斜拉桥、悬索桥	模板倾覆、高处坠落、触电、机械伤害、物体打击等	(1)施工期间应与当地气象台站建立联系,密切注意天气变化。 (2)施工中使用的吊篮、平台等应具有足够的强度,设置防护围栏。 (3)索塔应设置上下扶梯和塔顶作业平台。 (4)山岫式锚碇在开凿及爆破作业中,应按有关凿岩及《爆破安全规程》(GB 6722—2003)办理。 (5)在已拼接完成的和正在拼接的桥面钢箱梁的四周必须安装安全防护栏
预制构件运输	机械伤害	(1)轨道路基要有足够的宽度、平整度、强度。 (2)大型预制构件运输应设专人指挥,并经常检查构件在平车上的稳定状况及轨道平车在运转中有无变形。 (3)构件运输时速度应缓慢,下坡时应以溜绳牵引控制行走速度,并用人工拖拉止轮木块跟随前进
洞口段施工	物体打击	(1)边、仰坡施工应制订专门的安全技术措施,对松动危石应及时清除干净。 (2)隧道门及端墙工程施工时脚手架不得妨碍车辆通行。 (3)洞口路基及边、仰坡断面应自上而下开挖,一次将土石方工程做完,开挖人员不得上下重叠作业
开挖、钻孔	坍塌、粉尘、机械伤害、触电、爆炸	(1)开挖人员到达工作地点时,应首先检查工作面是否处于安全状态,如有松动的土、石块或裂缝,应先予以清除或支护。 (2)机械凿岩时宜采用湿式凿岩机或带有捕尘器的凿岩机。 (3)钻眼时应先检查风钻机身、螺栓、卡套、弹簧和支架等装置是否正常完好。 (4)电钻钻眼前,应检查把手胶套的绝缘情况是否良好,并检查防止电缆脱落的装置是否良好。 (5)严禁在残眼中继续钻眼
爆破	爆破事故	(1)施爆时所有人员应撤离现场。 (2)装药与钻孔不宜平行作业。 (3)加强洞内电源的管理,防止漏电引爆。 (4)夏季爆破作业,应跟踪雷电预警,避开雷雨天气。如中途遇雷电时应迅速将雷管的脚线、电线主线两端联成短路,人员迅速离开危险区域。 (5)必须由原爆破人员按规定处理盲炮

续上表

作业内容	主要事故类型	关键措施
洞内运输	车辆伤害、物体打击	(1)各类进洞车辆必须经检查处于完好状态,制动有效,严禁人料混载。 (2)进出隧道的人员应走人行道,不得与机械或车辆抢道,严禁扒车、追车或强行搭车。长隧道成洞段落应设置人车分离的物理隔离设施。 (3)凡停放在接近车辆运行界限处的施工设备与机械,应在其外缘设置低压红色闪光灯,组成显示界限,以防运输车辆碰撞
支护	物体打击、机械伤害、坍塌	(1)施工期间,现场施工负责人应会同有关人员定期对支护各部进行检查。 (2)支护前应清除爆破后危石。 (3)当发现测量数据有不正常变化或突变,洞内或地表位移值大于允许位移值,洞内或地面出现裂缝以及喷层出现异常裂缝时,均应视为危险信号,必要时须立即报告和组织作业人员撤离现场
衬砌	高处坠落、台车失稳、机械伤害	(1)衬砌使用的脚手架、工作平台、跳板、梯子等应安装牢固。 (2)脚手架及工作平台上的脚手板应满铺,且木板的端头必须搭于支点上。高于2m的工作平台应设置不低于1.2m的双道护身栏杆。 (3)安装、拆除模板、拱架应有专人监护
竖井与斜井	高处坠落、物体打击	(1)应在施工前修整好竖井和斜井的井口附近的排水沟、截水沟,防止地面水侵入井中引起坍塌事故。 (2)当发现工作面附近或井筒未衬砌部分有落石、支撑发响或大量涌水现象时,工作面施工人员应立即循安全梯或使用提升设备撤出井外。 (3)进出装渣车的罐笼内必须装有阻车器。 (4)升降人员或物料的单绳提升罐笼必须设置可靠的防坠器。 (5)斜井的垂直深度超过50m时,应配备运送人员的车辆。 (6)当斜井长度超过100m时,应在井口下20m处和接近井底60m左右处设置第二道挡车器
钢筋加工	机械伤害、物体打击	(1)钢筋调直及冷拉场地应设置防护挡板,作业时非作业人员不得进入现场。 (2)切长料时应有专人把扶,切短料时要用钳子或套管夹牢
混凝土作业	物体打击、车辆伤害、触电	(1)机械上料时,在铲斗(或拉铲)移动范围内不得站人。铲斗下方严禁有人停留和通过。 (2)浇筑前做好泵送管道的耐压试验,在关键部位悬挂警示标志。 (3)泵车操作人员不得随意旋转泵车伸展臂,布料杆应与高压电线保持足够的安全距离

续上表

作业内容	主要事故类型	关键措施
焊接	烫伤、火灾、触电	(1)电焊机应安设在干燥、通风良好的地点,周围严禁存放易燃、易爆物品。 (2)把线、地线不得与钢丝绳、各种管道、金属构件等接触,不得用这些物件代替接地线。 (3)焊接模板中的钢筋、钢板时,施焊部位下面应垫石棉板或铁板。 (4)乙炔发生器与氧气瓶不得同放一处,距易燃易爆品不得少于10m
起重吊装	物体打击、设备倾覆、高处坠落、触电	(1)吊装作业应指派专人统一指挥。 (2)吊装作业前必须严格检查起重设备各部件的可靠性和安全性,并进行试吊。 (3)各种起重机具不得超负荷使用。 (4)应检查地锚的牢固性,缆风绳不得绑扎在电杆或其他不稳定的物件上。 (5)起重臂应与高压电线保持足够的安全距离
模板	模板垮塌、物体打击、高处坠落	(1)钢模、木材应堆放平稳。 (2)在基坑或围堰内支模时,应检查基坑有无塌方现象,围堰是否坚固。 (3)用人工搬运、支立较大模板时,应有专人指挥,所用的绳索要有足够的强度,绑扎牢固。 (4)拆除模板时,应制订安全措施,按顺序分段拆除
支架、脚手架	支架垮塌、高处坠落、物体打击	(1)支立排架要按设计要求施工,应有足够的承载能力和稳定性。 (2)施工层应连续铺设脚手板,脚手板满铺且固定。 (3)架体外侧密目网封闭
边通车边施工	车辆伤害、物体打击、坍塌	(1)交通控制设施和作业控制区可参照《道路交通标志和标线》(GB 5768—2009)和《公路养护安全作业规程》(JTG H30—2004)的规定,根据公路等级和交通情况进行设置。 (2)跨线桥预置梁板吊装作业,宜临时中断交通或半幅封闭半幅双向通行。 (3)跨线桥施工应设置防护棚,并进行结构计算,保证结构安全。 (4)跨线桥应设置防落网、临时车辆限高标志及限高防护架、墩柱及侧墙端面应设置立面标记

附录 6 现场标志标识牌制作要求

1. 材料

标志应采用坚固耐用的材料制作。有触电危险的场所应使用绝缘材料。边缘和尖角应适当倒棱,呈圆滑状,带有毛边处应打磨光滑。

2. 颜色与字体

禁止标志、警告标志、指令标志、指示标志颜色参照《安全色》(GB 2893—2008)的基本规定执行。图标中禁止标志用 XXJZ 代替,警告标志用 XXJG 代替,指令标志用 XXZL 代替,提示标志用 XXTS 代替,明示标志用 XXMS 代替。

3. 设置位置

标志的设置位置应合理、醒目,应能使观察者引起注意、迅速判读、有必要的反应时间或操作距离。

设置的安全文明标志,应使大多数观察者的观察角接近 90°。

标志不应设在门、窗、架等可移动的物体上。标志前不得放置妨碍认读的障碍物。

4. 检查与维修

应经常检查标志的状态,保持清洁醒目、完整无损。如发现有破损、变形、褪色等不符合要求时,应及时修整或更换。

5. 其他

便桥、便道的相关标志视施工现场实际情况,按《道路交通标志和标线》(GB 5768—2009)的规定执行。

标志的其他制作、安装和设置要求应符合国家有关强制性的规定。

各类标志检索表见附表 15 ~ 附表 21。

施工现场标志检索表　　　　　　　　　　附表 15

序 号	场所/专项工程	设置部位	标志名称	标志性质	标志编号
1	施工现场	工地出入口的醒目位置	施工重地闲人免进	禁止	XXJZ15
2	施工现场	水上作业平台	严禁向水中排放油污	禁止	XXJZ12
3	施工现场	水上作业平台	严禁向水中排放泥浆	禁止	XXJZ13
4	施工现场	工地出入口的醒目位置	进入施工现场请减速慢行	警告	XXJG15
5	施工现场	人员佩戴	安全帽	明示	XXMS3
6	施工现场	人员佩戴	胸卡	明示	XXMS1
7	施工现场	安全员	袖标	明示	XXMS2
8	施工现场	取土场醒目位置	取土场	明示	XXMS12

续上表

序 号	场所/专项工程	设置部位	标志名称	标志性质	标志编号
9	施工现场	弃土(渣)场的醒目位置	弃土(渣)场	明示	XXMS11
10	施工现场	复耕土存放场的醒目位置	复耕土存放区	明示	XXMS7
11	施工现场	工地出入口的醒目位置	工程概况牌	明示	XXMS22
12	施工现场	工地出入口的醒目位置	工程公示牌	明示	XXMS23
13	施工现场	工地出入口的醒目位置	安全质量环保目标公示牌	明示	XXMS25
14	施工现场	工地出入口的醒目位置	施工平面布置图	明示	XXMS24
15	施工现场	废旧物品存放处	废旧物品存放处	明示	XXMS10
16	施工现场	机械设备处	机械设备标识牌	明示	XXMS13
17	施工现场	机械设备处	机械操作安全规定公示牌	明示	XXMS21
18	施工现场	工地出入口的醒目位置	进入施工现场必须戴安全帽	指令	XXZL9

路基施工现场标志检索表　　　　　　　　　　　　附表16

序 号	场所/专项工程	设置部位	标志名称	标志性质	标志编号
1	路基	路堑开挖处	当心塌方	警告	XXJG8
2	路基	砌筑边坡处	当心落石	警告	XXJG13
3	路基	抗滑桩施工处	当心塌方	警告	XXJG8
4	路基	醒目位置	当日重大危险源公示牌	明示	XXMS19
5	路基	醒目位置	必须戴安全帽	指令	XXZL3

桥梁施工现场标志检索表　　　　　　　　　　　　附表17

序 号	场所/专项工程	设置部位	标志名称	标志性质	标志编号
1	桥梁	墩身施工每节操作平台及走道	禁止阻塞	禁止	XXJZ7
2	桥梁	墩身下方落物区域	禁止入内	禁止	XXJZ4
3	桥梁	预制梁架设下方	禁止停留	禁止	XXJZ5
4	桥梁	配电房	禁止入内	禁止	XXJZ4
5	桥梁	配电箱(维修时)	禁止合闸	禁止	XXJZ2
6	桥梁	电焊作业区	禁止放易燃物	禁止	XXJZ1
7	桥梁	氧气、乙炔瓶存放区	禁止烟火	禁止	XXJZ6
8	桥梁	氧气、乙炔瓶存放区	禁止暴晒	禁止	XXJZ8
9	桥梁	跨河/路施焊处	禁止掉落焊花	禁止	XXJZ9
10	桥梁	醒目位置	注意安全	警告	XXJG12
11	桥梁	人工挖孔桩孔口	当心有害气体中毒	警告	XXJG9
12	桥梁	人工挖孔桩孔口	当心坠物	警告	XXJG11
13	桥梁	钻孔桩孔口	当心坑洞	警告	XXJG6
14	桥梁	基坑防护栏栏杆上	注意安全	警告	XXJG12
15	桥梁	钻孔作业区	当心机械伤人	警告	XXJG5

续上表

序 号	场所/专项工程	设置部位	标志名称	标志性质	标志编号
16	桥梁	墩身施工每节操作平台及走道	当心坠落	警告	XXJG11
17	桥梁	狭小低矮通道	当心碰头	警告	XXJG14
18	桥梁	墩身下方落物区域	当心落物	警告	XXJG7
19	桥梁	预制梁架设下方	当心落物	警告	XXJG7
20	桥梁	配电箱（柜）	当心触电	警告	XXJG1
21	桥梁	电焊作业区	当心触电	警告	XXJG1
22	桥梁	电焊作业区	当心弧光	警告	XXJG3
23	桥梁	电气焊作业区	当心火灾	警告	XXJG4
24	桥梁	机械设备处	当心机械伤人	警告	XXJG5
25	桥梁	交叉作业区	当心落物	警告	XXJG7
26	桥梁	桥位醒目位置	当日重大危险源公示牌	明示	XXMS19
27	桥梁	墩身	墩位标识牌	明示	XXMS4
28	桥梁	醒目位置	必须戴安全帽	指令	XXZL3
29	桥梁	乘船、临水作业	必须穿救生衣	指令	XXZL2
30	桥梁	高处作业	必须系安全带	指令	XXZL7
31	桥梁	频繁移动且无法系安全带作业点	必须系安全绳	指令	XXZL14
32	桥梁	泥浆池防护栏杆	泥浆池危险，请勿靠近	指令	XXZL10
33	桥梁	基坑防护栏杆上	基坑危险，请勿靠近	指令	XXZL13
34	桥梁	电焊作业区	必须戴防护手套	指令	XXZL5
35	桥梁	电焊作业区	必须戴防护面罩	指令	XXZL4
36	桥梁	气割作业区	必须戴防护眼镜	指令	XXZL6
37	桥梁	气割作业区	必须戴防护手套	指令	XXZL5

隧道标志检索表　　　　　　　　　　　　　　　　　附表18

序 号	场所/专项工程	设置部位	标志名称	标志性质	标志编号
1	隧道	洞口	5km限速牌	禁止	XXJZ14
2	隧道	洞内作业平台、台车（架）顶部	禁止抛物	禁止	XXJZ18
3	隧道	洞内成洞段	15km限速牌	禁止	XXJZ14
4	隧道	用电设备	当心触电	警告	XXJG1
5	隧道	洞口	注意安全	警告	XXJG12
6	隧道	临近林区施工处	保护森林，注意安全	警告	XXJG1
7	隧道	洞内外变压器	当心触电	警告	XXJG1
8	隧道	洞内外变压器	高压危险	警告	XXJG14
9	隧道	洞内作业平台、台车（架）栏杆下方	当心扎脚	警告	XXJG10
10	隧道	洞内作业平台、台车（架）栏杆下方	前方施工减速慢行	警告	XXJG15

续上表

序 号	场所/专项工程	设置部位	标志名称	标志性质	标志编号
11	隧道	洞内作业平台、台车(架)栏杆下方	当心落物	警告	XXJG7
12	隧道	洞内成洞段	前方施工减速慢行	警告	XXJG15
13	隧道	洞内作业平台、台车(架)顶部	当心坠物	警告	XXJG11
14	隧道	洞口	进洞须知牌	明示	XXMS12
15	隧道	洞口	出入隧道人员显示牌	明示	XXMS5
16	隧道	洞口	单元预警牌	明示	XXMS11
17	隧道	洞口	应急救援流程图	明示	XXMS20
18	隧道	洞口	进入施工现场,必须戴安全帽	指令	XXZL9
19	隧道	洞口	必须戴安全帽	指令	XXZL3
20	隧道	洞口	必须穿防护鞋	指令	XXZL1
21	隧道	洞口	注意通风	指令	XXZL8
22	隧道	洞内作业平台、台车(架)顶部	必须系安全带	指令	XXZL7

钢筋加工场标志检索表　　　　　附表19

序 号	场所/专项工程	设置部位	标志名称	标志性质	标志编号
1	钢筋加工场	吊装作业区	禁止停留	禁止	XXJZ5
2	钢筋加工场	电焊作业区	禁止放易燃物	禁止	XXJZ1
3	钢筋加工场	氧气、乙炔瓶存放区	禁止烟火	禁止	XXJZ6
4	钢筋加工场	氧气、乙炔瓶存放区	禁止暴晒	禁止	XXJZ8
5	钢筋加工场	配电室(柜)	高压危险	警告	XXJG14
6	钢筋加工场	开关箱	当心触电	警告	XXJG1
7	钢筋加工场	吊装作业区	当心坠物	警告	XXJG2
8	钢筋加工场	电焊作业区	当心触电	警告	XXJG1
9	钢筋加工场	电焊作业区	当心弧光	警告	XXJG3
10	钢筋加工场	电气焊作业区	当心火灾	警告	XXJG4
11	钢筋加工场	机械设备处	当心机械伤人	警告	XXJG5
12	钢筋加工场	原材料存放区	材料标识牌	明示	XXMS15
13	钢筋加工场	存放区	(半)成品标识牌	明示	XXMS14
14	钢筋加工场	氧气、乙炔瓶存放区	氧气存放处	明示	XXMS8
15	钢筋加工场	氧气、乙炔瓶存放区	乙炔存放处	明示	XXMS9
16	钢筋加工场	醒目位置	灭火设备	提示	XXTS2
17	钢筋加工场	电焊作业区	必须戴防护手套	指令	XXZL5
18	钢筋加工场	电焊作业区	必须戴防护面罩	指令	XXZL4
19	钢筋加工场	气割作业区	必须戴防护眼镜	指令	XXZL6
20	钢筋加工场	气割作业区	必须戴防护手套	指令	XXZL5

混凝土拌和站标志检索表

附表20

序号	场所/专项工程	设置部位	标志名称	标志性质	标志编号
1	混凝土拌和站	储存罐下方	禁止攀登	禁止	XXJZ3
2	混凝土拌和站	油罐、氧气、乙炔存放区	禁止烟火	禁止	XXJZ6
3	混凝土拌和站	控制室	机房重地、闲人免进	禁止	XXJZ16
4	混凝土拌和站	输送带下方	禁止停留	禁止	XXJZ5
5	混凝土拌和站	主要道路旁	注意安全	警告	XXJG12
6	混凝土拌和站	储存罐下方	当心坠落	警告	XXJG11
7	混凝土拌和站	沉淀池防护栏杆上	注意安全	警告	XXJG12
8	混凝土拌和站	配电室(柜)	高压危险	警告	XXJG14
9	混凝土拌和站	开关箱	当心触电	警告	XXJG1
10	混凝土拌和站	油罐、氧气、乙炔存放区	注意安全	警告	XXJG12
11	混凝土拌和站	搅拌机	配合比标识牌	明示	XXMS16
12	混凝土拌和站	配料斗	材料标识牌	明示	XXMS15
13	混凝土拌和站	储存罐下方	材料标识牌	明示	XXMS15
14	混凝土拌和站	材料存放区	分区标识牌	明示	XXMS6
15	混凝土拌和站	材料存放区	材料标识牌	明示	XXMS15
16	混凝土拌和站	醒目位置	灭火设备	提示	XXTS2
17	混凝土拌和站	沉淀池防护栏杆上	沉淀池危险、请勿靠近	指令	XXZL11

制梁场(预制场)标志检索表

附表21

序号	场所/专项工程	设置部位	标志名称	标志性质	标志编号
1	制梁场(预制场)	吊装作业区	禁止停留	禁止	XXJZ5
2	制梁场(预制场)	锅炉房	锅炉重地、闲人免进	禁止	XXJZ16
3	制梁场(预制场)	电焊作业区	禁止放易燃物	禁止	XXJZ1
4	制梁场(预制场)	氧气、乙炔瓶存放区	禁止烟火	禁止	XXJZ6
5	制梁场(预制场)	氧气、乙炔瓶存放区	禁止暴晒	禁止	XXJZ8
6	制梁场(预制场)	吊装作业区	当心吊物	警告	XXJG2
7	制梁场(预制场)	沉淀池防护栏杆上	注意安全	警告	XXJG12
8	制梁场(预制场)	材料罐下	当心坠落	警告	XXJG11
9	制梁场(预制场)	电焊作业区	当心触电	警告	XXJG1
10	制梁场(预制场)	电焊作业区	当心弧光	警告	XXJG3
11	制梁场(预制场)	电气焊作业区	当心火灾	警告	XXJG4
12	制梁场(预制场)	机械设备处	当心机械伤人	警告	XXJG5
13	制梁场(预制场)	加工、制梁、存梁区等醒目位置	分区标识牌	明示	XXMS6
14	制梁场(预制场)	台座处	制梁台座标识牌	明示	XXMS5
15	制梁场(预制场)	材料存放区	分区标识牌	明示	XXMS6

续上表

序号	场所/专项工程	设置部位	标志名称	标志性质	标志编号
16	制梁场(预制场)	材料存放区	材料标示牌	明示	XXMS15
17	制梁场(预制场)	半成品存放区	(半)成品标示牌	明示	XXMS14
18	制梁场(预制场)	成品存放区	(半)成品标示牌	明示	XXMS14
19	制梁场(预制场)	氧气、乙炔瓶存放区	氧气存放处	明示	XXMS8
20	制梁场(预制场)	氧气、乙炔瓶存放区	乙炔存放处	明示	XXMS9
21	制梁场(预制场)	张拉作业区	张拉危险、请勿靠近	指令	XXZL12
22	制梁场(预制场)	沉淀池防护栏杆上	沉淀池危险、请勿靠近	指令	XXZL11
23	制梁场(预制场)	电焊作业区	必须戴防护手套	指令	XXZL5
24	制梁场(预制场)	电焊作业区	必须戴防护面罩	指令	XXZL4
25	制梁场(预制场)	气割作业区	必须戴防护眼镜	指令	XXZL6
26	制梁场(预制场)	气割作业区	必须戴防护手套	指令	XXZL5

附录 7　禁止、警告、指令、指示和明示标志牌制作示意图

1. 禁止标志(附表 22)

禁 止 标 志 表　　　　附表 22

编号	图形	制作要求	安装要求	设置范围和部位
XXJZ1	禁止放易燃物	尺寸为 30cm×40cm	悬挂或粘贴详见说明	具有明火设备或高温的作业场所,如各种焊接、切割等动火场所
XXJZ2	禁止合闸	尺寸为 30cm×40cm	悬挂或粘贴详见说明	用电设备或线路检修时,相应开关处
XXJZ3	禁止攀登	尺寸为 30cm×40cm	悬挂或粘贴详见说明	不允许攀爬的危险地点,如有危险的建筑物、构筑物、设备处
XXJZ4	禁止入内	尺寸为 30cm×40cm	悬挂或粘贴详见说明	易造成事故或对人员有伤害的场所,如高压设备室、配电房等入口处

续上表

编　号	图　形	制 作 要 求	安 装 要 求	设置范围和部位
XXJZ5	禁止停留	尺寸为30cm×40cm	悬挂或粘贴详见说明	对人员具有直接危险的场所，如危险路口、吊装作业区、输送带下方、预制梁架设区等处
XXJZ6	禁止烟火	尺寸为30cm×40cm	悬挂或粘贴详见说明	有乙类火灾危险物质的场所，如氧气及乙炔存放区、油罐存放处及其他易燃易爆处
XXJZ7	禁止阻塞	尺寸为30cm×40cm	悬挂或粘贴详见说明	应急通道、安全通道及施工操作平台等处
XXJZ8	禁止暴晒	尺寸为40cm×30cm，白底红字	悬挂或粘贴详见说明	使用氧气、乙炔等易燃易爆物处所
XXJZ9	禁止掉落焊花	尺寸为40cm×30cm，白底红字	悬挂或粘贴详见说明	跨越通航河道、铁路、公路等施焊场所
XXJZ10	禁止翻越防护栏	尺寸为40cm×30cm，白底红字	悬挂或粘贴详见说明	邻近既有线的防护网

附录

续上表

编号	图形	制作要求	安装要求	设置范围和部位
XXJZ11	禁止倾倒垃圾	尺寸为40cm×30cm，白底红字	悬挂或粘贴详见说明	水上施工作业场所
XXJZ12	禁止排放油污	尺寸为40cm×30cm，白底红字	悬挂或粘贴详见说明	水上施工作业场所
XXJZ13	禁止向水中排放泥浆	尺寸为40cm×30cm，白底红字	悬挂或粘贴详见说明	水上施工作业场所
XXJZ14	5	执行《道路交通标志和标线》（GB 5768—2009）（以限速5km为例）	执行《道路交通标志和标线》（GB 5768—2009）	场内道路设置5km限速牌
XXJZ15	施工重地闲人免进	尺寸为80cm×60cm，白底红字	悬挂或粘贴详见说明	拌和站、加工场、制梁场（预制场）、现浇梁等出入口、重点部位
XXJZ16	机房重地闲人免进	尺寸为40cm×30cm，白底红字	悬挂或粘贴详见说明	拌和站、制梁场（预制场）的控制室和发电机房、抽水机房等处
XXJZ17	锅炉重地闲人免进	尺寸为40cm×30cm，白底红字	悬挂或粘贴详见说明	锅炉房入口

2. 警告标志(附表23)

警 告 标 志 表　　　　　附表23

编 号	图 形	制 作 要 求	安 装 要 求	设置范围和部位
XXJG1	当心触电	尺寸为30cm×40cm	悬挂或粘贴详见说明	有可能发生触电危险的电器设备和线路,如配电箱(柜)、开关箱、变压器、用电设备处
XXJG2	当心吊物	尺寸为30cm×40cm	悬挂或粘贴详见说明	有吊装设备作业的场所
XXJG3	当心弧光	尺寸为30cm×40cm	悬挂或粘贴详见说明	由于弧光可能造成眼部伤害的各种焊接作业场所
XXJG4	当心火灾	尺寸为30cm×40cm	悬挂或粘贴详见说明	易发生火灾的危险场所,如可燃物质的储运、使用
XXJG5	当心机械伤人	尺寸为30cm×40cm	悬挂或粘贴详见说明	易发生机械卷入、扎压、碾压、剪切等机械伤害的作业场所

附录

续上表

编 号	图 形	制 作 要 求	安 装 要 求	设置范围和部位
XXJG6	当心坑洞	尺寸为 30cm×40cm	悬挂或粘贴详见说明	具有坑洞易造成伤害的作业地点,如预留孔洞及各种深坑的上方等处
XXJG7	当心落物	尺寸为 30cm×40cm	悬挂或粘贴详见说明	易发生落物危险的地点,如高处作业、立体交叉作业等的下方
XXJG8	当心塌方	尺寸为 30cm×40cm	悬挂或粘贴详见说明	易发生塌方危险的地段,如边坡及土方作业的深坑、深槽等场所
XXJG9	当心有害气体中毒	尺寸为 30cm×40cm	悬挂或粘贴详见说明	易产生有毒、有害气体的场所
XXJG10	当心扎脚	尺寸为 30cm×40cm	悬挂或粘贴详见说明	易造成脚部伤害的作业地点

187

续上表

编号	图形	制作要求	安装要求	设置范围和部位
XXJG11	当心坠落	尺寸为30cm×40cm	悬挂或粘贴 详见说明	易发生坠落事故的作业地点
XXJG12	注意安全	尺寸为30cm×40cm	悬挂或粘贴 详见说明	易造成人员伤害的场所及设备等处
XXJG13	当心落石	尺寸为40cm×30cm，黄底黑字	悬挂或粘贴 详见说明	易落石的地带，如路基砌筑边坡等处
XXJG14	高压危险	尺寸为40cm×30cm，黄底黑字	悬挂或粘贴 详见说明	施工场所变压器、高压电力设备等处
XXJG15	前方施工 减速慢行	尺寸为80cm×60cm，黄底黑字	竖立 详见说明	跨越（邻近）道路施工处
XXJG16	进入施工现场 请减速慢行	尺寸为80cm×60cm，黄底黑字	竖立 详见说明	场站出入口及工点路口处

3. 指令标志（附表24）

指令标志表　　　　　　　　　　　　　　　　　　　附表24

编　号	图　形	制　作　要　求	安　装　要　求	设置范围和部位
XXZL1	必须穿防护鞋	尺寸为30cm×40cm	悬挂或粘贴详见说明	易伤害脚部的作业场所，如具有腐蚀、灼热、触电、砸（刺）伤等危险的作业地点
XXZL2	必须穿救生衣	尺寸为30cm×40cm	悬挂或粘贴详见说明	易发生溺水的作业场所
XXZL3	必须戴安全帽	尺寸为30cm×40cm	悬挂或粘贴详见说明	头部易受外力伤害的作业场所
XXZL4	必须戴防护面罩	尺寸为30cm×40cm	悬挂或粘贴详见说明	易造成人体紫外线辐射的作业场所，如电焊作业场所
XXZL5	必须戴防护手套	尺寸为30cm×40cm	悬挂或粘贴详见说明	易伤害手部的作业场所，如具有腐蚀、污染、冰冻及触电危险等作业场所

续上表

编号	图形	制作要求	安装要求	设置范围和部位
XXZL6	必须戴防护眼镜	尺寸为30cm×40cm	悬挂或粘贴详见说明	对眼睛有伤害的作业场所
XXZL7	必须系安全带	尺寸为30cm×40cm	悬挂或粘贴详见说明	易发生坠落危险的作业场所
XXZL8	注意通风	尺寸为30cm×40cm	悬挂或粘贴详见说明	空气不流通，易发生窒息、中毒等作业场所
XXZL9	进入施工现场必须戴安全帽	尺寸为60cm×80cm	悬挂、粘贴或竖立详见说明	施工现场的出入口等醒目位置
XXZL10	泥浆池危险请勿靠近	尺寸为40cm×30cm，蓝底白字	悬挂或粘贴详见说明	泥浆池防护栏
XXZL11	沉淀池危险请勿靠近	尺寸为40cm×30cm，蓝底白字	悬挂或粘贴详见说明	拌和站、制梁场（预制场）沉淀池

附录

续上表

编号	图形	制作要求	安装要求	设置范围和部位
XXZL12	张拉危险 请勿靠近	尺寸为40cm×30cm，蓝底白字	悬挂或粘贴详见说明	制梁场（预制场）、现浇梁预应力张拉处
XXZL13	基坑危险 请勿靠近	尺寸为40cm×30cm，蓝底白字	悬挂或粘贴详见说明	涵洞、桥梁基坑靠便道侧防护栏
XXZL14	必须系安全绳	尺寸为40cm×30cm，蓝底白字	悬挂或粘贴详见说明	高处作业、临边作业、悬空作业等场所

4. 提示标志（附表25）

提示标志表　　　　　　　　　　　　　　　　　　　　附表25

编号	图形	制作要求	安装要求	设置范围和部位
XXTS1	灭火器	尺寸为40cm×30cm	悬挂或粘贴详见说明	需指示灭火器的处所
XXTS2	灭火设备	尺寸为40cm×30cm	悬挂或粘贴详见说明	需指示灭火设备的处所

5. 明示标志（附表26）

明示标志表　　　　　　　　　　　　　　　　　　　　附表26

编号	图形	制作要求	安装要求	设置范围和部位
XXMS1	XX高速 XX单位 单位名称： 姓名： 职务： 编号：	尺寸为8cm×12cm，××单位指项目办、总监办、中心试验室；施工单位应××-0×标；监理单位为第0×驻地监理组		××单位参照制作

191

续上表

编号	图形	制作要求	安装要求	设置范围和部位
XXMS2	袖标 安全员	尺寸为40cm×14cm		各标段
XXMS3				××单位参照订购
XXMS4	A89 墩号标识牌	直径为50cm，白底红字红圈（以A89墩为例）	粘贴（喷涂）详见说明	桥梁墩位处
XXMS5	06 制梁台座标识牌	直径为30cm，白底红字红圈（以06号台座为例）	悬挂、粘贴（喷涂）详见说明	梁场制梁台座或箱梁外模处
XXMS6	清洗区 分区标识牌	尺寸为80cm×60cm，白底红字（以清洗区为例）	竖立、悬挂详见说明	清洗区、备料区、待检区、合格区、加工区、制梁区、存梁区等醒目位置
XXMS7	复耕土堆放处	尺寸为80cm×60cm，白底红字	竖立详见说明	复耕土存放处
XXMS8	氧气存放处	尺寸为40cm×30cm，白底红字	悬挂或粘贴详见说明	氧气存放处

续上表

编号	图形	制作要求	安装要求	设置范围和部位
XXMS9	乙炔存放处	尺寸为40cm×30cm，白底红字	悬挂或粘贴 详见说明	乙炔存放处
XXMS10	废旧物品存放处	尺寸为80cm×60cm，白底红字	竖立、悬挂 详见说明	废旧物品存放区
XXMS11	取土场	尺寸为80cm×60cm，白底红字（以弃土场为例）	竖立 详见说明	取土场处
XXMS12	弃土场	尺寸为80cm×60cm，白底红字（以弃土场为例）	竖立 详见说明	弃土（渣）堆放处
XXMS13	机械设备标识牌	尺寸为40cm×30cm	悬挂、粘贴 详见说明	施工机械设备处
XXMS14	（半）成品材料标识牌	尺寸为40cm×30cm	竖立、悬挂 详见说明	各种材料的半成品、成品存放区
XXMS15	材料标识牌	尺寸为40cm×30cm	竖立 详见说明	储料区
XXMS16	配合比标识牌	尺寸为80cm×60cm	竖立、悬挂 详见说明	拌和机及拌和楼操作室

续上表

编　号	图　形	制作要求	安装要求	设置范围和部位
XXMS17	值班人员公示牌	尺寸为80cm×60cm	竖立、悬挂 详见说明	既有线施工现场值班室
XXMS18	安全资格公示牌	尺寸为80cm×60cm	悬挂 详见说明	既有线施工场地值班室
XXMS19	当日重大危险源公示牌	尺寸为60cm×80cm	竖立、悬挂 详见说明	有重大危险源的施工场所
XXMS20	应急救援流程图	尺寸为150cm×200cm	竖立 详见说明	危险性较大的施工场所
XXMS21	机械操作安全规定公示牌	尺寸为200cm×150cm	竖立 详见说明	
XXMS22	工程概况牌 在大型枢纽等工程处可根据现场情况确定尺寸	尺寸为250cm×200cm，在大型枢纽等工程处可根据现场情况确定尺寸	竖立 详见说明	桥梁、站场拌和站、梁场等重点工程的醒目位置

续上表

编　号	图　形	制　作　要　求	安　装　要　求	设置范围和部位
XXMS23	工程公示牌	尺寸为250cm×200cm，在大型枢纽等工程处可根据现场情况确定尺寸	竖立 详见说明	桥梁、站场、拌和站、梁场等重点工程的醒目位置
XXMS24	施工平面布置图	尺寸为250cm×200cm，在大型枢纽等工程处可根据现场情况确定尺寸	竖立 详见说明	桥梁、站场、拌和站、梁场等重点工程的醒目位置
XXMS25	安全质量环保目标公示牌	尺寸为250cm×200cm，在大型枢纽等工程处可根据现场情况确定尺寸	竖立 详见说明	桥梁、站场、拌和站、梁场等重点工程的醒目位置
XXMS26	应急联系电话公示牌	尺寸为150cm×200cm	竖立 详见说明	既有线施工场所

附录8 综合应急预案示例

1 总则

1.1 编制目的

坚持"安全第一、预防为主、综合治理""保护人员安全优先、保护环境优先"的方针,贯彻"常备不懈、统一指挥、高效协调、持续改进"的原则。更好地适应法律和经济活动的要求;给企业员工的工作和施工场区周围居民提供更好更安全的环境;保证各种应急资源处于良好的备战状态;指导应急行动按计划有序地进行;防止因应急行动组织不力或现场救援工作的无序和混乱而延误事故的应急救援;有效地避免或降低人员伤亡和财产损失;帮助实现应急行动的快速、有序、高效;充分体现应急救援的"应急精神"。

1.2 编制依据

(略)

1.3 适用范围

本预案适用于本项目路基、桥梁、隧道施工中发生的重特大安全生产事故,包括易爆物品及危险品、特种设备、路基高边坡、桥梁施工、隧道施工、地质灾害、防汛抢险等事故。

1.4 应急预案体系

本项目的应急预案体系包括综合应急预案、专项应急预案和现场处置方案。其中,专项应急预案主要有路基高边坡施工事故专项应急预案、桥梁施工事故专项应急预案、隧道施工事故专项应急预案、地质灾害事故专项应急预案等。

1.5 应急工作原则

施工企业事故救援应坚持"以人为本、预防为主、常备不懈""保护人员安全优先、保护环境优先"的方针;贯彻"常备不懈、统一指挥、高效协调、持续改进"的原则。充分发挥施工单位专业救援队伍应急救援第一响应者的作用,会同社会应急救援力量协同应对,将日常管理同应急救援工作相结合。

2 施工现场的危险性分析

2.1 项目概况

（略）

2.2 危险源与风险分析

边坡稳定性、爆破、山体滑坡、有毒气体、火灾、触电、机械伤害、坍塌、高处坠落、吊装是施工中的十大致灾因素，严重威胁着现场施工安全。根据重大危险源辨识，符合以下条件之一的均为重大危险源：

(1)高边坡施工。
(2)爆破施工。
(3)人工挖孔施工。
(4)隧道施工。
(5)临时施工用电。
(6)桥梁高墩施工。
(7)特种设备作业。
(8)梁板吊装施工。

结合本项目实际，风险分析如下：

(1)高边坡施工。高边坡施工是路基工程事故重要的至灾因素，特别是由于施工方法不对，顺层山体未及时采取有效防护措施引起的坍塌事故在路基施工占有相当大的比重。

(2)爆破施工。本合同段高挖路基、桥梁挖孔桩、隧道洞身均需采用爆破施工，炸药和起爆器材以及由它们组装成的爆炸装置都是易燃、易爆的危险物。因此，在爆破材料的加工、炸药的储存、使用、运输以及爆破作业（施工准备、炮位验收、起爆体加工、装药、堵塞、起爆、检查等）任何一个环节中，稍有不慎就有可能发生爆炸事故。如：炸药储存保管造成事故；点炮方法不当、导火线质量不良造成事故；盲炮处理不当、打残眼造成事故；爆破后过早进入现场引起事故；因不了解炸药性能而造成事故；爆破时警戒不严、安全距离不够造成事故；早爆事故；非爆破员作业，爆破员违反操作规程造成的事故等。

(3)人工挖孔施工。物理性危险和有害因素：设备、设施缺陷，挖孔、起吊、护壁、余渣运输等；防护缺陷：进入施工现场作业人员未戴好安全帽，未佩戴相应劳动保护用品，特别是井下作业人员。电危害：井底抽水时，挖孔作业人员带电作业，井上无专人监护。作业环境不良：如地下水、流沙、流泥、塌方、井圈护壁变形、有害气体，为预防有害气体或缺氧等中毒。信号缺陷：井下有人作业时，井上无人保持联系。标志缺陷：当作业人员下班休息时，井口未派专人将井孔用盖板盖牢，未设置醒目的安全标志。

(4)隧道施工。隧道明洞边、仰坡易产生滑坍失稳，对洞内或洞口施工安全造成重大威胁，洞口工程与洞口相邻工程统筹安排、及早完成，施工避开雨季及严寒季节。断层破碎带施工要求在施工到设计图纸标明或超前地质预报显示的断层破碎带之前，应采用超前钻探明断层破碎带是否含水及水压大小,然后确定合理的施工方案。如果探明的断层破碎带地质及地下水情况与设计不符,应停止开挖,及时与设计人员联系,按照设计确认的施工方案开挖。

(5)临时施工用电。电线、电缆沿地面明设,架空线路架设在脚手架或树上,电线杆用竹竿或者钢管,架空线路和灯具架设高度过低,电线外皮老化、破损,绝缘性差。使用木制电箱,电箱无标记,电箱内用空气开关作隔离开关,电线从电箱箱体侧面、上顶面、后面或箱门进出,电器安装于木板上,电箱安装位置不合理。没有按"总配电箱—分配电箱—开关箱"形成三级配电,多台设备共用一个开关箱。总配电箱、分配电箱或开关箱未设置两级漏电保护器,漏电保护器参数不匹配或失灵。保护零线引出不规范,重复接地点不足,无采用专门色标的电线作保护零线,保护零线未随所有线路自始至终,起不到保护作用。工地电工不专业,而是让略懂些用电知识的无电工操作证的人员去从事电工作业,未按规范设置线路和设备。穿拖鞋操作,甚至带电接线的现象时有出现,造成事故隐患。

(6)桥梁高墩施工。

①施工人员的危险性:使用脚手架、平台、梯子时,违章作业,不系安全带或者系挂不正确,或穿硬底鞋,或未搭设脚手架、未设安全网,均容易发生坠落。施工作业人员患有高血压、心脏病、癫痫病、恐高症等,或心理存在缺陷、年龄偏大,或酒后从事高处作业,容易发生坠落。施工作业人员、监护人缺乏必要的施工经验和施工技能,安全意识淡薄,缺乏必要的培训和教育,应变能力差也是潜在危险源。

②施工作业环境的危险性:施工作业使用脚手架、平台、梯子、挂篮时,遇到恶劣气候如大风雪、大雾、大暴雨等,容易发生坠落。施工使用脚手架过程中,因立体交叉作业,脚手架被施工的起重物体等突然撞击时,容易发生坠落。高处从事电气焊作业时,周围环境未处理或交叉作业,监护和处理不当时,极容易发生火灾及人身伤害事故。施工使用的平台地面有油污、地面较滑等,容易产生坠落。高处施工平台、临边、洞口等无防护栏杆或安全设施,容易产生坠落和物体打击。

③施工设备材料的危险性:使用的脚手架材料腐蚀、规格偏小,不符合安全要求,承载力较低时容易翻倒或压垮。使用的脚手架、挂篮、平台无防护栏杆,或挂篮的绳索、梯子有缺陷,绳索负荷不够,容易发生坠落。使用的安全带、安全网、安全帽等防护器材有缺陷。

④施工作业过程中的危险性:用的工具未放置在工具袋内或违规直接向上抛掷工具或材料,施工所使用的材料固定不牢,以及施工场地周围未设置警戒等,容易发生物体打击。

⑤施工管理的危险性:搭设的脚手架稳定性差,防护栏杆不规范,不符合安全要求,承载力不足时容易翻倒或压垮,发生坠落事故。搭设的脚手架,使用的梯子,平台等安全性差,梯子未固定,脚手架无通道等。使用脚手架时,堆放材料超过规定的荷载或站在脚手架上面施工的人员过多,容易发生坠落。搭设的脚手架,螺栓扣外露过多,处理不当,容易挂伤施工人员。高处作业施工方案,措施不具体,施工步调不统一、不协调等。

(7)特种设备作业。开工前未按照规定向特种设备安全监察部门办理开工告知手续;没有制订相关的设备管理制度和安全技术操作规程;无特种设备安全技术管理档案,无法提供特种设备安全运行的技术文件;各设备使用地点、场所(如:锅炉房等)没有设置安全警示标志;特种设备的作业人员和安全管理人员未取得特种设备安全监察部门考核合格证件,未对作业人员进行特种设备安全教育和培训;设备运行前,无专人进行运行前的检查工作及记录;没有定期组织安全检查和巡视,并作出记录,达到报废要求的设备未及时予以报废。

(8)梁板吊装施工。重大危险因素是架桥机在架梁中倾覆、掉梁、物体打击、高处坠落、触电、火灾等。在已采取防范措施的基础上,还需制订架桥机倾覆的应急方案,具体如下:假设架梁工程中架桥机可能倾翻;假设架桥机的力矩限位失灵,架桥机操作员违章作业等。

(9)其他风险。

3 组织机构及职责

3.1 应急组织体系

成立项目应急救援指挥办公室。
应急总指挥:(略)
应急副总指挥:(略)
下设个7应急小组,组成人员如下:
抢险救灾组:(略)
技术专家组:(略)
物资供应组:(略)
安全保卫组:(略)
医疗救护组:(略)
后勤保障组:(略)
善后处理组:(略)

3.2 应急组织体系框图

(略)

3.3 指挥机构及职责

3.3.1 项目应急救援指挥及职责

项目应急救援指挥,总指挥由项目经理担任,副总指挥由项目副经理及项目总工担任,成员由项目各部门、各工区负责人组成。

发生重大事故后,项目经理、总工程师必须立即赶到救灾指挥现场,组织抢救,项目经理是负责处置事故的指挥者。在项目经理未到之前,由各工区长负责指挥。

各有关人员在处理灾害事故中的任务和职责:

(1)项目经理:是处置事故的指挥者,在项目总工程师和各工区长的协助下,制订营救人员和处理事故的作战计划。

(2)项目总工程师:是项目经理处理事故的第一助手,在项目经理领导下组织制订营救人员和处理事故的作战计划。

(3)工区长:根据营救人员和处理事故作战计划,负责组织为处理事故所必需的工人待命,及时调集救灾所必需的设备材料。

(4)安全保障部部长:对项目救护队的行动具体负责,全面指挥领导项目救护队和辅助救护队,根据营救和处理事故作战计划规定的任务,完成对遇难人员的救援和事故处理。

(5)项目各部室负责人:按照项目经理命令负责协调各方面的工作,协助项目经理进行抢救、撤人和灾害处理。

(6)现场施工负责人:负责按项目指挥要求有序撤到安全地点,清点人数,及时向项目指挥办公室汇报,并随时接受项目经理命令,完成有关抢救和灾害处理任务。

3.3.2 应急救援指挥办公室及职责

应急救援指挥办公室,负责项目应急救援指挥的具体事务工作。办公室设在项目部,主任由项目副经理兼任,成员由项目部人员共同组成。

应急救援指挥办公室的主要职责是:

(1)负责项目应急救援指挥工作的综合协调和管理,根据事故灾难情况和救援工作进展情况,及时向上级应急救援指挥部报告。

(2)与现场应急救援指挥保持联系,传达上级应急救援指挥部的命令。

(3)调动项目应急救援力量,调配项目应急救援资源。

(4)提供技术支持,组织项目应急救援技术组参加救援工作,协调地方医疗救护工作。

(5)调用项目应急救援基础资料与信息。

(6)现场事故扩大或专业领域救援力量、资源不足时,协调相关救援力量及设备增援。

(7)完成上级应急救援指挥部交办的其他事项。

3.3.3 现场应急救援指挥部及职责

事故现场成立现场应急救援指挥部,由各工区长和工区救护队组成,主要负责指挥施工现场抢救工作,及时处理各种安全生产事故。设以下专业小组:

(1)抢险救灾组:由工区救护队和项目应急救援指挥办公室紧急调集的有关人员组成,具体负责实施现场抢险指挥部制订的抢险救灾方案和安全技术措施。

(2)技术专家组:由与施工有关的技术专家和企业技术负责人组成。主要研究制订抢救技术方案和措施,解决事故抢救过程中遇到的技术难题。

(3)物资供应组:主要保证抢险救灾物资和设备的及时调度和供应。

(4)安全保卫组:主要负责事故现场警戒、人员疏散、治安及交通秩序维持等工作。

(5)医疗救护组:主要负责对受伤人员的医疗救护。

(6)后勤保障组:主要负责车辆调度及后勤保障等工作。

(7)善后处理组:负责伤亡人员家属的安抚和补偿等善后处理事宜。

4 预防与预警

4.1 危险源监控

建立和完善对现场施工危险源的监控。进行专业性的分析,从技术、装备、管理、程序等各方面采取有效措施,控制事故发生(见专项应急预案)。

4.2 预警行动

根据各工区对安全生产事故的预报和预测结果,项目应急救援指挥办公室对安全生产事故采取以下措施:

(1)下达预警指令。
(2)及时发布和传递预警信息,提出相关整改要求。
(3)根据事态发展的资料,采取防范控制措施,做好相应的应急准备。

4.3 信息报告与处置

事故发生后,事故现场发现事故的第一人应立即报告各工区长,工区长应立即通知项目经理,项目经理接到事故报告后,迅速通知应急救援指挥成员、相关部门负责人。

项目经理接到事故报告后,应于10min内向建设单位快报,20min内向指挥部安全监察机构和当地安全生产监督管理部门或负有安全生产管理职责的有关部门进行报告。

情况紧急时,事故现场有关人员可以直接向指挥部安全监察机构和当地安全生产监督管理部门或负有安全生产管理职责的有关部门报告。需紧急救援时,同时向当地公安、消防、卫生部门快报。当有新的情况发生时,应随时将事故详情进行补报或续报。

报告事故应当包括:

(1)事故发生的时间、地点、工程项目名称、事故类别、人员伤亡情况、预估的直接经济损失。
(2)事故中的建设、勘查、设计、施工、监理等单位名称、资质等级情况,施工单位安全生产许可证号发证机构,施工单位"三类人员"的姓名及岗位证书情况,监理单位有关人员的姓名及职业资格等情况。
(3)项目基本概况。
(4)事故的简要经过,紧急抢险救援情况,事故原因的初步分析。
(5)采取的措施及事故控制情况,需要有关部门和单位协助事故抢救与处理的有关事宜。
(6)事故报告单位、签发人及报告时间。

5 应急响应

5.1 响应分级

按照事故的严重程度、影响范围和项目事故的可控性,将本项目的应急响应行动分为3级(项目级,应与省应急预案与行业应急预案的相应分级区分),具体如下:

Ⅰ级响应:一次造成1人以上被困或死亡,重伤10人以上或直接经济损失100万元以上安全事故的。

Ⅱ级响应:一次造成0人以下被困或死亡,重伤5人以上或直接经济损失30万元以上安全事故的。

Ⅲ级响应:一次造成0人以下被困或死亡,重伤5人以下或直接经济损失30万元以下安全事故的。

5.2 响应程序

项目应急响应的过程可分为接警、判断响应级别、应急启动、控制及救援行动、扩大应急、应急终止和后期处置等步骤。应针对应急响应分步骤制订应急程序，并按事先制订程序指导各类生产事故应急响应。

各类型生产事故应按照专项应急预案的要求实施应急处置。在专项应急预案中明确应对此次事件的相关内容。

当发生一次死亡或被困3人以上、一次受伤10人以上的事故或险情时，应同时启动上一级应急预案执行相应响应程序。如发生一次死亡或被困3~5人、一次受伤10~20人的事故或险情时，应同时启动《云南省交通运输厅公路建设安全生产事故应急处理预案》，由建专委应急领导小组副组长带队赶赴现场组成建专委现场应急工作领导小组，本项目各应急小组在应急工作领导小组的领导下开展应急行动。

5.3 应急结束

当项目事故应急处置工作结束，相关危险因素排除后，建专委作出终止预案的决定，并向现场应急处理指挥部下达相关处置命令时，应急行动终止。应配合现场应急处理指挥部完成事故应急工作总结报告。

6 信息发布

事故信息和新闻发布由事故应急指挥部指定，实行集中、统一管理。

7 后期处置

应急救援结束后，项目应做好如下工作：

（1）认真核对参加抢险救灾人数，清点各种救援机械和设备、监测仪器、个体防护设备、医疗设备和药品、生活保障设施等，对于在救援中损耗的应急物资必须重新更换配备，始终保持完好状态。现场应急救援指挥部整理好抢险救灾记录、图纸等，及时总结分析，写出救灾报告。

（2）尽快恢复生产秩序，消除事故后果和影响，减少事故造成的损失。施工事故中可能会存在潜在的危险因素，如坍塌、火灾等，因此，在恢复施工、清理现场时，必须检查线路、有毒有害气体浓度和加强支护等。

（3）按照国家有关事故调查的规定，救灾完成后，组织或配合事故调查组，对事故发生的原因、过程、经济损失和人员伤亡情况，进行认真细致的调查，以充分吸取事故教训，从管理、技术等方面进一步明确安全措施。

（4）妥善安置遇难人员的家属，项目人力资源部门负责做好遇难人员的详细统计资料，并及时报告上级安全主管部门和劳动保障部门，同时积极采取措施全力做好遇难人员亲属的接待、安抚和补偿工作。

8 保障措施

8.1 通信与信息保障

8.1.1 应急工作相关联的单位、人员通信联系方式

（略）

8.1.2 各应急小组成员联系方式

（略）

8.1.3 信息通信系统及维护方案

项目通过中国移动通信建立有线、无线相结合的基础应急通信系统，并安装视频远程传输技术，保障通信畅通。同时做好与应急工作相关的单位和人员的通信联系方式。

后勤保障组负责定期维护上述联系方式，遇有电话变更，及时更新，确保联络畅通。

8.2 应急队伍保障

每个分项工程项目成立一个抢险救灾队伍，随时做好处理重特大事故的准备。成员由项目部安全管理人员组织骨干施工人员组成，由安全管理人员领导，并做好应急队伍的业务培训和应急演练，增强项目应急能力。加强与其他单位的交流与合作，不断提高应急队伍的素质。

8.3 应急物资装备保障

为保证项目抢险救灾及时、有效，必须建立项目应急救援装备保障系统，形成全方位抢险救灾装备支持和保障。项目准备的应急救援装备详见各专项应急预案（应急物资装备见附表28）。

8.4 经费保障

应急救援指挥办公室对应急工作的日常费用进行预算，财务部审核，经项目经理审定后，列入年度预算；重特大事件应急处置结束后，财务部等部门对应急处置费用进行如实核销。

8.5 其他保障

（1）应急救援指挥办公室应会同地方政府做好受灾员工和公众的基本生活保障工作。

（2）日常备用一辆应急交通运输车辆，备用车辆只承担距单位较近的运输任务，驾驶员手机电话24h开机，一旦应急事故发生，通知驾驶员速回。

（3）安全保卫组应常备用于应急突发事故的警戒带，一旦发生突发事故，在事故现场治安警戒使用。

（4）安全负责人应每周对施工现场的消防器材和应急用锹、镐、撬棍等进行检查、保养、维护。定期更换灭火器，日常维护消防设备设施的有效使用，清除消防器材前及安全通道的遮挡物，保持消防器材应急使用及安全通道畅通。

(5)应急组织机构的全体成员,应树立"接到报警就是命令"的观点,树立"以人为本"的思想,勇敢、科学、冷静地应对事故,不能盲目、蛮干。

(6)在组织机构内,当正职休假,开会等外出时,副职必须承担起正职应当承担的责任。

9 培训与演练

9.1 培训

项目应急办公室应会同有关单位,组织开展应急宣传教育,提高相关方的应急意识,熟悉各类灾害下的应急救援程序及自救互救知识、相关避灾路线等,减少人员伤亡。

人力资源部应组织编制对各类专业应急人员、项目员工的年度培训计划,并组织实施。同时对应急培训进行总结,内容应包括:培训时间、培训内容、培训师资、培训人员、培训效果、培训考核记录等。

项目救护队每季至少进行1次训练,每次时间不少于3h。

9.2 演练

项目每年至少组织两次模拟突发事故安全应急救援演练,检验指挥系统、现场抢救、疏散、救援等应急响应能力。

应急救援指挥办公室应针对预案内容要求,制订应急演练计划,做好演练的策划,演练结束后做好总结。总结内容应包括:演练项目和内容、参加演练的单位、部门、人员和演练的地点、起止时间、演练过程中的环境条件、演练动用设备、物资、演练效果、改进的建议、演练过程记录(文字、音像资料等)。根据演练评估结果及时修正拟补应急预案中的不足和缺陷。

10 奖惩

在项目事故应急救援工作中有下列表现之一的部门和个人,项目给予表彰奖励。
(1)出色完成应急处置任务。
(2)抢排险事故或者抢救人员有功,使项目和员工生命财产免受损失或减少损失。
(3)对应急救援工作提出重大建议,且实施效果显著。
(4)有其他特殊贡献。

在应急救援工作中有下列行为之一的,按照法律、法规及有关规定,对有关责任人员分别在管辖范围内进行处分;违反治安管理行为的,由公安机关依照有关规定处罚;构成犯罪的,由司法机关依法追究刑事责任。
(1)拒绝履行应急准备义务。
(2)不及时报告事故真实情况,延误处置时机。
(3)不服从应急指挥的命令和指挥,在应急响应时临阵脱逃。
(4)盗窃、挪用、贪污应急救援资金或者物资。
(5)阻碍应急救援人员依法执行任务或进行破坏活动。

(6)散布谣言、扰乱社会秩序。
(7)有其他危害应急救援工作行为。

11 附则

11.1 应急预案备案

按照有关规定分别将应急预案报×××组织审查。评审后,按规定报×××备案,并经本合同段项目经理签署发布。

11.2 维护和更新

项目根据实际情况的变化对应急预案进行修订。修订条件如下:
(1)新法律、法规、标准的颁布实施或相关法律、法规、标准的修订。
(2)预案演习或生产事故应急处置中发现不符合项。
(3)组织机构和人员发生变化。
(4)其他需要修订预案的原因。

11.3 制订与解释

本预案由项目应急救援指挥领导小组组织制订,应急救援指挥办公室负责解释。

11.4 应急预案实施

本预案自发布之日起实施。

12 附件:专项应急预案

专项应急预案一:路基施工应急预案;
专项应急预案二:桥梁施工应急预案;
专项应急预案三:隧道施工应急预案。
应急工作相关联的单位、人员通信联系方式见附表27,应急物资装备见附表28。

应急工作相关联的单位、人员通信联系方式   附表27

单　位	联系方式
建专委	联系人: 联系电话: 备用联系人: 联系电话:
公路局	联系人: 联系电话: 备用联系人: 联系电话:

续上表

单 位	联 系 方 式
项目法人单位	联系人： 联系电话： 备用联系人： 联系电话：
项目建设指挥部	联系人： 联系电话： 备用联系人： 联系电话：
施工单位	联系人： 联系电话： 备用联系人： 联系电话：
监理单位	联系人： 联系电话： 备用联系人： 联系电话：
×××医院	联系人： 联系电话： 备用联系人： 联系电话：
……	……

应急物资装备一览表　　　　　　　　　　　　　　　　附表28

序号	名称	类型	数量	存放位置	管理责任人	联系方式
1	酒精	常备消毒药品				
2	紫药水	常备消毒药品				
3	创可贴	常备急救物品				
4	绷带	常备急救物品				
5	无菌敷料	常备急救物品				
6	仁丹	常备急救物品				
7	常用小夹板	常备急救器材				
8	担架	常备急救器材				
9	止血带	常备急救器材				
10	氧气袋	常备急救器材				
11	铁锹	抢险工具				
12	撬棍	抢险工具				

续上表

序 号	名 称	类 型	数 量	存放位置	管理责任人	联系方式
13	气割工具	抢险工具				
14	小型金属切割机	抢险工具				
15	灭火器	消防器材				
16	消防桶	消防器材				
17	架子管	应急器材				
18	安全帽	应急器材				
19	安全带	应急器材				
20	防毒面具	应急器材				
21	应急灯	应急器材				
22	对讲机	应急器材				
23	电焊机	应急器材				
24	水泵	应急器材				
25	灭火器	应急器材				
26	普通轿车	应急设备				
27	汽车吊	应急设备				
28	装载机	应急设备				
...	...	...				

附录9　一般工程专项应急预案示例

1　事故类型和危害程度分析

编写要求:根据客观实际情况分析本项目存在的危险源及危险程度;客观分析危险源可能引发的事故诱因、影响范围及后果。如必要,可评估事故发生后所造成的事故严重性。

根据全国公路建设工程施工伤亡事故统计,并通过对事故的类别、原因、发生的部位等进行的分析得知,高处坠落、触电事故、物体打击、机械伤害、坍塌事故五种是建筑业最常发生的事故,占事故总数的85%以上,因此,这五种事故称为"五大伤害"。此外,中毒和火灾也是多发性事故。所以,本项目主要事故类型和危害程度分析如下:

1.1　坍塌事故

在施工过程中,可能发生的坍塌事故主要体现在基坑边坡堆料小于安全距离或堆料荷载过大、边坡排水不当、边坡水平及位移观测不及时等。事故发生后会造成人员伤亡或机械设备损坏。

1.2　高处坠落事故

在施工过程中,可能发生的高处坠落事故主要体现在脚手架扣件质量低劣造成架体倒塌,高处作业人员没有正确使用安全"三宝""四口",安全防护不严,安全管理检查不到位,雨雪天后高处作业没有防滑措施等。事故发生后会造成人员伤亡或机械设备损坏。

1.3　机械伤害事故

在施工过程中,可能发生的机械伤害事故主要体现在机械设备防护不到位、工作人员操作不当、安全管理检查不到位。事故发生后会造成人员伤亡或机械设备损坏。

1.4　触电事故

在施工过程中,可能发生触电事故主要体现在机械设备漏电、雨天后配电箱内进水导致漏电、电气设备接线不正确、未执行"三相五线"制、漏电保护器失灵、安全管理检查不到位等。事故发生后会造成人员伤亡或机械设备损坏。

1.5　物体打击事故

在施工过程中,可能发生的物体打击事故主要体现在高处作业物料堆放不平稳、架上抛掷物品、不正确使用劳保用品、不遵守劳动纪律、安全管理不到位等。事故发生后会造成人员伤亡或机械设备损坏。

1.6 塔吊事故

在施工过程中,可能发生的高层塔吊施工事故主要体现在:

(1)塔吊作业中突然发生安全限位装置失控,发生撞击护栏及相邻塔吊或坠物,或违反安全规程操作,造成重大事故(如倾倒、断臂)。
(2)基坑边坡在外力荷载作用下滑坡倒塌。
(3)自然灾害(如雷电、沙尘暴、地震强风、强降雨、暴风雪等)对设施的严重损坏。
(4)塔吊拆装和顶升过程中发生的人员伤亡事故。
(5)运行中的电气设备故障或线路发生严重漏电。

事故发生后会造成人员伤亡或机械设备损坏。

1.7 火灾爆炸事故

在施工过程中,可能发生的火灾事故主要体现在易燃易爆物品使用及保管不当、动用明火时没有专职看火人员、消防设施配备不齐全、安全管理检查不到位等。事故发生后会造成人员伤亡或机械设备损坏。

1.8 中毒事故

在施工过程中,可能发生的食物中毒事故主要体现在地下作业环境存在的各种毒气、现场焚烧的有毒物质、食堂采购的食物中含有毒物质或工人食用腐烂、变质食品;工人冬季取暖时发生煤气中毒,豆角等未彻底炒、煮熟等。由于工地人员多,饮食卫生关系到众多人员的生命健康,一旦发现食物中毒事故,将会导致施工现场人员的生命健康受到威胁和直接的经济损失。

2 应急处置基本原则

编写要求:从应急响应、指挥领导、处置措施、资源调配等方面说明本预案所涉及的事故发生后,应急处置工作的指导原则和总体思路;内容应简明扼要。

应急指挥部应根据事故性质、类别、严重程度,研究部署现场救援处置方案,责成各有关部门及相关人员立即进入岗位,按照现场勘查和救援同步进行的原则及时开展工作,保证组织到位、应急救援队伍到位、应急救援物资到位。

3 组织机构及职责

编写要求:清晰的描述本项目或本部门的应急组织体系构成,推荐使用图表;明确应急组织成员及日常和应急状态下的工作职责;明确应急指挥成员及职责;各应急救援小组设置合理,应急工作明确;应与本项目的综合应急预案和建设单位的综合应急预案衔接。

各应急组织机构及职责同综合应急预案的同时,危险源风险评估组和技术组必须根据上述事故类型配备专业人员。

坍塌专业负责人：

高处坠落专业负责人：

机械伤害专业负责人：

触电专业负责人：

物体打击专业负责人：

起重伤害（塔吊）专业负责人：

火灾爆炸专业负责人：

食物中毒专业负责人：

4 预防与预警

4.1 危险源监控

编写要求：明确危险源的监测监控方式、方法；明确技术性预防和管理措施；明确采取的应急处置措施。

按照有关要求，在施工中认真落实技术交底和分部分项工程验收制度，同时，系统辨识施工现场存在的危险源，对危险设备和危险区域予以明显标识，采取定期检查和不定期巡查相结合的方法，全面加强危险源监控。具体预防监控措施如下：

4.1.1 坍塌事故预防监控措施

（1）严禁采用挖空底脚的方法进行土方施工。

（2）基础工程施工前要制订有针对性的施工方案，按照土质的情况设置安全边坡或固壁支撑。基坑深度超过5m必须制订专项支护设计方案并经过专家论证后实施。对基坑、井坑的边坡和固壁支架应随时检查，对挖出的泥土，要按规定放置，不得随意沿围墙或临时建筑堆放。

（3）施工中严格控制建筑材料、模板、施工机械、机具或其他物料在楼层或屋面的堆放数量和重量，以避免产生过大的集中荷载，造成楼板或屋面断裂。

（4）基坑施工要设置有效排水措施，雨天要防止地表水冲刷土壁边坡，造成土方坍塌。

（5）及时观察观测边坡土体情况，发现边坡有裂痕、疏松或支撑有折断、走动等危险征兆，及时反映到上级部门，并立即停止施工，撤出影响范围内所有施工人员。

4.1.2 高处坠落及物体打击事故预防监控措施

（1）认真贯彻执行有关安全操作规程，严禁架上嬉戏、打闹、酒后上岗和从高处向下抛掷物块，以避免造成高处坠落和物体打击。

（2）施工现场使用的龙门架（井字架），必须制订安装和拆除施工方案，严格遵守安装和拆除顺序，配备齐全有效限位装置。在运行前，要对超高限位、制动装置、断绳保险等安全设施进行检查验收，经确认合格有效，方可使用。

（3）凡在距地面2m以上的高空作业必须设置有效可靠的防护设施，防止高处坠落和物体打击。

(4)使用的吊装设备配备齐全有效限位装置。在运行前,要对超高限位、制动装置、断绳保险等安全设施进行检查。吊钩要有保险装置。

(5)脚手架外侧边缘用密目式安全网封闭。搭设脚手架必须编制施工方案和技术措施,操作层的跳板必须满铺,并设置踢脚板和防护栏杆或安全立网。在搭设脚手架前,须向工人作较为详细的交底。

(6)模板工程的支撑系统,必须进行设计计算,并制订有针对性的施工方案和安全技术措施。

4.1.3 触电事故预防监控措施

(1)坚持电气专业人员持证上岗,施工现场做到临时用电的架设、维护、拆除等由专职电工完成,非电气专业人员不准进行任何电气部件的更换或维修。

(2)建立临时用电检查制度,按临时用电管理规定对现场的各种线路和设施进行检查和不定期抽查,并将检查、抽查记录存档。

(3)检查和操作人员必须按规定穿戴绝缘胶鞋、绝缘手套;必须使用电工专用绝缘工具。

(4)临时配电线路必须按《施工现场临时用电安全技术规范》(JGJ 46—2005)进行安装架设。在建工程的外侧防护与外电高压线之间必须保持安全操作距离。达不到要求的,要增设屏障、遮栏或保护网,避免施工机械设备或钢架触高压电线。无安全防护措施时,禁止强行施工。

(5)施工现场临时用电的架设和使用必须符合《施工现场临时用电安全技术规范》(JGJ 46—2005)的规定。

(6)综合采用 TN-S 系统和漏电保护系统,组成防触电保护系统,形成防触电二道防线。

(7)雨天禁止露天电焊作业。

(8)各种高大设施必须按规定装设避雷装置。

(9)坚持临时用电定期检查制度。

4.1.4 机械伤害事故预防监控措施

(1)机械设备应按其技术性能的要求正确使用。随时检查安全装置是否失效,缺少安全装置或安全装置已失效的机械设备不得使用。

(2)按规范要求对机械进行验收使用,验收合格后方可使用。

(3)机械操作工按操作规程操作,工作期间坚守岗位,遵守劳动纪律。

(4)严禁对处在运行和运转中的机械进行维修、保养或调整等作业。

(5)机械设备应按时进行保养,当发现有漏保失灵或超载带病运转等情况时,有关部门应停止其使用,禁止操作故障设备。

4.1.5 起重伤害(塔吊)事故预防监控措施

(1)塔式起重机的基础,必须严格按照使用说明书和方案进行。塔式起重机安装前,应对基础进行检验,符合要求后,方可进行塔式起重机的安装。

(2)安装及拆卸作业前,必须认真研究作业方案,严格按照架设程序分工负责,统一指挥。

(3)安装时必须保证安装过程中各种状态下的稳定性,必须使用专用螺栓,不得随意代用。

(4)塔式起重机附墙杆件的布置和间隔,应符合说明书的规定。当塔身与建筑物水平距离大于说明书规定时,应验算附着杆的稳定性,或重新设计、制作,并经技术部门确认,主管部门验收。在塔式起重机未拆卸至允许悬臂高度前,严禁拆卸附墙杆件。

(5)塔式起重机必须按照现行国家标准《塔式起重机安全规程》(GB 5144—2006)及说明书规定,安装起重力矩限制器、起重量限制器、幅度限制器、起升高度限制器、回转限制器等安全装置。

(6)塔式起重机操作使用应符合下列规定:

①塔式起重机作业前,应检查金属结构、连接螺栓及钢丝绳磨损情况;送电前,各控制器手柄应在零位,空载运转,试验各机构及安全装置并确认正常。

②塔式起重机作业时,严禁超载、斜拉和起吊埋在地下等不明重量的物件。

③吊运散装物件时,应制作专用吊笼或容器,并应保障在吊运过程中物料不会脱落。吊笼或容器在使用前应按允许承载能力的两倍荷载进行试验,使用中应定期进行检查。

④吊运多根钢管、钢筋等细长材料时,必须确认吊索绑扎牢靠,防止吊运中吊索滑移物料散落。

⑤两台塔式起重机之间吊物的垂直距离不应小于2m。当不能满足要求时,应采取调整相临塔式起重机的工作高度、加设行程限位、回转限位装置等措施,并制订交叉作业的操作规程。

⑥沿塔身垂直悬挂的电缆,应使用不被电缆自重拉伤和磨损的可靠装置悬挂。

⑦作业完毕,起重臂应转到顺风方向,并应松开回转制动器,起重小车及平衡臂应置于非工作状态。

(7)塔吊必须由具备资质的专业队伍安装和拆除,安装、顶升、拆除必须先编制施工方案,经公司总工或技术负责人审批后遵照执行,作业人员必须持证上岗,工作时佩戴好个人防护用品,严格按方案施工,做好塔吊拉接点拉牢工作,防止架体倒塌。安装完毕后经检测部门检测合格并在建设行政主管部门备案后方可投入使用。

(8)塔吊驾驶员操作时,必须严格按操作规程操作,不准违章作业,严格执行"十不吊",操作前必须有安全技术交底记录,并履行签字手续。

(9)严格执行日常维修保养制度,定期进行检查维护,确保各部件和限位保险装置灵敏可靠。

(10)严禁擅自拆除限位保险装置或人为造成限位保险装置失灵。

4.1.6 火灾、爆炸事故预防监控

(1)各施工现场应根据各自进行的施工工程的具体的情况制订方案,建立各项消防安全制度和安全施工的各项操作规程。

(2)根据施工的具体情况制订消防保卫方案,建立健全各项消防安全制度,严格遵守各项操作规程。

(3)每日对工程场地进行安全巡检。油漆、稀料等易燃易爆物品必须按照有关要求设立专门仓库或存储点,并设有专人管理。

(4)严格控制施工现场吸烟现象,严格对明火作业进行安全把关,施工前必须开具动火证并设专人监护。

(5)作业现场配备充足的消防器材。

(6)特种作业人员持上岗证。

4.1.7 中毒事故预防监控措施

(1)地下封闭作业环境施工时,要先进行毒气试验,并配备通风设施。

(2)严禁现场焚烧有害有毒物质。

(3)工人生活设施符合卫生要求,不吃腐烂、变质食品。炊事员持健康证上岗。暑伏天要合理安排作息时间,防止中暑脱水现象发生。

4.2 预警行动

编写要求:明确预警信息发布的方式及流程;预警级别与采取的预警措施应科学合理,并与本项目的综合应急预案和建设单位的综合应急预案衔接。

除认真落实综合应急预案中的预警要求外,各施工项目还应在下述情况下启动预警机制,发现人员立即上报项目经理,项目经理负责立即撤离危险源影响范围内的施工人员,停止相关机械作业,并上报公司应急值班室和建设单位相关联系人。

(1)塔吊基础下沉、倾斜。

(2)塔吊平衡臂、起重臂变形。

(3)塔身结构变形、断裂、开焊。

(4)地基沉降引起的脚手架局部变形。

(5)脚手架赖以生根的悬挑钢梁挠度变形。

(6)脚手架卸荷、拉接体系局部产生破坏。

(7)基坑边坡位移值达到信息报告程序。

5 信息报告程序

编制要求:明确24h应急值守电话;明确本项目的内部信息报告方式、要求与处置流程;明确事故信息上报的部门、通信方式和内容时限;明确事故相关部门的通告、报警的方式和内容;明确向有关部门发出请求支援的方式和内容;信息报告程序应与本项目的综合应急预案和建设单位的综合应急预案衔接。

5.1 信息报告与通知

事故发生后,事故现场发现事故的第一人应立即报告各施工队长,施工队长应立即通知项目经理,项目经理接到事故报告后,迅速通知应急救援指挥成员、相关部门负责人,并于10min内将情况报公司,同时利用电话、传真等一切快速手段向项目监理单位、项目建设单位及质监站上报。

情况紧急时,事故现场有关人员可以直接向指挥部安全监察机构和当地安全生产监督管理部门或负有安全生产管理职责的有关部门报告。需紧急救援时,同时向当地公安、消防、卫生部门快报。当有新的情况发生时,应随时将事故详情进行补报或续报。

按以上报告程序,事故发生后应当在12h内写出简要书面报告上报,书面报告内容应符合综合应急预案信息报告与处置的要求。事故的对外报告和公布,由项目部应急领导小组办公室统一归口管理。

5.2 现场报警方式

利用固定电话或手机进行报警。

5.3 通信联络方式

应急救援办公室设立24h值班电话。电话为:××××××××。
建立危险源风险评估组和技术组配备的专业人员联系方式。

5.4 报告内容

(1)事故发生的时间、地点、工程项目名称、事故类别、人员伤亡情况、预估的直接经济损失。
(2)事故中的建设、勘查、设计、施工、监理等单位名称、资质等级情况,施工单位安全生产许可证号发证机构,施工单位"三类人员"的姓名及岗位证书情况,监理单位有关人员的姓名及职业资格等情况。
(3)项目基本概况。
(4)事故的简要经过,紧急抢险救援情况,事故原因的初步分析。
(5)采取的措施及事故控制情况,需要有关部门和单位协助事故抢救与处理的有关事宜。
(6)事故报告单位、签发人及报告时间。

5.5 向外求援

为有效开展事故救援活动,现场项目负责人应在第一时间寻求社会救援力量。
医院急救中心120;
火警119;
匪警110。

6 应急处置

6.1 响应分级

编制要求:分级清晰合理,且与项目综合应急预案响应分级衔接;能够体现事故紧急和危害程度;明确紧急情况下相应决策的原则;如专项应急预案作为综合应急预案附件,并且综合应急预案中明确项目级或公司级响应分级,此项内容可直接参考综合应急预案,否则需明确说明。
响应分级同综合应急预案响应分级。

6.2 响应程序

编制要求：明确具体的应急响应程序和保障措施；明确救援过程中专项应急功能的实施程序；明确需扩大应急的基本条件及原则；可辅以图表直观表述应急响应程序；专项应急预案作为综合应急预案附件，并且综合应急预案中明确项目级或公司级响应程序，此项内容可直接参考综合应急预案，否则需明确说明。

同综合应急预案。

6.3 处置措施

编写要求：针对事故种类判定相应的应急处置措施；符合实际，科学合理，程序清晰，简单易行。

6.3.1 物体打击、高处坠落、机械伤害事故处置措施

（1）迅速将伤员脱离危险地带，移至安全地带。

（2）项目经理立即拨打120向当地急救中心取得联系（医院在附近的直接送往医院），应详细说明事故地点、严重程度、本部门的联系电话，并派人到路口接应。同时立即向应急救援指挥部报告。

（3）技术组相关负责人立即到达现场，首先查明险情，确定是否还有危险源。与应急救援相关人员商定初步救援方案，并向应急总指挥、副总指挥汇报，经总指挥汇报批准后，现场组织实施。

（4）现场救援。

（5）记录伤情，现场救护人员应边抢救边记录伤员的受伤机制，受伤部位，受伤程度等第一手资料。

6.3.2 触电事故处置措施

（1）迅速将伤员脱离危险地带，移至安全地带。

对于低压触电事故，如果触电地点附近有电源开关或插销，可立即拉开电源开关或拔下电源插头，以切断电源。如无法立即切断电源可用有绝缘手柄的电工钳、干燥木柄的斧头、干燥木把的铁锹等切断电源线，也可采用干燥木板等绝缘物插入触电者身下，以隔离电源。当电线搭在触电者身上或被压在身下时，也可用干燥的衣服、手套、绳索、木板、木棒等绝缘物为工具，拉开或挑开电线，使触电者脱离电源。严禁直接去拉触电者。

对于高压触电事故，应立即通知有关部门停电。有条件的现场可用高压绝缘杆挑开触电者身上的电线。严禁现场任何人员靠近或使用非专用工具接触触电者。

触电者如果在高空作业时触电，断开电源时，要防止触电者摔下来造成二次伤害。

（2）项目经理立即拨打120向当地急救中心取得联系（医院在附近的直接送往医院），应详细说明事故地点、严重程度、本部门的联系电话，并派人到路口接应。同时立即向应急救援指挥部报告。

（3）技术组相关负责人立即到达现场，首先查明险情，确定是否还有危险源。与应急救援相关人员商定初步救援方案，并向应急总指挥、副总指挥汇报，经总指挥汇报批准后，现场组织

实施。

(4)现场救援。

(5)记录伤情,现场救护人员应边抢救边记录伤员的受伤机制、受伤部位、受伤程度等第一手资料。

6.3.3 起重伤害(塔吊)事故处置措施

(1)技术组起重伤害(塔吊)负责人立即到达现场,首先查明险情,确定是否还有危险源。如碰断的高、低压电线是否带电;塔吊构件、其他构件是否有继续倒塌的危险;人员伤亡情况等。与应急救援相关人员商定初步救援方案,并向应急总指挥、副总指挥汇报,经总指挥汇报批准后,现场组织实施。

(2)现场保卫组负责人把出事地点附近的作业人员疏散到安全地带,并进行警戒不准闲人靠近,对外注意礼貌用语。

(3)工地值班电工负责检查电路,确定已切断有危险的低压电气线路的电源。如果在夜间,接通必要的照明灯光。

(4)现场抢救组在排除继续倒塌或触电危险的情况下,迅速将伤员脱离危险地带,移至安全地带。

(5)应急副总指挥立即拨打120向当地急救中心取得联系(医院在附近的直接送往医院),应详细说明事故地点、严重程度、本部门的联系电话,并派人到路口接应。

(6)现场简单急救。

(7)记录伤情,现场救护人员应边抢救边记录伤员的受伤机制、受伤部位、受伤程度等第一手资料。

(8)对倾翻变形塔吊的拆卸、修复工作,应在塔吊厂家负责人指导下进行。

6.3.4 坍塌事故处置措施

(1)技术组相关负责人立即到达现场,首先查明险情,确定是否还有危险源。如基坑边坡是否有继续坍塌的危险;人员伤亡情况等。与应急救援相关人员商定初步救援方案,并向应急总指挥、副总指挥汇报,经总指挥汇报批准后,现场组织实施。迅速将伤员脱离危险地带,移至安全地带。

(2)应急副总指挥立即拨打120向当地急救中心取得联系(医院在附近的直接送往医院),应详细说明事故地点、严重程度、本部门的联系电话,并派人到路口接应。

(3)组织人员尽快解除重物压迫,减少伤员挤压综合症发生,挖掘被掩埋伤员及时脱离危险区。

(4)现场救援。

(5)记录伤情,现场救护人员应边抢救边记录伤员的受伤机制、受伤部位、受伤程度等第一手资料。

(6)在没有人员受伤的情况下,现场负责人应根据实际情况研究补救措施,在确保人员生命安全的前提下,组织恢复正常施工秩序。

(7)加强基坑排水、降水措施;迅速运走边坡弃土、材料机械设备等重物;加强基坑支护,对边坡薄弱环节进行加固处理;削去部分坡体,减小边坡坡度。

6.3.5 火灾事故处置措施

(1) 迅速将伤员脱离危险地带,移至安全地带。伤员身上燃烧的衣物一时难以脱下时,可让伤员躺在地上滚动,或用水洒扑灭火焰。

(2) 项目经理立即拨打"119"火警电话和"120"急救电话,并立即向应急救援指挥部报告,以便领导了解和指挥扑救火灾事故。

(3) 技术组相关负责人立即到达现场,首先查明险情,与应急救援相关人员商定初步救援方案,并向应急总指挥、副总指挥汇报,经总指挥汇报批准后,组织扑救火灾。要充分利用施工现场中的消防设施器材,按照"先控制、后灭火;救人重于救火;先重点后一般"的灭火战术原则进行扑救。要首先派人及时切断电源,接通消防水泵电源,组织抢救伤亡人员,隔离火灾危险和重要物资。

(4) 协助消防员灭火。当专业消防队到达火灾现场后,在自救的基础上,火灾事故应急指挥小组要简要的向消防队负责人说明火灾情况,并全力支持消防队员灭火,要听从消防队的指挥,齐心协力,共同灭火。

(5) 记录伤情,现场救护人员应边抢救边记录伤员的受伤机制,受伤部位,受伤程度等第一手资料。

(6) 保护现场。当火灾发生时到扑救完毕后,应急指挥部要派人保护好现场,维护好现场秩序,等待对事故原因及责任的调查。同时应立即采取善后工作,及时清理,将火灾造成的垃圾分类处理并采取其他有效措施,从而将火灾事故对环境造成的污染降低到最低限度。

6.3.6 中毒事故处置措施

(1) 项目负责人立即向当地卫生防疫部门(120)电话求援。讲清中毒人员症状、持续时间、人数、地点,并到主要路口引导急救车到达现场。并立即向应急救援指挥部上报事故的初步原因、范围、估计后果。

(2) 保护事故现场,封存食堂剩余食物,如有呕吐物,应利用干净塑料袋等容器封存,供卫生防疫部门化验。

(3) 技术组相关负责人立即到达现场,首先了解和掌握疫情,与应急救援相关人员商定初步救援方案,并向应急总指挥、副总指挥汇报,经总指挥汇报批准后,开展抢救和维护现场秩序,封存事故现场,获取中毒食品的化验样品。

(4) 记录伤情,现场救护人员应边抢救边记录中毒人员的状况、中毒前所吃食物等第一手资料。

(5) 当事人被送入医院接受抢救后,指挥部即指令善后人员做好与当事人家属的接洽善后处理工作,并做好与有关部门的沟通、汇报工作。

(6) 对中毒事故进行原因分析,制订相应的改正措施,认真填写事故调查报告和有关处理报告,并上报公司及建设单位等有关上级机关。

7 应急物资与装备保障

编写要求:明确对应急救援所需的物资和装备的要求;应急物资与装备保障符合项目和施工单位的实际,满足应急要求。

附录10 隧道施工专项应急预案示例

1 事故类型和危害程度分析

隧道施工地质条件复杂,安全风险较多,较容易发生各类安全事故。

(1)坍塌事故:隧道施工地质条件复杂,在软弱围岩地段,由于超前支护及初期支护不到位或不及时,容易发生失稳造成围岩塌方,在施工现场,台架由于刚度不足、使用时间较长,而失稳发生坍塌。

(2)透水事故:隧道施工地质条件复杂,由于超前地质预报不及时,遇有透水层而发生透水事故。

(3)火药爆炸事故:由于现场管理不慎,在隧道掌子面进行装药时,由于明火而引发施工现场火工品发生爆炸。

(4)高处坠落事故:由于台架安全防护不到位,作业人员没有正确使用防护用品,作业时间长,精神不集中,从台架上高处坠落,伤及人身安全。

(5)机械伤害事故:在施工现场装载机、挖掘机、泵车、钢筋切管机、切断机等机械由于违反操作规程造成人员伤亡。

(6)火灾事故:在施工现场易燃物品(木模、防水板)由于操作不当而发生火灾。

(7)车辆伤害事故:在施工现场发生车辆引起的机械伤害事故,如车辆行驶中的挤、压、撞车或倾覆等事故,在行驶中上下车以及车辆运输挂钩、跑车事故。

(8)起重伤害事故:在施工现场吊车发生的物体坠落、挤压,从而造成人员伤亡、财产损失。

(9)触电事故:在施工现场人员触电发生伤亡。

(10)物体打击事故,在施工现场台架、台车上物体、材料高处物体坠落伤及人员。

2 应急处置基本原则

(1)最大限度的降低潜在事故和已发事故给施工人员带来的生命、财产危害。

(2)发生事故,最大限度的防止和控制事故蔓延优先,针对可能发生的事故,能够迅速、有序的采取应急措施,以减少人员伤亡和财产损失为最大目的。

(3)发生事故,抢险现场统一指挥、高效协调,最大限度、最快时间进行现场抢救、抢险。

(4)实行"安全第一、常备不懈,以防为主,防抗结合"的原则。

3 组织结构及职责

组织结构及职责见综合应急预案组织机构及职责。

如专项应急预案未作为综合应急预案附件,此项内容不可省略。

4 预防与预警

4.1 危险源监控

现场施工人员应对施工现场所有危险源进行定期排查,对相关工种的工作人员进行岗前培训和教育,使他们了解到本岗位安全工作的重要性和必要性,并在施工作业期间能够按照相关的操作规程执行,不出现违章作业。

(1)危险源控制方式

对已辨识的危险源,控制方式有:

①用制订目标和管理方案进行控制管理。

②用建立和实施运行控制程序进行控制管理。

③用应急预案进行控制管理。

④同时使用制订目标和管理方案、运行控制程序和应急预案进行管理或用其中任意两种。

(2)危险源控制方法及预防措施

①对全体员工进行安全技术交底、防护措施的教育和培训。

②各隧道开挖作业面必须配备4名施工现场专职安全管理员(保证全天有人值班),掌子面及洞口各1名,专职负责施工安全监控工作,规范做好施工情况记录。隧道洞口设置值班室,严格执行出入洞人员登记制度。

③做好隧道超前地质预报和监控量测工作,各工程队制订《超前地质预报方案》,配齐配足专业人员,并严格执行。

④不良地质隧道施工时,严格遵循"早预报、先治水、短开挖、弱爆破、强支护、勤量测、早封闭"的施工原则,保证隧道不坍方。严禁擅自改变施工方法。

⑤洞内支护坚持"随挖随支护"的原则。如遇石质破碎、风化严重时,应尽量缩小支护工作面。钢拱架架立时不得置于虚渣或松动石上,软弱围岩地段基底夯实加设垫板或加设垫块楔紧。

⑥软弱及不良地质隧道仰拱施作应紧跟,仰拱距开挖面距离宜控制在40m以内,并根据围岩量测结果适时施作二次衬砌,从严控制二次衬砌距掌子面距离。

⑦隧道施工现场必须符合通风、照明、粉尘和有害气体控制等作业环境标准,安全防护设施必须按规定配备到位。对西铁车2号隧道、人子山隧道和东安隧道要进行通风设计,配足通风设备。对其他隧道的洞内要认真做好抽排水工作,严禁洞内长时间积水。

⑧加强火工品管理。严格按照火工品管、用的相关规定做好爆炸物品的采购、运输、储存、领发料及爆破操作过程中的管理,项目经理必须每月,安质部长、公安分处必须每半月对炸药进行一次全面的安全检查。

⑨进行高处作业施工,使用脚手架、平台、梯子、防护围栏、挡脚板、安全带、安全帽和安全网等。作业前检查安全设施是否牢固、可靠。作业用工具、材料严禁抛掷。

⑩隧道施工采用的大型机械设备进场前必须检验合格,确保正常使用、安全可靠、状态

良好。

⑪做好洞内交通组织。洞内运输车辆限速行驶,作业地段车速一般每小时应小于10km,严禁超车。在衬砌台车(或作业台架)作业地段应设置慢行、警示标志。中心水沟检查井要及时设置盖板或明显的警示标志。

⑫合理配置用电系统的短路、过载、漏电保护电器,确保PE线连接点的电器连接可靠。机电设备要定期进行检定维修,确保运行状态良好。电线路严禁搭靠或固定在易导电的金属上。

⑬各种机械、金属设备上所有照明及易发生电击危险场所的照明和行灯应使用36V及以下安全电压;潮湿环境下行灯电压必须低于12V,并有绝缘良好的手柄和护罩。

⑭严格执行劳动保护法规和卫生标准,防止食物中毒。

4.2 预警行动

当应急小组接收到现场值班人员、安全员、其他作业人员或相关渠道传递来的预警信息时,立即予以核实并判断该预警信息的准确程度和严重程度。

(1)如属于下列情形之一则立即通知相关部门和人员启动相应的应急措施或应急方案。

①即将发生或已经发生重大质量、安全事故的。

②虽不属于重大质量、安全事故,但在事故发生过程中,情况发生突然变化,有可能造成严重后果的。

③应急小组组长认为有必要启动应急救援预案的。

符合上述三个条件之一的,根据附录10中6.1响应分级中规定的应急响应级别,由相应级别的应急小组组长发布启动应急救援预案的命令。

(2)属于下列情形之一的,应急小组组长立即向本单位最高负责人报告,申请向上级主管部门或地方人民政府请求支援。

①当质量、安全事故后果或事态极为严重,超过了本单位事故处理和救援能力的。

②质量、安全事故发生范围超过了本单位管辖范围的。

③应急小组组长认为有必要向上级主管部门或地方人民政府请求支援的。

5 信息报告程序

5.1 信息报告与通知

事故发生后,事故现场发现事故的第一人应立即报告各施工队长,施工队长应立即通知项目经理,项目经理接到事故报告后,迅速通知应急救援指挥成员、相关部门负责人,并于10min内将情况报公司,同时利用电话、传真等一切快速手段向项目监理单位、项目建设单位及质监站上报。

情况紧急时,事故现场有关人员可以直接向指挥部安全监察机构和当地安全生产监督管理部门或负有安全生产管理职责的有关部门报告。需紧急救援时,同时向当地公安、消防、卫生部门快报。当有新的情况发生时,应随时将事故详情进行补报或续报。

按以上报告程序,事故发生后应当在 12min 内写出简要书面报告上报,书面报告内容应符合综合应急预案信息报告与处置的要求。事故的对外报告和公布,由项目部应急领导小组办公室统一归口管理。

5.2 事故报告内容

事故报告包括以下内容:

(1)事故发生的时间、地点、工程项目名称、事故类别、人员伤亡情况、预估的直接经济损失。

(2)事故中的建设、勘查、设计、施工、监理等单位名称、资质等级情况,施工单位安全生产许可证号发证机构,施工单位"三类人员"的姓名及岗位证书情况,监理单位有关人员的姓名及职业资格等情况。

(3)项目基本概况。

(4)事故的简要经过,紧急抢险救援情况,事故原因的初步分析。

(5)采取的措施及事故控制情况,需要有关部门和单位协助事故抢救与处理的有关事宜。

(6)事故报告单位、签发人及报告时间。

5.3 信息传递

汇报程序:按建设单位综合应急预案与本项目综合应急预案以及地方政府的事故上报规定制度,依照程序向上级相关主管部门汇报。

隧道施工现场发生安全事故时,应采用电话向上级领导报告,采取相应的应急措施。相关部门的联络方式如附表 29 所示。

相关部门联络方式一览表　　　　　附表 29

单　位	联 系 人	电　话	职　务
项目经理部			
建设单位			
监理单位			
安全质量部			
工程管理部			
物资设备部			
计划部			
财务部			
综合部			
中心试验室			
精测队			
工程分队			
…			

与应急工作相关联的其他单位或人员通信联系方式如附表30所示。

与应急工作相关联的其他单位或人员联系方式一览表　　附表30

单　　位	联　系　人	移　动　电　话	职　　务
公司综合部			
公司安质部			
公安局			
火警			
市医院			
县医院			
市消防大队			
县消防大队			
…			

6 应急处置

6.1 响应分级

按照事故危害程度、影响范围和单位控制事态的能力,将应急响应行动分为三级。

Ⅰ级响应:一次造成死亡1人以上,重伤10人以上或直接经济损失100万元以上安全事故的。

Ⅱ级响应:一次造成死亡0人以下,重伤5人以上或直接经济损失30万元以上安全事故的。

Ⅲ级响应:一次造成死亡0人以下,重伤5人以下或直接经济损失30万元以下安全事故的。

6.2 响应程序

（1）Ⅰ级响应程序

由项目经理部安全事故应急领导小组组长主持,项目应急救援机构成员和项目经理部安全事故应急领导小组组长参加作出应急工作部署,加强工作指导,并在30min内到事故现场。项目部增加值班人员,加强值班。项目部财务部门为事故现场及时提供资金帮助;物资部门紧急调拨所需物资;抢救疏散组负责伤员营救和物资营救组及时救助受伤人员和物资,临时医疗组紧急赴事故现场开展医疗救治和疾病预防控制工作。其他应急救援小组按照职责分工,做好有关工作。

当发生一次死亡或被困3人以上、一次受伤10人以上的事故或险情时,应同时启动上一级应急预案执行相应响应程序。如发生一次死亡或被困3～5人、一次受伤10～20人的事故或险情时,应同时启动《云南省交通运输厅公路建设安全生产事故应急处理预案》,由建专委应急领导小组副组长带队赶赴现场组成建专委现场应急工作领导小组,本项目各应急小组在应急工作领导小组的领导下开展应急行动。

(2) Ⅱ级响应程序

由发生事故的项目经理部安全事故应急领导小组组长主持,项目经理部安全事故应急救援机构成员和项目经理部应急组长参加作出应急工作部署,加强工作指导做好重点工程调度,并在30min内到事故现场。项目经理部增加值班人员,加强值班。项目经理部财务部门为事故现场及时提供资金帮助;物资部门负责抢险物资,供应组紧急调拨所需物资;抢救疏散组负责伤员营救,物资营救组及时救助受伤人员和物资,临时医疗组紧急赴事故现场开展医疗救治和疾病预防控制工作;其他应急救援小组按照职责分工,做好有关工作。

(3) Ⅲ级响应程序

由项目经理部安全生产事故应急领导小组组长主持并作出应急工作部署,加强工作指导做好重点工程调度,并在30min内到事故现场。项目经理部增加值班人员,加强值班。项目经理部财务部门为事故现场及时提供资金帮助;物资部门供应组紧急调拨所需物资;抢救疏散组负责伤员营救,物资营救组及时救助受伤人员和物资,临时医疗组紧急赴事故现场开展医疗救治和疾病预防控制工作,其他应急救援小组按照职责分工,做好有关工作。

7 处置措施

人员的安全疏散,所有抢险人员应坚持"救人重于救物"的原则。

施工过程中隧道施工现场或驻地发生无法预料的,需要紧急抢救处理的危险时,迅速逐级上报,次序为工班、工程队、项目经理部。

紧急情况发生后,现场要做好警戒和疏散工作,保护现场,及时抢救伤员和财产,并由在现场的工班或工程队负责人指挥,及时用对讲机、电话等通信手段报告值班室,主要说明紧急情况性质、隧道里程地点、发生时间、有无伤亡、是否需要派救护车或警力支援到现场实施抢救,如需可直接拨打120、110、119等求救电话。

值班人员在接到紧急情况报告后必须在2min内将情况报告到紧急情况领导小组组长和副组长。小组组长组织讨论后在最短的时间内发出如何进行现场处置的指令。分派人员车辆等到现场进行抢救、警戒、疏散和保护现场等。由工程指挥部在10min内以单位名义打电话向上一级有关部门报告。

遇到紧急情况,全体职工特事特办、急事急办,主动积极地投身到紧急情况的处理中去。各种设备、车辆、器材、物资等统一调遣,各类人员必须坚决无条件服从组长或副组长的命令和安排,不得拖延、推诿、阻碍紧急情况的处理。

现场工作人员应根据事故类别和危险源以及具体的装置、场所、设施和岗位等情况按照对应的现场处置方案实施应急行动。

8 应急物资与装备

在本工程项目施工中的任何单位和个人都有责任和义务参加应急救援工作,事发单位的应急抢险人员和施工人员是应急救援的重要力量。各工程队应根据各自承担的施工项目,以及队伍的布置情况成立若干抢险救援队,并进行训练演练。

在隧道施工现场配备钢管、型钢、水泵、编织袋等足够数量的急救救援物资,必须满足规范储备应急抢险物资的要求,同时根据隧道施工进展,及时调整储备物资品种。

8.1 抢险救援装备

(1)隧道施工项目部现场抢险救援队装备应结合施工生产,按照"平战结合"的原则配置,并根据工程特点备齐小型抢险救援专用工具。

(2)项目现场救援队装备最低要求配置如附表31所示。

项目现场救援队装备最低要求配置表 附表31

设备类别	设备名称	技术性能	数量	基本配置	备注
钻探	工程钻机				
	空压机				
破拆与支护	湿喷机				
	液压支撑套具				
	手动破拆工具组				
	风动破拆工具				
	切割工具				
挖装运	挖掘机				
	装载机				
	自卸车				
排水	抽水机				
排烟	小型通风机				
照明	应急灯				
警戒	警报器				
测量	全站仪				
	经纬仪				
通信	有线电话				
	对讲机				
	移动电话				
灭火	手提灭火器				
动力	发电机组				
其他					

(3)便携式急救包应急物品配置如附表32所示。

便携式急救包应急物品配置表 附表32

序号	种类及名称		数量	规格	说明
1	生存食品	矿泉水			
2		压缩饼干			
3	止血用品	卡扣式止血带			
4		创可贴			
5	应急辅助用品	救生口哨			
6		湿毛巾			
7		应急手电			

(4)移动式急救箱应急物品配置如附表33所示。

移动式急救箱应急物品配置表　　　　　　附表33

序号	种类及名称		数　量	规　格	说　明
1	生存食品	矿泉水			
2		压缩饼干			
3	止血用品	卡扣式止血带			
4		三角形绷带			
5		卷式固定夹板			
6		止血垫			
7	急救用品	急救毯			
8		自救呼吸器			
9	烧伤用品	烧伤敷料			
10	药品	消毒药品			
11		消炎药品			
12		止痛药品			
13		多种维生素			
14		其他药品			
15	应急用品和工具	多功能钳			
16		防水火柴			
17		应急手电或矿灯			
18		救生口哨			
19		急救手册			
20		配置单及说明书			

(5)洞口应急物品配置如附表34所示。

洞口应急物品配置表　　　　　　附表34

序号	种类及名称		数　量	规　格	说　明
1	急救医疗器械、用具	担架			
2		手动吸痰器			
3		自救呼吸器			
4		固定夹板			
5		氧气袋			
6	止血用品	卡扣式止血带			
7		三角形绷带			
8		卷式固定夹板			
9		止血垫			
10	烧伤用品	烧伤敷料			

续上表

序号	种类及名称		数 量	规 格	说 明
11	常用应急处置药品	消毒药品			
12		消炎药品			
13		止痛药品			
14		其他药品			

（6）应急车辆配置如附表35所示。

应急车辆配置表　　　　　　　　　　　附表35

序号	单 位	车 型	车 牌 号	备 注
1	项目部			
2	…			
3	工程分队			
4	…			

附录 11　现场处置方案示例

1　事故特征

施工现场主要事故特征分析如附表 36 所示。

施工现场主要事故特征分析表　　　　　附表 36

序号	可能发生的事故类型	可能发生的主要部位	危害程度	事故前的征兆
1	坍塌		人员伤亡 财产损失	
2	高处坠落			
3	物体打击			
4	触电			
5	机械伤害			
6	起重伤害			
7	火灾			
8	中毒		急性食物中毒	

2　应急组织与职责

施工现场成立现场应急自救队,队长:项目经理×××;
副队长:安全员 AAA、BBB、CCC;
成员:×××等。

2.1　现场应急自救队职责

(略)

2.2　现场应急自救队队长、副队长职责分工

(1)队长、项目经理×××负责现场了解和掌握事故情况,指挥和组织现场抢救。
(2)安全员 AAA 负责及时布置现场抢救,保持与当地建设行政主管部门、劳动部门等单位的沟通,并及时通知当事人的亲人。
(3)安全员 BBB 负责维护现场秩序、保护事发现场、做好当事人周围人员的问讯记录、保持与当地公安部门的沟通。
(4)安全员 CCC 负责妥善处理好善后工作,按职能归口负责保持与当地有关部门的沟通联系。

3 应急处置

3.1 事故应急处置程序

突发安全事故时,事故发现人员立即报告项目负责人,由应急自救队队长、现场项目负责人拨打值班电话报告事故情况或直接报告应急救援副总指挥和总指挥,同时应急自救队队长、现场项目负责人组织开展如下自救程序。

(1)立即停止施工,通知电工拉闸断电。

(2)立即现场疏散事故影响范围内所有人员,命令各班组长清点人数。

(3)立即拨打120急救电话,如遇火灾须立即拨打119火警电话,积极寻求第三方专业救援力量支援,并派专人到工地门口和路口引导救援车辆和人员。

(4)按照现场应急自救队人员职责分工,集合现场自救队,按照现场应急处置措施,积极开展自救。

(5)应急救援指挥部和相关救援小组到来前,如果事故扩大,必须及时采用手机与总指挥和副总指挥取得联系,如实上报情况。

(6)及时了解事故初步情况和发展状况,待应急救援总指挥和副总指挥到达后,立即如实汇报事故和自救情况,接受应急救援指挥部领导,现场应急自救队归应急指挥小组指挥。

3.2 现场应急处置措施

3.2.1 大型脚手架出现变形事故征兆时的应急处置措施

(1)因地基沉降引起的脚手架局部变形。在双排架横向截面上架设八字戗或剪刀撑,隔一排立杆架设一组,直到变形区外排。八字戗或剪刀撑下脚必须设在坚实、可靠的地基上。

(2)脚手架赖以生根的悬挑钢梁挠度变形超过规定值,应对悬挑钢梁后锚固点进行加固,钢梁上面用钢支撑加U形托旋紧后顶住屋顶。预埋钢筋环与钢梁之间有空隙,须用马楔备紧。吊挂钢梁外端的钢丝绳逐根检查,全部紧固,保证均匀受力。

(3)脚手架卸荷、拉接体系局部产生破坏,要立即按原方案制订的卸荷拉接方法将其恢复,并对已经产生变形的部位及杆件进行纠正。如纠正脚手架向外张的变形,先按每个开间设一个5t倒链,与结构绷紧,松开刚性拉接点,各点同时向内收紧倒链,至变形被纠正,做好刚性拉接,并将各卸荷点钢丝绳收紧,使其受力均匀,最后放开倒链。

3.2.2 大型脚手架失稳引起倒塌及造成人员伤亡时的应急处置措施

(1)迅速确定事故发生的准确位置、可能波及的范围、脚手架损坏的程度、人员伤亡情况等,以根据不同情况进行处置。

(2)划出事故特定区域,非救援人员未经允许不得进入特定区域。迅速核实脚手架上作业人数,如有人员被坍塌的脚手架压在下面,要立即采取可靠措施加固四周,然后拆除或切割压住伤者的杆件,将伤员移出。如脚手架太重可用吊车将架体缓缓抬起,以便救人。如无人员伤亡,立即实施脚手架加固或拆除等处理措施。以上行动须由有经验的安全员和架子工长统一安排。

3.2.3 高处坠落事故现场处置措施

(1)救援人员首先根据伤者受伤部位立即组织抢救,促使伤者快速脱离危险环境,送往医院救治,并保护现场。察看事故现场周围有无其他危险源存在。

(2)在抢救伤员的同时迅速向上级报告事故现场情况。

(3)抢救受伤人员时几种情况的处理:

①如确认人员已死亡,立即保护现场。

②如发生人员昏迷、伤及内脏、骨折及大量失血。

立即联系120急救车或距现场最近的医院,并说明伤情。为取得最佳抢救效果,还可根据伤情送往专科医院。

外伤大出血:急救车未到前,现场采取止血措施。

骨折:注意搬运时的保护,对昏迷、可能伤及脊椎、内脏或伤情不详者,一律用担架或平板,禁止用搂、抱、背等方式运输伤员。

③一般性伤情送往医院检查,防止破伤风。

3.2.4 触电事故现场处置措施

(1)截断电源,关上插座上的开关或拔除插头。如果够不着插座开关,就关上总开关。切勿试图关上那件电器用具的开关,因为可能正是该开关漏电。

(2)若无法关上开关,可站在绝缘物上,如一叠厚报纸、塑料布、木板之类,用扫帚或木椅等将伤者拨离电源,或用绳子、裤子或任何干布条绕过伤者腋下或腿部,把伤者拖离电源。切勿用手触及伤者,也不要用潮湿的工具或金属物质把伤者拨开,也不要使用潮湿的物件拖动伤者。

(3)如果患者呼吸心跳停止,开始人工呼吸和胸外心脏按压。切记不能给触电的人注射强心针。若伤者昏迷,则将其身体放置成卧式。

(4)若伤者曾经昏迷、身体遭烧伤,或感到不适,必须打电话叫救护车,或立即送伤者到医院急救。

(5)高空出现触电事故时,应立即截断电源,把伤人抬到附近平坦的地方,立即对伤人进行急救。

(6)现场抢救触电者的原则:现场抢救触电者的经验原则是:迅速、就地、准确、坚持。

迅速——争分夺秒使触电者脱离电源。

就地——必须在现场附近就地抢救,病人有意识后再就近送医院抢救。从触电时算起,5min以内及时抢救,救生率90%左右。10min以内抢救,救生率6.15%,希望甚微。

准确——人工呼吸法的动作必须准确。

坚持——只要有百万分之一希望就要近百分之百努力抢救。

3.2.5 坍塌事故现场处置措施

(1)坍塌事故发生时,安排专人及时切断有关闸门,并对现场进行声像资料的收集。发生后立即组织抢险人员在半小时内到达现场。根据具体情况,采取人工和机械相结合的方法,对坍塌现场进行处理。抢救中如遇到坍塌巨物,人工搬运有困难时,可调集大型的吊车进行调运。在接近边坡处时,必须停止机械作业,全部改用人工扒物,防止误伤被埋人员。现场抢救中,还要安排专人对边坡、架料进行监护和清理,防止事故扩大。

(2)事故现场周围应设警戒线。

(3)统一指挥、密切协同的原则。坍塌事故发生后,参战力量多,现场情况复杂,各种力量需在现场总指挥部的统一指挥下,积极配合、密切协同,共同完成。

(4)以快制快、行动果断的原则。鉴于坍塌事故有突发性,在短时间内不易处理,处置行动必须做到接警调度快、到达快、准备快、疏散救人快、达到以快制快的目的。

(5)讲究科学、稳妥可靠的原则。解决坍塌事故要讲科学,避免急躁行动引发连续坍塌事故发生。

(6)救人第一的原则。当现场遇有人员受到威胁时,首要任务是抢救人员。

(7)伤员抢救立即与急救中心和医院联系,请求出动急救车辆并做好急救准备,确保伤员得到及时医治。

(8)救助行动中,安排人员同时做好事故调查取证工作,以利于事故处理,防止证据遗失。

(9)自我保护,在救助行动中,抢救机械设备和救助人员应严格执行安全操作规程,配齐安全设施和防护工具,加强自我保护,确保抢救行动过程中的人身安全和财产安全。

3.2.6 电焊伤害事故现场处置措施

(1)未受过专门训练的人员不准进行焊接工作。焊接锅炉承压部件、管道及承压容器等设备的焊工,必须按照锅炉监察规程(焊工考试部分)的要求,经过基本考试和补充考试合格,并持有合格证,方可允许工作。

(2)焊工应穿帆布工作服,戴工作帽,上衣不准扎在裤子里。口袋须有遮盖,脚下穿绝缘橡胶鞋,以免焊接时被烧伤。

(3)焊工应带绝缘手套,不得湿手作业操作,以免焊接时触电。

(4)禁止使用有缺陷的焊接工具和设备。

(5)高空电焊作业人员,应正确佩戴安全带,作业面设水平网兜并铺彩条布,周围用密目网维护,以防焊渣四溅。

(6)不准在带有压力(液体压力或气体压力)的设备上或带电的设备上进行焊接。

(7)现场上固定的电源线必须加塑料套管埋地保护,以防止被加工件压迫发生触电。

(8)电焊施工前,项目要统一办理动火证。

3.2.7 火灾、爆炸事故现场处置措施

(1)事件发生时,在安全地带的施工人员可通过手机、对讲机向楼上施工人员传递火灾发生信息和位置。

(2)紧急事故发生后,项目负责人应立即报警,并组织自救队伍,开展自救;在自救过程中,遇有威胁人身安全情况时,应首先确保人身安全,迅速组织脱离危险区域或场所后,再采取应急措施。若事态情况严重,难以控制和处理,应等待消防部门专业队伍到来施救,并密切配合。

(3)疏通事发现场道路,保证救援工作顺利进行;疏散人群至安全地带。

(4)切断电源、可燃气体(液体)的输送,防止事态扩大。

(5)对施工人员进行防火安全教育,帮助施工人员学习防火、灭火、避难、危险品转移等各种安全疏散知识和应对方法,提高施工人员对火灾、爆炸发生时的心理承受能力和应变力。一旦发生突发事件,施工人员不仅可以沉稳自救,还可以冷静地配合外界消防员做好灭火工作,把火灾事故损失降低到最低水平。

(6)高层建筑在发生火灾时,不能使用室内电梯和外用电梯逃生。因为室内电梯井会产生"烟囱效应",外用电梯会发生电源短路情况。最好通过室内楼梯或室外脚手架马道逃生。如果下行楼梯受阻,施工人员可以在某楼层或楼顶部耐心等待救援,打开窗户或划破安全网保持通风,同时用湿布捂住口鼻,挥舞彩色安全帽表明你所处的位置。切忌逃生时在马道上拥挤。

(7)现场加强警卫,设置警戒区,防止受灾人已经撤离或将要撤离火场时,由于某些特殊原因驱使他们再度进入火场。

3.2.8 机械伤害事故现场应急处置措施

(1)发生各种机械伤害时,应先切断电源,再根据伤害部位和伤害性质进行处理。

(2)迅速确定事故发生的准确位置、可能波及的范围、设备损坏的程度、人员伤亡等情况,以根据不同情况进行处置。

(3)根据现场人员被伤害的程度,一边通知急救医院,一边对轻伤人员进行现场救护。

(4)划出事故特定区域,非救援人员、未经允许不得进入特定区域。

3.2.9 发生食物中毒及急性传染病现场处置

(1)接到发生食物中毒或急性传染病的情况后,应急抢救排险组与医疗救护组迅速赶到现场,确认情况后,应封闭事故发生区域,禁止无关人员进入,避免事态扩大。

(2)医疗救护组针对具体情况,对中毒者或患病者,实施简单的治疗,缓解病情,同时向指挥部汇报情况,请求向上级卫生部门求援。

3.3 报警电话

为有效开展事故救援活动,现场项目负责人应在第一时间寻求社会救援力量。

医院急救中心120;

火警119;

匪警110。

3.4 相关应急救援单位和上级管理部门联络方式和联系人员

见综合应急预案示例中附表27。

3.5 事故报告基本要求和内容

3.5.1 报告内容

事故发生时间、类别、地点和相关设施;遇险人员人数;现场自救情况。

3.5.2 报告程序

事故信息上报采取分级上报原则,项目经理上报公司安全处、主管经理和总经理,最终由公司主管经理向国家、政府有关部门上报。

3.5.3 报告时限

事故发生后 1h 内上报到工程所在地建设行政主管部门。

4 注意事项

(1)事故发生后应立即停止施工,关闭机械,以免二次伤害。

(2)人工胸外心脏挤压、人工呼吸不能轻易放弃,必须坚持到底。

(3)心肺复苏抢救措施要坚持不断的进行(包括送医院的途中)不能随便放弃。

(4)基坑坍塌事故发生后,密切注意观察基坑周边建筑物或设备,及时组织人员撤离危险区。

(5)恢复供电后应先检查各类机械设备是否处于安全待机状态,合闸顺序应为:总配电房→分箱→分配箱→开关箱。

(6)对中毒者不可做口对口人工呼吸,以免将毒物吸入施救者体内造成中毒。如果中毒者昏迷则需侧躺送医院救治,以免自然呕吐时,将呕吐物吸入气管里面。

(7)重症中毒者要禁食 8~12h,可静脉输液,待病情好转后,再吃米汤、面条等易消化食物。

(8)密度小于水的易燃液体和高压电器设备着火后不能用水扑救。

(9)重伤者不明伤害部位和伤害程度的,不要盲目进行抢救,以免引起更严重的伤害。

附录12 隧道工程危险源清单示例

隧道工程危险源清单见附表37。

隧道工程危险源清单一览表

附表37

活动/场所	设备/材料	危险源	现有控制措施	事故后果
1.修建临时工程				
2.测量复核	白灰	白灰	个人防护用品齐全	粉尘伤害
		夏天露天作业,紫外线照射	个人防护用品齐全	灼烫
		防护不当	执行安全操作规程	高处坠落
3.洞门边,仰坡开挖				
	电	设备故障	执行机电操作规程	触电
	电	设备故障	执行机电操作规程	火灾
	电	不合格产品	执行机电操作规程	触电、火灾
	电	无证上岗	持证上岗	触电
	电	违章操作	执行机电操作规程	触电
	电	违章操作	执行机电操作规程	火灾
(1)钻眼	钻机	粉尘	个人防护用品齐全	粉尘伤害
	钻机	噪声	个人防护用品齐全	其他伤害
	钻机	机械故障	执行机械操作规程	机械伤害
	钻机	机械操作不当	执行机械操作规程	机械伤害
	钻机	油	执行机械操作规程	火灾
		防护不当	培训教育	高处坠落
		地质状况	施工方案	坍塌

续上表

活动/场所	设备/材料	危险源	现有控制措施	事故后果
(2)爆破	火工用品	不合格产品	加强进货检验	爆炸
	火工用品	储存、运输、加工不当	培训教育	爆炸
	火工用品	无上岗证	持证上岗	爆炸
	火工用品	违章操作	执行安全操作规程	爆炸
		岩石	个人防护	其他伤害
		冲击波	个人防护	其他伤害
		粉尘	个人防护	粉尘伤害
		噪声	个人防护	其他伤害
		危岩	施工方案	坍塌
(3)人工削坡		粉尘	个人防护	粉尘伤害
		夏天露天作业,紫外线照射	个人防护用品齐全	灼烫
		防护不当	加强防护	高处坠落
4.洞门边、仰坡加固、防护	电	设备故障	执行机电操作规程	触电
	电	设备故障	执行机电操作规程	火灾
	电	不合格产品	执行安全操作规程	触电、火灾
	电	无证上岗	持证上岗	触电、火灾
	电	违章操作	执行机电操作规程	触电
	砂石料、水泥	违章操作	执行安全操作规程	火灾
	砂石料、水泥	车辆故障	执行安全操作规程	火灾
	砂石料、水泥	车辆故障	执行安全操作规程	机械伤害
	水泥、外加剂	违章驾驶运输车辆	加强培训教育	车辆事故
	水泥、外加剂	粉尘	个人防护用品齐全	粉尘伤害
	外加剂、水泥	外加剂、水泥	个人防护用品齐全	其他伤害
	机械	油	执行机械操作规程	火灾

续上表

活动/场所	设备/材料	危险源	现有控制措施	事故后果
电气焊接	钢筋	材料搬运	个人防护	其他伤害
		防护不当	加强防护	高处坠落
电气焊接	氧气瓶	明火/暴晒	执行安全操作规程	其他伤害
	喷浆机	粉尘	个人防护用品齐全	粉尘伤害
	喷浆机	噪声	个人防护用品齐全	其他伤害
	喷浆机	机械故障	执行机械操作规程	机械伤害
	混凝土	混凝土	个人防护用品齐全	其他伤害
电气焊接	电焊、切割、弯曲、拉直机	光	个人防护用品齐全	其他伤害
电气焊接	电焊机、切割机	粉尘	个人防护用品齐全	粉尘伤害
电气焊接	电焊、弯曲、拉直机	噪声	个人防护用品齐全	其他伤害
	电焊、弯曲、拉直机	夏天露天作业,紫外线照射	个人防护用品齐全	灼烫
	电焊、弯曲、拉直机	渣	加强防护	机械伤害
	电焊、弯曲、拉直机	机械故障	执行机械操作规程	机械伤害
	电焊、弯曲、拉直机	违章操作	执行机械操作规程	机械伤害
		防护不当	个人防护用品齐全	高处坠落
	白灰	白灰	加强防护	粉尘伤害
		危岩	加强防护	坍塌
5. 测量、放线、布眼	电	设备故障	执行机电操作规程	触电
	电	设备故障	执行机电操作规程	火灾
	电	不合格产品	执行机电操作规程	触电、火灾
	电	无证上岗	执行机电操作规程	触电、火灾
	电	违章操作	执行机电操作规程	触电
	电	违章操作	执行机电操作规程	火灾
		防护不当	加强防护	高处坠落

续上表

活动/场所	设备/材料	危险源	现有控制措施	事故后果
6.开挖台车就位	电	设备故障	执行机电操作规程	触电
	电	设备故障	执行机电操作规程	火灾
	电	不合格产品	执行机电操作规程	触电、火灾
	电	无证上岗	持证上岗	触电、火灾
	电	违章操作	执行机电操作规程	触电
	台车	噪声	个人防护用品齐全	其他伤害
	台车	机械故障	执行机械操作规程	机械伤害
	台车	违章操作	执行机械操作规程	机械伤害
	台车	油	执行安全操作规程	火灾
	台车	无证上岗	持证上岗	机械伤害
	台车	防护不当	加强防护	高处坠落
7.供应高压风	电	设备故障	执行机电操作规程	火灾
	电	设备故障	执行机电操作规程	触电
	电	不合格产品	执行机电操作规程	触电、火灾
	电	无证上岗	持证上岗	触电
	电	违章操作	执行机电操作规程	火灾
	空压机	油	执行机电操作规程	触电、火灾
	空压机	机械故障	执行机械操作规程	机械伤害
	空压机	机械操作不当	执行机械操作规程	机械伤害
	空压机	违章操作	执行机械操作规程	机械伤害
	空压机	防护不当	执行机械操作规程	其他伤害
	风管	噪声	执行机械操作规程	其他爆炸
	风管	不合格产品	执行机械操作规程	其他伤害
	风管	操作不当	执行机械操作规程	其他伤害
		材料搬运	加强防护	其他伤害

续上表

活动/场所	设备/材料	危险源	现有控制措施	事故后果
8. 钻眼	电	设备故障	执行机电操作规程	触电
	电	设备故障	执行机电操作规程	火灾
	电	不合格产品	执行机电操作规程	触电、火灾
	电	无证上岗	持证上岗	触电、火灾
	电	违章操作	执行机电操作规程	触电
	电	违章操作	执行机电操作规程	火灾
	钻机	粉尘	个人防护用品齐全	粉尘伤害
	钻机	噪声	个人防护用品齐全	其他伤害
	钻机	机械故障	执行机械操作规程	机械伤害
	钻机	油	执行机械操作规程	机械伤害
	钻机	油	执行机械操作规程	火灾
	空压机	机械故障	执行机械操作规程	触电、火灾
	空压机	机械操作不当	执行机械操作规程	机械伤害
	空压机	机械操作不当	执行机械操作规程	机械伤害
	空压机	违章操作	执行机械操作规程	机械伤害
	空压机	防护不当	执行机械操作规程	机械伤害
		防护不当	加强防护	高处坠落
		地质状况	施工方案	坍塌、冒顶片帮
		地质状况	施工方案	透水
		地质状况	施工方案	其他伤害
		明火	执行安全操作规程	其他爆炸
		明火	执行安全操作规程	火灾
		违章操作	执行安全操作规程	坍塌、冒顶片帮
		违章操作	执行安全操作规程	透水
		违章操作	执行安全操作规程	其他伤害
		违章操作	执行安全操作规程	其他爆炸

237

续上表

活动/场所	设备/材料	危险源	现有控制措施	事故后果
9. 装药、联线	火工用品	不合格产品	加强进货检验	火药爆炸
	火工用品	储存、运输、加工不当	培训教育	火药爆炸
	火工用品	无上岗证	持证上岗	火药爆炸
	火工用品	违章操作	执行安全操作规程	火药爆炸
	电	设备故障	执行机电操作规程	触电
	电	设备故障	执行机电操作规程	火灾
	电	不合格产品	持证上岗	触电、火灾
	电	无证上岗	执行机电操作规程	触电
	电	违章操作	执行机电操作规程	触电
	电	违章操作	执行机电操作规程	火灾
		防护不当	加强防护	高处坠落
		防护不当	加强防护	其他伤害
	电	设备故障	执行机电操作规程	触电、火灾
	电	设备故障	执行机电操作规程	触电
	电	不合格产品	持证上岗	火灾
	电	无证上岗	执行机电操作规程	触电、火灾
	电	违章操作	执行机电操作规程	触电
	电	违章操作	执行机电操作规程	火灾
10. 开挖台车退出	台车	噪声	个人防护用品齐全	其他伤害
	台车	机械故障	执行机械操作规程	机械伤害
	台车	机械操作不当	执行机械操作规程	机械伤害
	台车	油	执行机械操作规程	触电、火灾
	台车	无证上岗	持证上岗	机械伤害
	台车	防护不当	执行机械操作规程	高处坠落
	台车	违章操作	执行机械操作规程	机械伤害

续上表

活动/场所	设备/材料	危险源	现有控制措施	事故后果
11.爆破	火工用品	不合格产品	加强进货检验	火药爆炸
	火工用品	储存、运输、加工不当	培训教育	火药爆炸
	火工用品	无上岗证	持证上岗	火药爆炸
	火工用品	违章操作	执行安全操作规程	火药爆炸
		岩石	个人防护	其他伤害
		冲击波	个人防护	其他伤害
		粉尘	个人防护	粉尘伤害
		噪声	个人防护	其他伤害
		危岩	施工方案	坍塌
		防护不当	加强防护	高处坠落
		地质状况	施工方案	坍塌、冒顶片帮
		地质状况	施工方案	透水
		地质状况	施工方案	其他伤害
		明火	施工方案	火灾
		明火	施工方案	其他爆炸
		违章操作	执行安全操作规程	坍塌、冒顶片帮
		违章操作	施工方案	透水
		违章操作	施工方案	其他伤害
		违章操作	施工方案	其他爆炸
	电	设备故障	执行机电操作规程	触电、火灾
	电	设备故障	执行机电操作规程	触电、火灾
	电	不合格产品	执行机电操作规程	触电、火灾
	电	无证上岗	持证上岗	触电
	电	违章操作	执行机电操作规程	触电
12.通风	空压机	油	执行机电操作规程	火灾
	空压机	机械故障	执行机械操作规程	机械伤害
	空压机	机械操作不当	执行机械操作规程	机械伤害

续上表

活动/场所	设备/材料	危险源	现有控制措施	事故后果
12.通风	空压机	防护不当	执行机械操作规程	机械伤害
	空压机	噪声	执行机械操作规程	其他伤害
	风管	不合格产品	执行机械操作规程	其他爆炸
	风管	操作不当	执行机械操作规程	其他伤害
	风管	材料搬运	加强防护	其他伤害
	机械手	机械故障	执行机械操作规程	火灾
	机械手	油	执行机械操作规程	机械伤害
	机械手	操作不当	执行机械操作规程	触电
	电	设备故障	执行机电操作规程	火灾
	电	设备故障	执行机电操作规程	触电、火灾
	电	不合格产品	执行机电操作规程	触电、火灾
	电	无证上岗	持证上岗	触电
	电	违章操作	执行机械操作规程	火灾
	空压机	违章操作	执行机械操作规程	火灾
	空压机	油	执行机械操作规程	机械伤害
13.清撬危岩松石	空压机	机械故障	执行机械操作规程	机械伤害
	空压机	机械操作不当	执行机械操作规程	机械伤害
	空压机	防护不当	执行机械操作规程	其他伤害
	风管	噪声	执行机械操作规程	其他伤害
	风管	不合格产品	执行机械操作规程	其他伤害
	风管	操作不当	执行机械操作规程	其他伤害
		材料搬运	加强防护	透水、其他伤害、瓦斯
		地质状况	施工方案	坍塌
		地质状况	施工方案	高处坠落
		防护不当	加强防护	高处坠落
		防护不当	施工方案	坍塌、冒顶片帮
		地质状况	加强防护	坍塌、冒顶片帮
		明火	施工方案	其他爆炸

续上表

活动/场所	设备/材料	危险源	现有控制措施	事故后果
14.装渣	扒渣机	机械故障	执行机械操作规程	机械伤害
	扒渣机	油	执行机械操作规程	火灾
	扒渣机	操作不当	执行机械操作规程	机械伤害
	空压机	油	执行机械操作规程	火灾
	空压机	机械故障	执行机械操作规程	机械伤害
	空压机	机械操作不当	执行机械操作规程	机械伤害
	空压机	防护不当	加强防护	机械伤害
	轨道车	机械故障	执行机械操作规程	机械伤害
	轨道车	操作不当、违章	执行机械操作规程	机械伤害
	轨道车	无上岗证	持证上岗	机械伤害
		油	执行机械操作规程	火灾
		地质状况	施工方案	坍塌,冒顶片帮
		明火	施工方案	其他爆炸
15.运渣	电	不合格产品	执行机电操作规程	触电、火灾
	电	无证上岗	持证上岗	触电、火灾
	电	违章操作	执行机电操作规程	触电
	电	违章操作	执行机电操作规程	火灾
		搬运	加强防护	其他伤害
		噪声	个人防护用品齐全	其他伤害
		粉尘	个人防护用品齐全	粉尘伤害
	电	不合格产品	执行机电操作规程	触电、火灾
	电	无证上岗	持证上岗	触电、火灾
	电	违章操作	执行机电操作规程	触电
	电	违章操作	执行机电操作规程	火灾

241

续上表

活动/场所	设备/材料	危险源	现有控制措施	事故后果
15.运渣	电瓶车、梭矿、汽车	地质状况	施工方案	坍塌、冒顶片帮
		明火	施工方案	其他爆炸
	电瓶车、梭矿、汽车	机械故障	执行机械操作规程	机械伤害
	电瓶车、梭矿、汽车	违章操作	执行机械操作规程	机械伤害
	电瓶车、梭矿、汽车	油	执行机械操作规程	火灾
	电瓶车、梭矿、汽车	无证上岗	持证上岗	机械伤害
	电瓶车、梭矿、汽车	噪声	个人防护用品齐全	其他伤害
		粉尘	个人防护用品齐全	粉尘伤害
		地质状况	施工方案	坍塌、冒顶片帮
		明火	施工方案	其他爆炸
	电	不合格产品	执行机电操作规程	触电、火灾
16.接长轨、风管、水管	电	无证上岗	持证上岗	触电、火灾
	电	违章操作	执行机电操作规程	火灾
	电	违章操作	执行机电操作规程	触电
		工具、材料搬运	加强防护	其他伤害
17.初期支护				
(1)钢筋加工	电	不合格产品	执行机电操作规程	触电、火灾
	电	无证上岗	持证上岗	触电、火灾
	电	违章操作	执行机电操作规程	火灾
	电	违章操作	执行机电操作规程	触电
	钢筋	材料搬运	加强防护	其他伤害
电气焊接	氧气瓶	明火、暴晒	执行安全操作规程	其他爆炸
电气焊接	电焊机等	光	个人防护用品齐全	灼烫
电气焊接	电焊机等	粉尘	个人防护用品齐全	粉尘伤害

续上表

活动/场所	设备/材料	危 险 源	现有控制措施	事 故 后 果
电气焊接	电焊机等	噪声	个人防护用品齐全	其他伤害
电气焊接	电焊机等	油	执行机械操作规程	火灾
电气焊接	电焊机等	机械故障	执行机械操作规程	机械伤害
电气焊接	电焊机等	机械操作不当	执行机械操作规程	机械伤害
电气焊接	电焊机等	防护不当	执行机械操作规程	机械伤害
电气焊接	电焊机等	无证上岗	持证上岗	触电、火灾
	电	不合格产品	执行机电操作规程	触电
	电	无证上岗	持证上岗	火灾
	电	无证上岗	持证上岗	触电
	电	违章操作	执行机电操作规程	火灾
(2)挂钢筋网	钢筋	违章操作	执行机电操作规程	触电、火灾
		材料搬运		其他伤害
		防护不当	加强防护	高处坠落
		防护不当	加强防护	其他伤害
		地质状况	施工方案	坍塌、冒顶片帮
	电	不合格产品	执行机电操作规程	触电
	电	不合格产品	持证上岗	火灾
	电	无证上岗	持证上岗	触电
	电	无证上岗		火灾
(3)打锚杆、喷射混凝土	电	违章操作	执行机电操作规程	触电
	电	违章操作	执行机电操作规程	火灾
	钻机、空压机、喷浆机	机械故障	执行机械操作规程	机械伤害
	钻机、空压机、喷浆机	机械操作不当	执行机械操作规程	机械伤害

续上表

活动/场所	设备/材料	危险源	现有控制措施	事故后果
(3)打锚杆、喷射混凝土	钻机、空压机、喷浆机	油	执行机械操作规程	火灾
	钻机、空压机、喷浆机	机械故障	执行机械操作规程	机械伤害
	钻机、空压机、喷浆机	机械操作不当	执行机械操作规程	机械伤害
	钻机、空压机、喷浆机	防护不全	个人防护用品齐全	其他伤害
	钻机、空压机、喷浆机	噪声	个人防护用品齐全	其他伤害
	混凝土、外加剂	粉尘	加强防护	粉尘伤害
		地质状况	施工方案	高处坠落
		明火	施工方案	坍塌、冒顶片帮
	电	无证上岗	持证上岗	其他爆炸
	电	违章操作	执行机械电操作规程	触电、火灾
	电	不合格产品	执行机械电操作规程	触电、火灾
	电	违章操作	执行机械电操作规程	触电、火灾
18.铺设防水板	防水板	防护不当	加强防护	高处坠落
	防水板	防护不当	加强防护	其他伤害
		地质状况	施工方案	坍塌、冒顶片帮
19.铺底				
(1)清除浮渣	电	无证上岗	持证上岗	触电、火灾
	电	违章操作	执行机械电操作规程	触电、火灾
	电	不合格产品	执行机械电操作规程	触电、火灾
	电	违章操作	执行机械电操作规程	触电
	电瓶车、梭矿等	机械故障	执行机械电操作规程	火灾
	电瓶车、梭矿等	操作不当	执行机械操作规程	机械伤害
	电瓶车、梭矿等	无证上岗	持证上岗	机械伤害
	电瓶车、梭矿等	油	执行施工方案	机械伤害、车辆事故
		地质状况	施工方案	火灾
				坍塌、冒顶片帮

附录

续上表

活动/场所	设备/材料	危险源	现有控制措施	事故后果
(2)混凝土拌和运输	电	无证上岗	持证上岗	触电、火灾
	电	违章操作	执行机电操作规程	触电
	电	不合格产品	执行机电操作规程	触电、火灾
	电	违章操作	执行机电操作规程	火灾
	搅拌机	机械故障	执行机械操作规程	机械伤害
	搅拌机	操作不当	执行机械操作规程	机械伤害
	搅拌机	油	执行机械操作规程	火灾
	搅拌机	噪声	个人防护用品齐全	其他伤害
	汽车/皮带输送机	机械故障	执行机械操作规程	机械伤害
	汽车/皮带输送机	操作不当	执行机械操作规程	机械伤害
	汽车/皮带输送机	油	执行机械操作规程	火灾
	汽车/皮带输送机	噪声	个人防护用品齐全	其他伤害
	汽车/皮带输送机	无证上岗	持证上岗	机械伤害
	混凝土、外加剂	混凝土、外加剂	个人防护用品齐全	其他伤害
	混凝土、外加剂	粉尘	个人防护用品齐全	粉尘
		防护不当	加强防护	高处坠落
		地质状况	施工方案	坍塌、冒顶片帮
		明火	施工方案	其他爆炸
(3)混凝土浇筑、养护	电	无证上岗	持证上岗	触电、火灾
	电	违章操作	执行机电操作规程	触电
	电	不合格产品	执行机电操作规程	触电、火灾
	电	违章操作	执行机电操作规程	火灾
	混凝土、外加剂	混凝土、外加剂	个人防护用品齐全	其他伤害
	混凝土、外加剂	粉尘	个人防护用品齐全	粉尘伤害

245

续上表

活动/场所	设备/材料	危险源	现有控制措施	事故后果
（3）混凝土浇筑、养护	振捣设备	机械操作不当	执行机械操作规程	机械伤害
	振捣设备	油	执行机械操作规程	火灾
	振捣设备	机械故障	执行机械操作规程	机械伤害
	振捣设备	噪声	个人防护用品齐全	其他伤害
		地质状况	施工方案	坍塌、冒顶片帮
		明火	施工方案	其他爆炸
20. 立格栅拱架				
（1）钢筋加工	电	无证上岗	持证上岗	触电
	电	无证上岗	持证上岗	火灾
	电	违章操作	执行机电操作规程	触电
	电	不合格产品	执行机电操作规程	触电
	电	不合格产品	执行机电操作规程	火灾
	钢筋	违章操作	执行机电操作规程	火灾
	氧气瓶	材料搬运	加强防护	其他伤害
	电焊机等	明火/暴晒	执行安全操作规程	其他爆炸
	电焊机等	光	个人防护用品齐全	灼烫
	电焊机等	粉尘	个人防护用品齐全	粉尘伤害
	电焊机等	噪声	个人防护用品齐全	其他伤害
	电焊机等	油	执行机械操作规程	火灾
	电焊机等	机械故障	执行机械操作规程	机械伤害
	电焊机等	机械操作不当	执行机械操作规程	机械伤害
	电焊机等	防护不当	执行机械操作规程	机械伤害
电气焊接	电焊机等	无证上岗	持证上岗	机械伤害、触电、火灾

246

续上表

活动/场所	设备/材料	危险源	现有控制措施	事故后果
	电	无证上岗	持证上岗	触电
	电	无证上岗	持证上岗	火灾
	电	违章操作	执行机电操作规程	触电
	电	不合格产品	执行机电操作规程	触电、火灾
	电	违章操作	执行机电操作规程	火灾
（2）格栅拱架架立	格栅拱架	支护不当	执行作业指导书	其他伤害
		防护不当	加强防护	高处坠落
		防护不当	加强防护	高处坠落
		地质状况	施工方案	坍塌、冒顶片帮
		明火	施工方案	其他爆炸
	电	设备故障	执行机电操作规程	触电
	电	设备故障	执行机电操作规程	火灾
	电	不合格产品	执行机电操作规程	触电、火灾
	电	无证上岗	执行机电操作规程	触电、火灾
	电	违章操作	执行机电操作规程	火灾
21. 衬砌台车就位	台车	噪声	个人防护用品齐全	其他伤害
	台车	机械故障	执行机械操作规程	机械伤害
	台车	油	执行机械操作规程	火灾
	台车	无证上岗	持证上岗	机械伤害
		防护不当	加强防护	高处坠落
		地质状况	施工方案	坍塌、冒顶片帮
		明火	施工方案	其他爆炸

续上表

活动/场所	设备/材料	危险源	现有控制措施	事故后果
22. 立模				
(1)模板加工、校正	电	无证上岗	持证上岗	触电
	电	无证上岗	持证上岗	火灾
	电	违章操作	执行机电操作规程	触电
	电	不合格产品	执行机电操作规程	触电
	电	不合格产品	执行机电操作规程	火灾
	电	违章操作	执行机电操作规程	火灾
	钢模、木料	材料搬运	加强防护	其他伤害
	氧气瓶	明火/暴晒	执行安全操作规程	其他爆炸
电气焊接	电焊机等	光	个人防护用品齐全	灼烫
电气焊接	电焊机、电锯等	粉尘	个人防护用品齐全	粉尘伤害
电气焊接、木料加工	电焊机、电锯等	噪声	个人防护用品齐全	其他伤害
电气焊接、木料加工	电焊机、电锯等	油	执行机电操作规程	火灾
电气焊接、木料加工	电焊机、电锯等	机械故障	执行机械操作规程	机械伤害
电气焊接、木料加工	电焊机、电锯等	机械操作不当	执行机械操作规程	机械伤害
电气焊接、木料加工	电焊机、电锯等	防护不当	执行机械操作规程	机械伤害
(2)模板架立、调整	电	无证上岗	持证上岗	触电
	电	违章操作	执行机电操作规程	触电、火灾
	电	不合格产品	执行机电操作规程	触电、火灾
	电	违章操作	执行机电操作规程	触电、火灾
	钢模、木料	材料搬运	加强防护	其他伤害
	脚手架	防护不当	加强防护	其他伤害
		支护不当	执行作业指导书	其他伤害
		地质状况	施工方案	坍塌、冒顶片帮
		明火	施工方案	其他爆炸

续上表

活动/场所	设备/材料	危险源	现有控制措施	事故后果
23.混凝土工程				
(1)混凝土拌和、运输	搅拌机	机械故障	执行机械操作规程	机械伤害
	搅拌机	操作不当	执行机械操作规程	机械伤害
	搅拌机	油	执行机械操作规程	火灾
	搅拌机	噪声	个人防护用品齐全	其他伤害
	汽车/皮带输送机	机械故障	执行机械操作规程	机械伤害
	汽车/皮带输送机	操作不当	执行机械操作规程	机械伤害
	汽车/皮带输送机	油	执行机械操作规程	火灾
	汽车/皮带输送机	噪声	个人防护用品齐全	其他伤害
	汽车/皮带输送机	无证上岗	持证上岗	机械伤害
	混凝土、外加剂	混凝土、外加剂	个人防护用品齐全	其他伤害
	混凝土、外加剂	粉尘	个人防护用品齐全	粉尘伤害
		防护不当	加强防护	高处坠落
		地质状况	施工方案	坍塌、冒顶片帮
		明火	施工方案	其他伤害
	电	无证上岗	持证上岗	触电、火灾
	电	违章操作	执行机电操作规程	触电
	电	不合格产品	执行机电操作规程	触电、火灾
	电	违章操作	执行机电操作规程	火灾
(2)混凝土浇筑、养护	电	无证上岗	持证上岗	触电、火灾
	电	违章操作	执行机电操作规程	触电
	电	不合格产品	执行机电操作规程	触电、火灾
	电	违章操作	执行机电操作规程	火灾
	混凝土、外加剂	混凝土、外加剂	个人防护用品齐全	其他伤害

249

续上表

活动/场所	设备/材料	危险源	现有控制措施	事故后果
(2)混凝土浇筑、养护	混凝土、外加剂	粉尘	个人防护用品齐全	粉尘伤害
	振捣设备	机械操作不当	执行机械操作规程	机械伤害
	振捣设备	油	执行机械操作规程	火灾
	振捣设备	机械故障	执行机械操作规程	机械伤害
	振捣设备	噪声	个人防护用品齐全	其他伤害
		地质状况	施工方案	坍塌,冒顶片帮
		明火	施工方案	其他爆炸
		防护不当	加强防护	高处坠落
24.衬砌台车移位	电	设备故障	执行机电操作规程	触电、火灾
	电	无证上岗	持证上岗	触电、火灾
	电	不合格产品	执行机电操作规程	触电
	电	违章操作	执行机电操作规程	火灾
	台车	违章操作	执行机电操作规程	其他伤害
	台车	噪声	个人防护用品齐全	其他伤害
	台车	机械故障	执行机电操作规程	机械伤害
	台车	油	执行机械操作规程	火灾
	台车	无证上岗	持证上岗	机械伤害
		防护不当	加强防护	高处坠落
		地质状况	施工方案	坍塌,冒顶片帮
		明火	施工方案	其他爆炸
25.脱模	电	设备故障	执行机电操作规程	触电
	电	设备故障	执行机电操作规程	火灾
	电	无证上岗	持证上岗	触电
	电	无证上岗	持证上岗	火灾

续上表

活动/场所	设备/材料	危险源	现有控制措施	事故后果
25. 脱模	电	不合格产品	执行机电操作规程	触电、火灾
	电	违章操作	执行机电操作规程	触电、火灾
		支护不当	执行作业指导书	其他伤害
		材料搬运	加强防护	其他伤害
		防护不当	加强防护	其他伤害
		地质状况	施工方案	坍塌、冒顶片帮
		明火	施工方案	其他爆炸
26. 水沟、电缆槽施工				
(1) 清除浮渣	电	无证上岗	持证上岗	触电、火灾
	电	违章操作	执行机电操作规程	触电
	电	不合格产品	执行机电操作规程	触电、火灾
	电	违章操作	执行机电操作规程	火灾
	电瓶车、梭矿等	机械故障	执行机械操作规程	机械伤害
	电瓶车、梭矿等	操作不当	执行机械操作规程	机械伤害
	电瓶车、梭矿等	无证上岗	持证上岗	机械伤害、车辆事故
	电瓶车、梭矿等	油	执行机械操作规程	火灾
		地质状况	施工方案	坍塌、冒顶片帮
(2) 模板加工、校正	电	无证上岗	持证上岗	触电
	电	无证上岗	持证上岗	火灾
	电	违章操作	执行机电操作规程	触电
	电	不合格产品	执行机电操作规程	触电
	电	不合格产品	执行机电操作规程	火灾
	电	违章操作	执行机电操作规程	火灾
	钢模、木料	材料搬运	加强防护	其他伤害

续上表

活动/场所	设备/材料	危险源	现有控制措施	事故后果
电气焊接	氧气瓶	明火,暴晒	执行安全操作规程	其他爆炸
电气焊接	电焊机等	光	个人防护用品齐全	灼烫
电气焊接、木料加工	电焊机、电锯等	粉尘	个人防护用品齐全	粉尘伤害
电气焊接、木料加工	电焊机、电锯等	噪声	个人防护用品齐全	其他伤害
电气焊接、木料加工	电焊机、电锯等	油	执行机械操作规程	火灾
电气焊接、木料加工	电焊机、电锯等	机械故障	执行机械操作规程	机械伤害
电气焊接、木料加工	电焊机、电锯等	机械操作不当	执行机械操作规程	机械伤害
电气焊接、木料加工	电焊机、电锯等	防护不当	执行机械操作规程	机械伤害
电气焊接、木料加工	电焊机、电锯等	无证上岗	持证上岗	机械伤害
	搅拌机	机械故障	执行机械操作规程	机械伤害
	搅拌机	操作不当	执行机械操作规程	机械伤害
	搅拌机	油	执行机械操作规程	火灾
	汽车/皮带输送机	噪声	执行机械操作规程	其他伤害
	汽车/皮带输送机	机械故障	执行机械操作规程	机械伤害
	汽车/皮带输送机	操作不当	执行机械操作规程	机械伤害
	汽车/皮带输送机	油	个人防护用品齐全	火灾
	汽车/皮带输送机	噪声	持证上岗	其他伤害
	汽车/皮带输送机	无证上岗	持证上岗	机械爆炸
(3)混凝土拌和、运输	混凝土、外加剂	无证上岗	持证上岗	火灾
	混凝土、外加剂	粉尘	个人防护用品齐全	粉尘伤害
		防护不当	加强防护	高处坠落
		地质状况	施工方案	坍塌、冒顶片帮
		明火	施工方案	其他爆炸
	电	无证上岗	持证上岗	触电、火灾
	电	违章操作	执行机电操作规程	触电
	电	不合格产品	执行机电操作规程	触电、火灾
	电	违章操作	执行机电操作规程	火灾

续上表

活动/场所	设备/材料	危险源	现有控制措施	事故后果
	电	无证上岗	持证上岗	触电、火灾
	电	违章操作	执行机电操作规程	触电
	电	不合格产品	执行机电操作规程	触电、火灾
	电	违章操作	执行机电操作规程	火灾
	混凝土、外加剂	混凝土、外加剂	个人防护用品齐全	其他伤害
（4）混凝土浇筑、养护	混凝土、外加剂	粉尘	个人防护用品齐全	粉尘伤害
	振捣设备	机械操作不当	执行机械操作规程	机械伤害
	振捣设备	油	执行机械操作规程	火灾
	振捣设备	机械故障	执行机械操作规程	机械伤害
	振捣设备	噪声	个人防护用品齐全	其他伤害
		地质状况	施工方案	坍塌、冒顶片帮
		明火	施工方案	其他爆炸
		防护不当	加强防护	高处坠落
	电	无证上岗	持证上岗	触电
	电	违章操作	执行机电操作规程	触电、火灾
	电	不合格产品	执行机电操作规程	触电
27.衬砌回填压浆	电	违章操作	执行机电操作规程	火灾
	混凝土、外加剂	粉尘	个人防护用品齐全	粉尘伤害
	混凝土、外加剂	混凝土、外加剂	个人防护用品齐全	其他伤害
	空压机	油	执行机械操作规程	火灾
	空压机	机械故障	执行机械操作规程	机械伤害
	空压机	机械操作不当	执行机械操作规程	机械伤害
	空压机	防护不当	加强防护	机械伤害

续上表

活动/场所	设备/材料	危险源	现有控制措施	事故后果
27.衬砌回填压浆	空压机	噪声	个人防护用品齐全	其他伤害
	空压机	违章操作	执行机械操作规程	机械伤害
		防护不当	加强防护	高处坠落
		防护不当	加强防护	其他伤害
	砂浆拌和机、压浆机	违章操作	执行机械操作规程	机械伤害
	砂浆拌和机、压浆机	机械故障	执行机械操作规程	机械伤害
	砂浆拌和机、压浆机	油	执行机械操作规程	火灾
	砂浆拌和机、压浆机	操作不当	执行机械操作规程	机械伤害
	砂浆拌和机、压浆机	防护不当	执行机械操作规程	机械伤害
	砂浆拌和机、压浆机	噪声	个人防护用品齐全	其他伤害
	压浆管	压浆管	执行机械操作规程	其他伤害
		防护不当	加强防护	高处坠落

附录13 云南省公路建设项目危险性较大分部分项工程指导目录

云南省公路建设项目危险性较大分部分项工程见附表38。

云南省公路建设项目危险性较大分部分项工程   附表38

类别	分部分项工程及工作内容	监理审查	专家论证
路基	构筑物基坑开挖深度超过3m；未超过3m但地质条件或周边环境复杂	√	
	滑坡病害地质的处治工程		√
	不良地质条件下有潜在危险性的土方、石方开挖	√	
	周边环境复杂的土石方施工（包括保通、建筑物等）	√	
	边坡高度大于30m以上的防护工程	√	
	石方爆破工程		√
	控制爆破（包括拆除结构物、周边环境复杂）		√
桥梁	深水基础及围堰工程		
	人工挖孔桩基施工		√
	长度60m以下的支架与模板现浇桥梁	√	
	长度60m以上的支架与模板现浇桥梁		√
	承重支撑体系	√	
	现浇挂篮施工		√
	特大型桥梁的吊装方案		√
	预制梁板厂或构件加工厂吊装	√	
	桥梁工程中的梁、拱、柱等构件施工等	√	
	连续刚构特大桥、拱桥合龙		√
	非常规拼装起重设备	√	
	门架缆风绳起重设备		√
	水上工程中的打桩船作业、施工船作业、边通航边施工作业等		√
	水下工程中的水下焊接、混凝土浇筑、爆破工程等	√	
隧道	不良地质隧道、高瓦斯隧道、水底海底隧道等		√
	各类围岩条件隧道开挖施工方式	√	
	隧道衬砌台车，凿岩台架	√	
	通风设备及通风方式	√	
	有害气体检测设备及监测方式	√	
	隧道超前监测	√	
	隧道变形监控	√	
路面	各类拌和场的布置及安全保障措施（包括规划、防火、防雷等）	√	
	路面安全管制保通措施方案（包括设施、人员）	√	
其他	职民工驻地的选址、建盖	√	
	现场临时配电、用电方案	√	
	采用新技术、新工艺、新材料、新设备及尚无相关技术标准危险性较大分部分项工程	√	

注：建设、监理、施工单位应根据国家和交通运输部《公路水运工程安全生产监督管理办法》(2007年1号)中规定对分部分项工程编制专项施工方案和审查论证，对未提及但具有一定危险性程度的亦应编制专项施工方案和审查论证，涉及本指导目录中的内容必须编制专项施工方案，并严格执行审查论证程序。

附录14 各单位需建立应急预案列表

各单位需建立应急预案见附表39。

附表39

应急预案类型	项目	建专委	交通主管部门	监管单位	项目法人单位	建设指挥部	监理单位	施工单位
综合应急预案		●	●	●	●	●	●	●
专项应急预案	爆破工程(第3.2.1条)							●
	高边坡工程(第3.2.2条)						○	●
	基础开挖工程(第3.2.3条)					○	○	●
	桥梁工程(第3.2.4条)					○	○	●
	隧道工程(第3.2.5条)					○	○	●
	脚手架工程(第3.2.6条)							●
	起重吊装工程(第3.2.7条)					○	○	●
	与铁路、公路交叉工程(第3.2.8条)					○	○	●
	其他(第3.2.9条)					○		●
专项应急预案	架桥机作业事故							○
	地下管线、空中电缆切断事故							○
	高处坠落事故							○
	坍塌、倒塌事故							○
	机械伤害事故							○
	起重伤害事故							○
	物体打击事故							○
	触电事故							○
	窒息事故							○

续上表

应急预案类型	项目	建专委	交通主管部门	监管单位	项目法人单位	建设指挥部	监理单位	施工单位
专项应急预案	爆炸事故							○
	火灾事故							○
	雷击事故							○
	交通事故							○
	环境污染							○
	食物中毒事故							○
	公众隔离事件							○
	传染病防治							○
	防洪灾							○
	压力锅炉事故							○
	森林火灾							○
	机械设备火灾/爆炸							○
	…							
现场处置方案	坍塌							●
	高处坠落							●
	物体打击							●
	触电							●
	机械伤害							●
	起重伤害							●
	火灾							●
	中毒							●
	…							●

注：●表示相关单位必须编写的应急预案；○表示可根据情况选择编写的应急预案。

附录15　应急预案管理流程

施工单位应急预案管理流程见附图1,建设单位应急预案管理流程见附图2,项目主管单位应急预案管理流程见附图3。

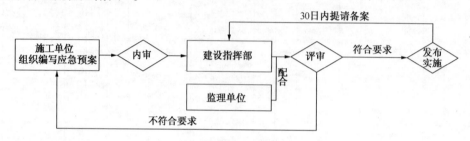

附图1　施工单位应急预案管理流程

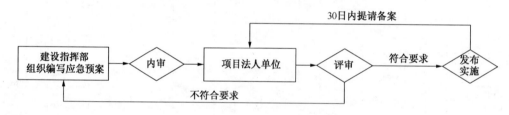

附图2　建设单位应急预案管理流程

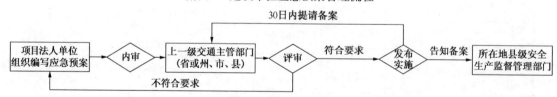

附图3　项目主管单位应急预案管理流程

参 考 文 献

［1］王祖和,等.现代工程项目管理[M].北京:电子工业出版社,2009.
［2］王嘉振.安全生产综合防范体系理论与实践[M].济南:山东大学出版社,2006.
［3］邓学钧,刘建新.交通运输工程导论[M].北京:冶金工业出版社,2001.
［4］全国一级建造师职业资格考试用书编写委员会.公路工程管理与实务[M].北京:中国建筑工业出版社,2007.
［5］2007版《标准文件》编制组.中华人民共和国标准施工招标文件[S].北京:中国计划出版社,2007.
［6］中国建设监理协会.建设工程质量控制[M].北京:中国建筑工业出版社,2003.
［7］中华人民共和国国家标准.GB/T 50326—2006 建设工程项目管理规范[S].北京:中国建筑工业出版社,2006.